"十二五"高等

U0519447

信用法规学习指导

Xinyong Fagui Xuexi Zhidao

主　编　尹丽

副主编　向然　黎莹

西南财经大学出版社
Southwestern University of Finance & Economics Press

图书在版编目(CIP)数据

信用法规学习指导/ 尹丽主编 . —成都:西南财经大学出版社,2013.3
ISBN 978 - 7 - 5504 - 0989 - 7

Ⅰ. ①信… Ⅱ. ①尹… Ⅲ. ①信用制度—法律—中国—高等学校—教学参考资料 Ⅳ. ①D922. 282

中国版本图书馆 CIP 数据核字(2013)第 023268 号

信用法规学习指导

主　编:尹　丽
副主编:向　然　黎　莹

责任编辑:冯　梅
助理编辑:李维洁
封面设计:杨红鹰
责任印制:封俊川

出版发行	西南财经大学出版社(四川省成都市光华村街55号)
网　　址	http://www. bookcj. com
电子邮件	bookcj@ foxmail. com
邮政编码	610074
电　　话	028 - 87353785　87352368
照　　排	四川胜翔数码印务设计有限公司
印　　刷	郫县犀浦印刷厂
成品尺寸	185mm×260mm
印　　张	14. 5
字　　数	230 千字
版　　次	2013 年 3 月第 1 版
印　　次	2013 年 3 月第 1 次印刷
印　　数	1— 2000 册
书　　号	ISBN 978 - 7 - 5504 - 0989 - 7
定　　价	28. 00 元

1. 版权所有,翻印必究。

2. 如有印刷、装订等差错,可向本社营销部调换。

3. 本书封底无本社数码防伪标志,不得销售。

前　言

　　为了促进我国社会信用体系的建设，构建和谐社会，我国各级政府自 1998 年开始，就非常重视社会信用体系的建设。地方政府在部分城市进行了一些试点工作。上海市和深圳市是我国社会信用体系建设最早的试点城市，此后，北京、重庆等省市也先后进行了社会信用体系的建设。在此同时，中国人民银行、国家发展与改革委员会、工商总局等行政部门也先后在其管理范围内开展信用体系建设，并对相关行业进行信用规范和监督管理。

　　为此，中共十六届三中全会在《关于完善社会主义市场经济体制若干问题的决定》中，首次提出要把健全我国社会信用体系作为完善我国市场体系、规范市场秩序的重要手段和措施，以建立一个"以道德为支撑、产权为基础、法律为保障的社会信用制度"为目标，随之我国社会信用体系建设工作全面展开。

　　社会信用体系涵盖政府、企事业单位、金融和市场运行以及自然人。建立健全的社会信用体系，必须以法律法规为保障，在法律的框架下进行。近年来，中央政府部门和一些地方政府为适应建立社会信用体系的需要，陆续制定了一些法规或暂行办法。当然，对于信用法规建设刚刚起步的我国来说，法制建设滞后，我国信用法律法规的建设还不能适应我国建设社会信用体系的需要。

　　建立社会信用体系在我国是一项全新的事业，加快我国社会信用体系法制建设，有必要学习我国现行法律法规，同时借鉴世界各国的经验。在重庆市工商大学融智学院的支持下，金融系信用管理教研室编写了《信用法规学习指导》一书。该书主要包括四个部分：第一部分为概述；第二部分为国外信用法规的介绍，通过了解国外信用法律法规，可以借鉴信用体系相对完善的国家的立法经验，对于我国的立法工作具有参考价值；第三部分是我国国家性相关法规；第四部分是我国地方性信用法规。通过学习我国国家性和地方性的现行相关信用法规与暂行监管办法，集中讨论各法规的内容规定及其法学原理，可以使学生学会熟练运用信用法规来规范信用管理。

　　本书由尹丽老师、向然老师、黎莹老师协同编写而成，可作为信用管理专业本科生参考教材，也可作为信用管理理论研究人员和从业人员的学习参考资料。由于编者水平有限，本书的结构和内容难免存在诸多不当之处，恳请读者批评指正。

编者

2013 年 1 月

目 录

第一章　概述

本章要点

通过本章学习，应该了解和掌握如下要点：

·征信国家信用立法的意义、立法原则和法律分类；

·我国信用立法的发展沿革、现状；

·我国信用立法的目的、指导思想和立法原则。

第一节　征信国家信用法规概述

一、信用立法的意义

任何社会制度都是要依靠法律来保证的，国家信用管理体系所代表的市场规则和维系的社会信用制度也不例外。对于正步入信用经济时代、国家信用管理体系正在形成的国家，信用立法是这一建设过程中所必须要面对的任务。一般来说，进行信用立法至少具有以下几方面的意义：

（一）信用法规为征信数据的正当开放和使用提供法律保障

信用制度建设首先要求解决信用信息的不对称，因此便要求全面开展征信服务，而全面开展征信服务，就要求信用专业机构能够合法地取得各种真实的企业和个人信用信息、行业及社会数据，并根据有关法规对经过处理的信息进行公开和公正的报告。而且，信用法规在界定数据开放范围的同时，也强制性地规定掌握征信机构数据的机构和企业必须向社会开放其信用数据源。这样信用法规就为信用信息的公开提供了制度性前提。此外，由于信用信息的敏感性，在客观上还需要法律对信息的采集和使用作出明确规定，而信用法规在对征信数据的开放提供制度保障的同时，还对征信数据的使用提出了制度性规范，如明确界定哪些数据可以被征信公司合法和公开地取得，哪些数据需要保密而不能被征用，等等。

因此，信用法规通过对征信数据的开放及使用的规定，使合法传播或经营经过处理的数据成为可能，从而为信用制度建设提供必要的法律环境。

（二）信用法规为信用行业的健康发展提供法律保障

完善的信用法规体系是管理信用专业机构、规范信用专业机构行为、维护信用行业秩序、提高信用专业机构服务水平的重要保证。信用行业作为生产信用产品和提供信用服务的行业，在信用制度中有着重要的地位和作用，其主要从事的企业资信调查、消费者个人信用调查、资信评级、市场调查、商账追收等业务都需要有相应的法律、法规作依据，同时政府和公众也希望有相应的法律去规范信用行业的从业活动，使其合法地进行各类征信数据的采集、处理、存储、核实和传播。通过信用法规的有效作用，可以为信用行业的健康发展提供良好的法律准则，从而促进信用制度的正常运行。

(三) 信用法规为规范授信行为提供法律保障

授信活动是信用制度建设中一个很重要的环节，授信活动的规范与否直接关系到信用制度建设的水平。信用制度建设的健康发展需要规范商业和金融业的授信行为，维护市场公平竞争。信用立法的一个重要内容就是规范授信行为，为授信行为提供法律上的保障。

信用法规对授信行为的规范主要表现在控制和指导授信企业以及授信金融机构的工作方式和业务范围，从而降低信用交易中的信息不对称程度。

(四) 信用法规为规范信用管理行为提供法律保障

信用管理行为发生在信用制度建设中的各个环节，包括金融机构向市场投放信用和发放信用工具、信用专业机构的征信活动以及商账追收等内容，因此规范信用管理行为对于社会信用体系建设具有重大意义。

(五) 信用法规为消费者权益得到正当保护提供法律保障

消费者是重要的市场交易主体，对商品的消费及供给起着重要的推动和引导作用。为保护消费者在市场经济中的正当权益，各国都有相应的法律保护消费者在信用交易中不受蒙蔽。作为市场交易中的弱势群体，只有在信用法规完善的前提下，消费者的权益才能得到很好的保护。

二、征信国家的信用法规的立法原则

总结归纳征信国家的信用管理相关法律可以发现，其信用法规所体现的两项基本的立法原则是保护人权和维护市场公平竞争。

(一) 保护人权

在发达国家，个人隐私权问题作为人权问题的一部分，一直受到各国政府的高度重视，大众对于个人隐私权问题也是非常敏感的。市场上信用交易的扩大，必然会改变原有的市场规则，甚至改变个人的生活方式。市场上信用交易规模扩大的关键，在于提升商业社会的信任程度，在于提升信用交易的成功率。这一切都建筑在包括企业资信调查和消费者信用调查在内的信用管理行业发展的基础上。使用征信方法必将大量涉及对消费者个人的信用记录进行评价，以及对评价结果进行公开和广泛的传播，从而涉嫌触及个人隐私权问题。在技术层面上，必须有法律将涉及个人隐私的数据和合乎国际惯例的征信数据加以区分，并规定合法使用消费者个人信用调查报告的用户类型和传播目的，做到既保护消费者的隐私权不受侵犯，又使与消费者个人进行信用交易的授信金融机构或者赊销商取得授信的依据。对于征信机构，提供企业和个人的信用信息采集、查证调查、数据处理、数据存储和调查结果的传播等服务，其业务操作必须有法可依。纵观各征信国家的信用管理相关法律，都必然设有限制消费者个人数据的使用范围和限制数据自由传播的条款。

（二）维护市场公平竞争

维护市场公平竞争，包括对各类金融机构公平地开放信用工具、发放业务的许可，使金融机构的业务特色由市场选择，而不由政府进行规划，使消费者个人获得平等的授信机会，也就是维护个人在经济活动中具有平等的成功机会；在合理保护个人隐私的情况下，在市场上全面开放企业和个人经济活动方面的征信信息，使交易双方的信息对称，维护市场的公平交易。

维护市场公平竞争原则的另一作用在于保证失信惩罚机制的运转。在发达国家，公众对是否"公示"个人在道德方面的失信信息还有不同看法，也没有什么处罚的特别规定。但是，不论是公众还是政府，却都不能容忍对任何经济失信记录的保护，一致认为保护企业和个人的经济失信记录是对公众利益的侵犯，是一种对社会的犯罪行为。

在观念上，人们往往认为信用管理相关法律的立法应该考虑保护企业的问题，至少应该保护企业的商业机密不受侵犯。关于保护企业商业机密的问题，在许多发达国家都有其他法律和商业准则作出规定，一般并不从信用管理专业法律上体现这种保护。尽管发达征信国家的一些信用管理法律为了某些特殊时期的特殊任务，也会具有一定的政策倾向性和时效性，但不论要达成什么特殊的社会目标，维护市场公平竞争都是建立信用管理法律所必须坚持的一项原则。

在不违背上述两项基本原则的前提下，信用立法中有时还会遵循一些其他辅助原则，比如：稳定经济。研究分析表明适量的信用交易额能够促进经济的发展。但是，当信用投放过量，信用交易过于活跃时，会对经济产生负面影响，加大通货膨胀的压力，因此，在现代社会里，要保持经济的稳定发展，必须注意维持适度的信用交易量。通过有关信用立法对信用投放量进行调节也是稳定经济的手段之一。

三、信用法规的分类

征信国家的信用管理法律法规，从法律文本的内容上看，其作用：一是要宏观性地控制或指导授信机构在市场上投放信用工具；二是要保护消费者的权益，降低信用交易中的信息不对称程度。在理论上，前者的经济理论基础是金融学中有关信用流通的理论，所研究的是国家宏观控制信用投放的问题，用以指导信用工具的设计、投放和管理。而后者的经济理论基础是信息经济学关于交易中的信息不对称问题的研究，所研究的是信用交易过程中的大部分属于微观机制的问题。例如，美国著名的信用管理专业法律——"公平法"系列就被分类到了《消费者保护法》类别之下。因此，从这个角度看，信用管理法律可以分为两大类，即与金融相关的信用管理专业法律和与信用消费相关的信用管理专业法律。

单就与信用管理相关的消费者保护法而言，这些法律是建立在一些更为基础的法律之上，例如《信息自由法》、《电子信息自由法》、《个人隐私权法》、《个人破产法》等。这些法律虽然不属于与信用管理直接相关的专业法律，但影响到信用管理专业法律的立法工作。目前，我国在信用方面的法律法规还基本上处于空白状态，要把信用体系建立起来，最急迫的是抓紧建立健全这些基础性的法律。因为这些法律的制定是建议信用管理专业法律的基础，所以首先进行这些基础性的法律建设正是为信用管理专业法律的立法工作"扫清障碍"。

从信用立法的分类以及信用立法的各国现状中，还可以看出，有关信用管理法律仅保护消费者个人，而不保护企业。这也体现了法律维护市场公平竞争的原则。

政府和社会公众通常认为，在信用交易当中，企业和金融授信机构是信息不对称的强势方。其原因在于，成熟的公司企业的管理是由各种专业人士组成的团队来执行的公司企业在专业知识、产品信息、财务手段等方面较之消费者个人都具有强大的优势，它们的自我保护能力强，并且有能力聘请法律顾问和财务顾问，可以为自己的商业机密申请专利保护和其他形式的保护。如果一家企业的商业机密被竞争对手、消费者或者媒体刺探或泄露，这只能说明该企业自身管理不善，即使如此，企业也有能力援引其他非信用管理专业的法律向对方提起诉讼。

而在包括征信产品在内的各类产品的销售过程中，消费者是信息不对称的弱势方。首先，消费信用企业及授信的金融机构对其设计和生产的产品和服务具备高水平的专业知识，是掌握其产品信息的强势方，完全有欺骗或欺负消费者的能力。其次，在制作定式条款合同时，经常利用其优越的经济、法律条件制定有利于自己而不利于消费者的条款，消费者作为消费信用合同一方对商品的知识往往不够了解，对交易的规则不熟悉，对法律知识掌握不够，处于经济、法律的弱势群体，对于合同条件及内容无意志决定自由，所拥有的只是缔结合同的自由而已。

因此，法律没有必要在此保护处于强势的企业公司，而应由法律强迫企业主动公开有关信息，消除企业和金融授信机构对消费者个人的信息不对称现象。因此，多数国家的信用管理相关法律都是为保护消费者而订立的，几乎没有什么信用管理相关法律是针对公司或法人的保护问题而制定的。

第二节　我国信用法规概述

一、我国信用立法的发展沿革

重诺守信一直是中华民族的美德，也是中国传统文化的基本要求。新中国的相关立法活动既沿袭了传统文化的精髓，又有自己鲜明的时代特色，经历了不同的四个发展阶段。

第一阶段：革命成果巩固阶段的信用立法

中华人民共和国成立后，为巩固刚刚建立的人民政权，新中国的信用管理立法带有非常明显的时代烙印。1951年颁布的《妨害国家货币治罪暂行条例》是新中国立法对信用的最早规定，第五条规定，"散布流言或用其他方法破坏国家货币信用者，处5年以下徒刑或罚金"。1953年颁布的《中央人民政府一九五四年国家经济建设公债条例》第九条规定，"如有伪造本公债或损害本公债的信用行为者依法惩处之"。另外，由于信用合作是建国初期的一种主要合作经济形式，因此，一些立法都鼓励、促进信用合作的发展，比如，1954年《中华人民共和国宪法》第八条明确规定，"国家指导和帮助个体农民增加生产，并且鼓励他们根据自愿的原则组织生产合作、供销合作和信用合作"。

可以看出，这一时期的信用法律规定有两个特点：一是集中维护国家（公债）信用的权威；二是对信用合作形式予以法律化。

第二阶段：信用范围扩大阶段的立法活动

在熟人社会与计划经济体制下，信用的作用范围其实是非常有限的。对信用的大量需要，必然是市场经济、金融活动与社会流动性发展到一定阶段的产物。可以看到，在我国，信用法律规定的增多，是改革开放以后才出现的现象，并且信用立法随着社会的进步不断在扩大其调整范围。

例如，1980年国务院颁布的《关于管理外国企业常驻代表机构的暂行规定》第三条要求外国企业设立常驻代表机构必须提供"金融机构出具的资本信用证明书"；1980年颁布的《中华人民共和国外汇管理暂行条例》涉及对旅行信用证的管理；1981年国务院颁布的《关于切实加强信贷管理严格控制货币发行的决定》重申了"信用集中于银行的原则"；1982年国务院批转的《关于加强企业流动资金管理的报告》提出了引导和管理商业信用的原则；1983年颁布的《中华人民共和国财产保险合同条例》明确将信用保险作为一种保险品种予以明确；1984年颁布的《农副产品购销合同条例》第五条明确规定"农副产品购销合同依法订立后，即具有法律约束力，当事人双方必须恪守信用，严格履行，任何一方不得擅自变更或解除"；1986年颁布的《中华人民共和国民法通则》第四条规定，"民事活动应当遵循自愿、公平、等价有偿、诚实信用的原则"，这一原则后来又为一系列的立法如《中华人民共和国科技进步法》、《中华人民共和国反不正当竞争法》、《中华人民共和国消费者权益保护法》、《中华人民共和国广告法》、《中华人民共和国票据法》、《中华人民共和国担保法》、《中华人民共和国外汇管理条例》、《中华人民共和国拍卖法》、《中华人民共和国合伙企业法》、《中华人民共和国证券法》、《中华人民共和国合同法》、《中华人民共和国认证认可条例》、《中华人民共和国证券投资基金法》等所确立。

随着包括证券市场在内的资本市场的出现和发展，诸如信用评级等规定也开始出现在法律规定中，如1992年国务院颁布的《关于进一步加强证券市场宏观管理的通知》，1993年国务院颁布的《关于坚决制止乱集资和加强债券发行管理的通知》、《企业债券管理条例》等，都涉及信用评级问题，使信用管理的范围出现了明显的扩张；信用卡的出现，更使信用成为社会的热点话题，也使众多的立法活动必须做出及时的回应。

从改革开放以来，信用的作用范围在不断扩大，立法也在不断作出回应，出现了大量的信用立法规定。但是，这一时期，并没有出现专门的信用管理法律规定。通常，信用管理的规定大多包含在相关法律规定之中，停留在一般法律原则层面，不具有太多的可操作性。

第三阶段：专门信用立法阶段的立法活动

改革开放发展到一定阶段以后，不断出现的市场经济秩序混乱现象，尤其是发生于20世纪90年代末的亚洲金融危机，直接加快了我国的专门信用管理立法进程，推动我国的信用管理立法迈上了一个新的台阶。

国务院在2001年颁布的《关于整顿和规范市场经济秩序的决定》中首次明确将建立健全符合市场经济体制要求的社会信用制度作为一项重要部署予以明确，并提出要逐步建立企业经济档案制度和个人信用体系，防止商业欺诈、恶意拖欠及逃废债务等不法行为的发生。《国务院办公厅关于成立贯彻落实全国金融工作会议专题工作小组的通知》决定成立六个专题工作小组，其中就包括建立企业和个人征信体系专题工作小组。2002年3月，由中国人民银行牵头，16个部委参加，成立了建立企业和个人征信体系专题工作小组，由人民银行行长任组长，人民银行副行长、国家经贸委副主任、国务院信息办副主任任副组长的专题工作小组的主要任务之一，是代表国务院起草征信管理的行政法规，为建立征信体系奠定法律基础。自2002年4月起，专题工作小组对欧美国家相关立法资料进行了认真研究，邀请了国内外信用管理方面的专家进行了座谈，并赴上海、汕头、深圳对其征信试点工作做了实地调研，在此基础上，形成了征求意见稿和起草说明，2002年11月最终形成了代拟稿及其起草说明。

21世纪初以后，国务院在一系列的文件中反复强调了建立信用体系的重要性，促进了地方、部门信用信息管理立法活动的开展。比如，国务院在2004年发布的《关于进一步加强食品安全工作的决定》中，要求建立食品安全信用体系和失信惩戒制度，整顿和规范市场经济秩序，建设统一、开放、竞争、有序的现代市场体系；2006年国务院发布的《关于进一步加强消防工作的意见》要求将单位消防安全信息纳入社会信用体系，推动建立行业、系统消防安全自律机制；2006年发布的《国务院关于保险业改革发展的若干意见》要求加快建立保险信用体系，推动诚信建设，营造良好发展环境；2006年发布的《国务院关于落实〈中华人民共和国国民经济和社会发展第十一个五年规划纲要〉主要目标和任务工作分工的通知》明确由国办牵头建设社会信用体系，健全失信惩戒制度；2006年发布的《国务院关于深化改革加强基层农业技术推广体系建设的意见》要求建立农业技术推广服务的信用制度，完善信用自律机制；《国务院关于印发2007年工作要点的通知》要求深入整顿和规范市场经济秩序，坚持标本兼治，完善市场管理，强化市场监督，加快社会信用体系建设。与之相适应，诸如工商、税收、房地产管理、科技、交通、商务、食品安全、质量监督、发展改革等部门，纷纷制定了信用管理方面的专门规定。其中，尤为重要的是，国务院办公厅于2007年3月发布了《关于社会信用体系建设的若干意见》，明确了信用体系建设的一系列重大原则与制度，并提出"要按照信息共享，公平竞争，有利于公共服务和监管，维护国家信息安全的要求，制定有关法律法规"。

由于各个方面的高度重视，这一时期的立法数量众多，特点非常突出：一是出现了专门的信用信息管理规定，具有较强的可操作性。比如，中国人民银行于2005年制定的《个人信用信息基础数据库管理暂行办法》对于个人信用信息的采集、整理、保存、查询、异议处理、用户管理、安全管理等作了非常全面的规定。再如，全国整规办、国务院国资委为推动商会协会开展行业信用体系建设工作，专门印发了《商会协会行业信用建设工作指导意见》、《行业信用评价试点工作实施办法》，明确了信用评价的基本原则与制度。二是一些地方充分利用改革试点的机会，在一些领域率先立法，带动了整个国家的立法进程。比如，深圳市在全国率先于2001年制定了《深圳市个人信用征信及信用评级管理办法》，于2002年制定了《深圳市企业信用征信和评估管理办法》；上海也充分利用中国人民银行提供的开展个人银行消费信用信息服务业务的试点机会，制定了《上海市个人信用征信管理试行办法》。深圳、上海的这些规定，为其他地方乃至全国制定相应的规定，进行了有益的探索，带动了一大批地方的立法工作。三是这一时期的立法活动以风险防范，惩戒失信为主要目标，将社会信用体系建设作为整顿和规范市场经济秩序的治本之策与主要手段。

由于这一阶段采用的是专门立法形式，目标比较单一，因此，立法过程中存在的弊端也比较明显，如立法层级较低，不同立法之间缺乏协调，行为规范模糊，资源整合困难，部门分割，缺乏执法保障等。

第四阶段：全面信用立法阶段的立法活动

发达国家的市场化进程大多经历了长时期的自然演变，其信用体系建设与信用管理立法也经历过一个相对长时间的发育，然后才面临信息社会的挑战，因此，两阶段发展特征比较明显。相反，我国的市场化改革是最近二十年的事情，采取的是一种政府推动的路径，没有那么长时间的渐进过程来发育信用管理相关的制度或者规则；同时，我国的市场化改革与信息化浪潮几乎是同步发生的两个过程，发达国家在两个历史阶段所面临的问题在我国同时都出现了。我国的信用立法从一开始就须与信息化立法相互配合、相互促进，要在信息化大背景下通盘加以考虑。

中共十六大报告提出"整顿和规范市场经济秩序，健全现代市场经济的社会信用体系"。十六届三中全会进一步明确指出"建立健全社会信用体系，形成以道德为先撑、产权为基础、法律为保障的社会信用制度，是建设现代市场体系的必要条件，也是规范市场经济秩序的治本之策"。国务院已决定，从2003年起，用5年左右的时间，建立起我国社会信用体系的基本框架和运行机制。

建立我国的社会信用体系，首先就要立法。目前，全国人大常委会秘书处和国务院法制办公室已经开始考虑信用管理相关法律的立法问题，但信用管理相关法律的立法工作尚未被列入人大的立法规划中。在有关法律还未建立之前，相关法规的建设就显得十分重要。我国已有多个省市开始建立自己的新工作试点，甚至是地方性信用体系，并出台了相关的地方法规和政府政令。上海、北京、深圳、汕头等城市都分别根据当地需要，出台了信用管理相关的地方法规。我国虽然尚未建立任何信用管理专业法律，中央政府也没有出台有关的行政法规，但政府各有关部门已在加紧研究我国信用管理法制的建设问题。

二、我国信用立法的目的

我国信用立法的直接动因在于从根本上治理信用缺失、维护市场经济秩序、保护消费者利益和社会公共利益。我国市场经济体制确立以后，社会进入转型时期，原有的计划经济体制下的经济秩序被打破，井然有序的物资调配让位于市场交易，市场主体追求利益最大化造成的负面影响首先就是市场信用的缺失。传统的信用道德失去了昔日的光彩，缺乏主流文化的社会转型无法在短期内培育出与市场经济相适应的信用道德，信用立法迟滞，无法有效解决信用缺失的问题。面对当今的市场信用状况，法律规制手段当仁不让，信用立法的直接目的便是为市场经济健康发展提供规范、有序的环境。

为实现这一目的，按照国家统一部署，需要建立全国范围信贷征信机构与社会征信机构并存、服务各具特色的征信机构体系，最终形成体系完整、分工明确、运行高效、监管有力的社会信用体系基本框架和运行机制。目前，全国范围的信贷征信机构已经建立，人民银行不仅在内部设立了承办信贷征信管理工作的征信管理局，而且建立了运营良好的全国统一的企业与个人信用信息数据库，颁布了《个人信用信息数据库管理暂行办法》和《企业信用信息数据库管理办法》，至少我国银行系统的信用制度建设成绩斐然。我国的社会征信机构近年发展虽然不大均衡，但也各具特色，小有成绩。不过，我国目前还没有形成一直期待的体系完整、分工明确、运行高效、监管有力的社会信用体系基本框架和运行机制。其根本原因就在于没有完成信用的统一立法。

值得注意的是，我国的信用既包括银行信用，又包括商业信用，还包括消费者个人信用。银行信用体系的建立解决了大量逃废银行债务的问题，以及其他与银行信用相关的问题，但没有解决作为市场主体的企业与其他社会组织的商业信用问题。现代社会中信用关系渗透于经济、社会生活的各个层面，单一部门掌握的信用信息很难满足社会需求。现有的银行信贷登记系统与个人征信系统与社会征信系统相比，在建设目的、信息来源、征信内容、评估标准、管理维护、服务方式和服务对象等方面区别很大。社会征信系统的信用信息来自金融、经贸、财税、工商、审计、物价、统计、公安、海关、司法、审判、质检、教育、劳动与社会保障和公用事业单位等一系列部门，以及企业和个人。银行信贷登记系统只是社会征信系统的一个子系统，自身很难实现从同业征信向联合征信的拓展。分行业、分地区的信用立法，不仅不能整合立法资源、节约立法成本，而且不能有效执法、用法，激励市场主体培育信用道德，更不能形成体系完整、分工明确、运行高效、监管有力的社会信用体系基本框架和运行机制。信用立法的调整范围并不是越窄越好或越宽越好，而是越适用越好。将信用立法的调整范围界定为某一行业或地区，显然过窄，而界定为整个社会信用，又明显过宽。

因此，信用立法的目的应当是惩治市场失信行为，维护市场交易秩序，构建社会信用体系，保障我国经济社会又好又快地发展。

三、我国信用立法的指导思想

我国信用立法必须贯彻科学发展观的要求，坚持以人为本的理念，全面、协调、可持续发展我国的信用体系，促进国民经济与社会的进步。首先，构建信用法律制度是为了解决我国市场经济中普遍存在的信用缺失问题，维护市场交易秩序。这是我国市场经济体制得以存在和发展的标本兼治之道，构建公平、安全、高效的交易环境，可以降低交易的社会成本，促进商品和资金的流转，加速国民经济与社会的发展。其次，信用立法直接调整信用关系，即在商品交易中产生的信用当事人之间的社会关系。法律本身就是调整人与人之间社会关系的行为规范，通过对违法失信行为的制裁，和对合法守信行为的褒奖，惩恶扬善，培育全社会的信用意识，树立良好的社会信用风尚。再次，信用法规是社会信用体系中最基本的信用制度，完成了信用立法，可以直接促进社会信用体系的全面建设。根据马克思主义关于经济基础决定上层建筑的理论，信用法规制度的建立健全，可以促进我国政治法律制度和社会意识形态的发展，提升政府信用和其他社会信用水平，构建和谐社会。最后，调整信用关系的根本办法是统筹兼顾，既要考虑社会整体利益，又要顾及信用关系当事人的个体利益；既要考虑对失信行为的惩处，又要鼓励守信行为。坚持两点论哲学观点，统筹兼顾，全面发展。

在信用立法中贯彻落实科学发展观，关键一点是促进信用制度发展。信用制度越完善，社会经济活动就越繁荣，同时越需要严谨、周密的信用法律制度与之配套。从这个意义上讲，信用立法应是一部促进法，通过设计有效的激励机制，促进更多的市场主体参与到信用信息采集、评估等信用活动之中，将更多的信用信息纳入征信体系，促进信用意识更加深入人心，最终促进信用制度的发展。同时，倡导政府的适度干预、协调平衡，为法律促进经济关系的发展提供充足的空间。

贯彻落实科学发展观，保障市场信用体系作用的积极发挥，必须保障信用信息的真实、客观、公正。信用是无形的，作为信用表现形式的信息需要加工处理，才能转化数据，方可识别和比较。因此，对信用信息的客观、公正加工处理本身就是一件极其复杂的技术活动。就现代社会信用而言，全面采集市场主体的信用信息难度较大，因为信息波动（变化）的频率、幅度，评估参数都不同以往，公正加工处理信用信息本身就具有一定技术难度。但是，客观公正地加工处理市场主体的信用信息，是对信用中介服务的基本要求，也是我国信用立法的预期目标之一。

统筹兼顾是在信用立法中贯彻落实科学发展观的根本方法。在信用信息数据极度分散，单个部门或机构无力整合处理信用信息资源情况下，信用立法赋予政府权力，由政府主导信用信息管理，协调各方关系、整合各方资源。政府主导的信用信息管理，既在确保信用信息公开、公示、公用，又要最大程度的保护个人隐私权和企业商业秘密，寻求公众对信用的知情权与个体对自身信息专属权之间的最佳契合点，以人为本构建和谐社会。在社会信用体系中，经济与社会关系复杂，利益主体多元，需要平衡各种经济行为，协调各方利益关系。其中最重要的是要协调和处理好社会整体与社会个体之间的意志、行为和利益的矛盾。统筹兼顾要求从社会整体利益出发，调整具体经济关系，协调经济利益，促进、引导或强制实现社会整体目标与个体利益目标的统一。在信用立法中坚持统筹兼顾，平衡协调个体与整体、国家与地方、地方与地方、行业与行业等关系和利益。

四、我国信用立法的基本原则

在我国信用立法的过程中，应积极借鉴西方发达征信国家的信用管理相关法律，特别是美国的信用立法。但同时也要明确，由于我国的法律体系不同于英美法系，因此，我国在信用立法上不可照搬别国，应根据自身情况选择适合的立法进程和法律体系。根据我国国情，在我国的信用管理相关法律的总体设计中，应该考虑体现出如下原则：

(一) 保护消费者权益原则

在任何有关信用交易性质的市场交易关系中，消费者的权益必须得到保护。在商品经济中，消费者是重要的交易主体，对商品的消费和供给起着重要的推动和引导作用。为了充分发挥消费者在市场中的积极作用，发掘消费潜力，配合政府实施的积极财政政策，拉动内需市场，必须充分保护消费者的权益。法律保护消费者在信用交易中不受到欺诈、误导和蒙蔽，消费者还有充分了解商品、信贷、个人信用记录等的各项权利。消费者的权益一旦被侵害，应有指定的政府部门或机构接受消费者的投诉，规定授信方和信用调查中介机构如何处理消费者的投诉。

(二) 维护市场公平竞争的原则

从信用管理专业立法的角度看，该原则可以包括：

1. 消除信用交易中的信息不对称影响的原则

一方面，任何授信机构或从事赊销业务的企业，都必须明白无误地披露不同信贷服务的成本和条款，以便使受信者（即消费者）能够对不同信用支付工具进行比较，从而作出最优的消费选择。另一方面，授信机构和赊销商也有权了解信用交易对方的信用记录，以提高赊销和贷款的成功率。

2. 平等信用机会原则

平等信用机会原则也叫无歧视原则，是指在取得和应用信用支付工具方面，人人都平等享有取得授信的机会，并且所取得的授信条件应该一样。任何授信机构不得因为消费者的民族、性别、婚姻状况、年龄、宗教信仰等原因，而拒绝消费者的信用申请。

3. 金融机构平等和正当经营原则

任何合格的金融机构都应能够取得同等的开办消费信贷业务的权利，以及经营任何信用支付工具的权利，而不论这些金融机构的所有制、规模等。金融机构在经营消费信贷业务的过程中，应当公平竞争，不得进行不正当的恶性竞争，不得倾销。

(三) 调控信用工具和信用交易量原则

信用工具投放量和信用交易额的多少，会直接影响一国的物价水平和经济发展。在市场经济条件下，市场是调节经济的主要手段。通过有关对信用总量和信用工具投放进行控制的立法，可以减少通货膨胀失控的威胁。

（四）强制开放征信数据原则

要保证信用交易双方的信息对称，促进信用管理行业的平衡发展，政府应调整以往政策，既要保护信用信息搜集机构的采集权和社会公众的知情权，也要尊重公民的隐私权与企业的商业秘密，在公众信息查询和国家信息保密制度之间取得平衡，鼓励社会信用信息公开，禁止部门和地方信用信息相互封锁，并以法律的形式使其确立下来。

（五）促进信用管理行业发展原则

通过信用立法，保证信用管理行业的健康发展，促进信用管理各分支行业的协调和规范发展。

（六）信用调查报告真实性原则

征信机构提供的信用调查报告必须公正、真实、可靠。因为授信机构往往凭借信用调查报告来决定是否向申请者提供信用，或者将信用调查报告作为主要的授信决策参考。不真实、不准确的消费者信用报告会使消费者无法取得信用，或者付出更高的成本。因此，消费者应有权申诉和处罚提供虚假信息的征信机构。

（七）法律相容性原则

新制定的信用立法应与现行法律相容，不冲突。

（八）政府推动与社会参与相结合的原则

政府、企业与个人三者信用同等重要，不可偏废，既强调行政权的适度干预，也鼓励企业和自律组织的自我监管。

（九）守信获益、失信受损的原则

法律要维护守信者的利益，并让失信者得到应有的惩罚，这样才能树立信用管理法律的权威，同时保障信用管理体系正常运行和发挥应有的作用。

第二章 国外信用法规介绍及解读

本章要点

通过本章学习，应该了解和掌握如下要点：

· 美国的信用制度和体系；

· 美国信用管理法律的组成和主要内容；

· 欧盟国家的信用管理法律概述。

第一节 美国信用法律制度概述

美国是世界信用交易额最高的国家，也是信用管理行业最发达的国家。美国市场的信用交易和信用管理行业得以健康发展的根本保障是其完整的与信用管理相关的法律体系，以及联邦政府出台的一些法规。建立这些法律法规的目的在于保护消费者的隐私权，并间接地规范了信用管理从业的服务范围和方式。

美国的信用交易和信贷消费总额每个月在 2 000 亿美元以上，其中包括工商信用、消费者信用和其他消费信贷。就其经济方面的意义看，当一国市场的信用交易方式占主流时，其市场规模就会成倍地扩大。这种方式不仅能够适应国际贸易的需要，还能有效地拉动本地的内需市场，间接地增加就业机会。但是，扩大成熟且健康的市场信用交易，是建筑在国家信用管理体系之上的，而国家信用管理体系的支柱之一就是完善的信用管理相关法律。通常，人们将国家信用管理体系运转良好和市场信用交易健康增长的国家称为"征信国家"。在征信国家或地区，必然有比较完善的信用管理相关法律可循（张大为，1995）。因此，在立法方面，美国等征信国家的成功经验值得我国借鉴。

一、美国信用管理相关法律的基本作用

关于美国的信用管理服务，可以追溯到 1830 年。在第二次世界大战结束后的 20 年中，北美市场的信用交易额猛增，各种信用工具被广泛地使用。由于市场的需要，帮助信用交易中的授信方做出正确决策咨询的信用管理行业步入现代信用管理阶段，并取得了快速发展。但伴随着信用交易的增长和信用管理行业的发展，征信数据和服务方式方面不可避免地产生了一些问题，诸如公平授信、正确报告消费者信用状况、诚实放贷等问题，其中特别敏感的是保护消费者隐私权问题。鉴于市场的发展情况，社

会各个有关方面都对国会适时出台信用管理相关法律提出了强烈要求。于是，在20世纪60年代末期至80年代期间，美国开始制定与信用管理相关的法律，并逐步趋于完善，形成了一个完整的框架体系。

一般来讲，美国基本信用管理的相关法律共有17项（罗伯特·卡勒，1998），几乎每一项法律都进行了若干次修改。其中一项被称之为"信用控制法（Credit Control Act）"的法律在20世纪80年代被终止使用。其他16项法律是：公平信用报告法（Fair Credit Reporting Act）、公平债务催收作业法（Fair Debt Collectlon Practice Act）、平等信用机会法（Equal Credit Opportunity Act）、公平信用结账法（Fair Credit Billing Act）、诚实借贷法（Truth in Lending Act）、信用卡发行法（Credit Card Issuance Act）、公平信用和贷记卡公开法（Fair Credit and Charge Card Disclosure Act）、电子资金转账法（Electronic Fund Transfer Act）、储蓄机构解除管制和货币控制法（Deposit Institutions Deregulation and Monetary Control Act）、甘恩—圣哲曼储蓄机构法（Gan - St Germain Depository Institution Act）、银行平等竞争法（Competitive Equality Banking Act）、房屋抵押公开法（Home Mortgage Disclosure Act）、房屋贷款人保护法（Home Equity Loan Consumer Protection Act）、金融机构改革—恢复—执行法（Financial Institutions Reform，Recovery，and Enforcement Act）、社区再投资法（Community Reinvestment Act）、信用修复机构法（Credit Repair Organization Act）。上述法案，构成了美国国家信用管理体系正常运转的法律环境。

美国的信用管理行业于20世纪50年代跨入现代信用管理阶段，适应社会发展的信用管理相关法律体系则始建于60年代。美国国会完善消费者信用和信用管理行业相关法律的主要目标有三个，即稳定美国经济、保护消费者的隐私权和解决一些特殊的社会问题。例如，在被废止的"信用控制法"出台时，主要是针对60年代以来，美国市场上信用交易额度猛增，以至造成通货膨胀的压力等问题。在1930年，通货膨胀成为当时美国经济中的主要矛盾，卡特政府在制定控制通货膨胀的经济政策时，援引该项法律以控制通货膨胀。在美国社会，个人隐私权会受到高度重视，因为个人隐私权反映了美国社会的价值观，处理不好极易引起众怒。信用交易的扩大必然改变原有的市场规则以及个人生活方式，而信用交易扩大的基础是对企业和消费者进行征信，并将大量处理过的企业和消费者个人数据公开和加以传播，从而涉及敏感的个人隐私权问题。于是，必须有法律将涉及个人隐私的数据和合法征信数据加以区分，达到既保护消费者的隐私权不受侵犯的目的，又让信用管理行业的从业人员的业务工作有法可依（罗伯特·E. 托马斯，1997）。信用管理相关法律也用于解决特殊的社会问题，例如房屋租赁、小企业发展、农业和少数民族问题。

二、美国信用管理相关法律的执法机构

就美国联邦政府而言，并未专门设立一个信用管理局来管理信用和信用管理行业的事务，它的信用管理功能是随着市场发展和有关法律的建立而指派或自然分配给各有关部门的。鉴于美国制定信用管理相关法律的目的，以及从其信用相关立法体系构成可以看出，立法基本可以分为银行相关和非银行相关两类。银行相关的信用法律主

要在于规范商业银行的信贷业务，而非银行相关的信用法律主要在于规范信用管理行业。因此，美国的主要执法机构（Credit Regulators）也按照银行和非银行分成两类：银行系统的执法机构包括财政部货币监理局（Office of Comptroller of the Corrency，简称OCC）、联邦储备系统（Federal Reserve System）和联邦储蓄保险公司（Federal Deposit Insurance Corporation，简称 FDIC）；非银行系统的执法机构包括联邦贸易委员会（Federal Trade Comrnlsson，简称FTC）、司法部（Department of Justice）、国家信用联盟管理办公室（National Credit Union Administration）、储蓄监督办公室（Office of Thrift Supervision）等。所谓执法机构，一般是法案草案的提出机构，它的职能是在法律文本后面做出实施规则，并且在技术上对法律文本提供权威的解释。如果说银行系统执法机构的主要任务在于商业银行的信贷业务，非银行系统执法机构的功能则主要体现在对征信和追账业者的规范。

三、美国信用法律制度的特点

（一）信用法律制度以信用交易的充分发展为先导

信用法律体系形成之前，历经一百多年发展的信用交易已经成为美国经济的重要组成部分，信用经济逐步形成。与此同时，信用行业也出现了一些急需应对的问题，例如高利贷剥削、虚假信用报告等。这些现象不仅损害了消费者的利益，而且阻碍了信用交易的进一步发展。为了解决这些问题，信用法律制度应运而生。从具体的信用法律制度看，都是针对信用行业中的特定问题而做出的规定。例如，法律对于信用信息的范围并未做出明确、具体的规定。其基本假定是，几乎所有的信息都是信用信息，信用报告机构可以不受限制地采集、使用，至于哪些信息属于信用信息，哪些信息不属于信用信息，完全由实践来决定。实践中，如果某类信息被认为不宜作为信用信息，则制定法律对其加以排除或者限制。例如，《平等信用机会法》禁止将性别、种族、宗教信仰等作为授信人决定是否授信的依据。近年来，身份盗窃（Identity Theft，利用他人身份从事信用交易等不法行为）是美国一个严重的社会问题，而导致身份失窃的一个重要原因是，消费者的唯一性身份标识——社会安全号码可以通过其信用报告获得。因此，一些专家建议立法以限制在信用报告中使用社会安全号码。霍姆斯说："法律的生命是经验而不是逻辑。"就信用法律制度而言，"经验"——信用交易的实践，正是其生命所在。

（二）信用法律制度具有深厚的文化基础

美国的消费者信用达到其国内生产总值的60%，是当今世界信用经济最发达的国家。信用的发达与信用文化观念息息相关。美国消费者数据行业协会主席康纳利先生讲到："美国人的观念是，获得信用不是特权，而是任何人都享有的权利。"这种观念是信用经济的基础，也是信用法律制度的基础。为了得到或者方便地得到信贷或者其他形式的信用，美国人宁愿放弃一定的权利，甚至隐私权。正因为这样，美国信用法律在维护消费者权益的同时，尽量为信用行业的发展创造条件。在美国，信用信息的采集不需经消费者事先同意，这是美国信用报告制度和欧洲的重要区别之一。从理论上讲，信用信息属于消费者所有，并且可能涉及个人隐私，信息采集需取得消费者同意的规定是必要的。但是，美国人认为事先取得消费者同意的做法必然会限制信息的自由流通，进而会影响到消费者获得信用或者获得信用的时间。因此，虽然现行做法对消费者隐私是一种威胁，消费者仍然可以接受。

（三）信用法律制度的形式多样

美国信用法律的形式具有多样性：除国会立法外，还有行政规章和联邦最高法院判例；除联邦立法外，还有各州自行制定的有关法律。

依据国会在法律中的授权，联邦行政机关制定了相应的配套行政规章。例如，联邦储备委员会依据《平等信用机会法》制定了规章 B；依据《诚实借贷法》制定了规章 Z 和规章 M 等。这些行政规章是对国会制定法的重要补充和解释。以规章 B 为例，《平等信用机会法》的目的是禁止债权人在信用交易中考虑种族、肤色、宗教、国家来源、性别、婚姻状况、年龄、信用申请者收入的全部或部分收入来源于公共资助等因素（只要申请人有能力从事交易）。规章 B 的规定则大大扩展了《平等信用机会法》对债权人的要求，它规定了债权人可以要求信用申请人提供的信息的类型，对与信用申请人配偶或者婚姻状况相关的问题作了一些特别限制，规定了评价信用的方式、提供信用的方式以及拒绝申请时的通知程序等。作为一个判例法系国家，特别是联邦最高法院判例对解释和补充成文法作用重大。

第二节　美国信用管理法律及解读

一、消费者保护法系列

（一）公平信用报告革新法（Fair Credit Reporting Reform Act）

1681. 国会的调查结果和目的

（a）信用报告的准确性和公平性

国会认为：

（1）银行系统的工作依赖公平和准确的信用报告。不准确的信用报告会直接影响银行系统的效率，不公平的信用报告方法还会降低公众对银行的信任，而这种信任对银行系统的持续经营是必不可少的。

（2）已经建立起一种经周密设计的机制，可以对消费者的信用价值、信用状况、信用能力、品行和一般信誉状况进行调查和评估。

（3）在采集和评估消费者信用和其他有关信息反方面，消费者报告机构的角色是至关重要的。

（4）应该确保消费者报告机构公平、中立地履行其职责，并尊重消费者的隐私权。

（b）合理的程序

本法律的立法目的是要求消费者报告机构设置合理的操作程序，以公平、公正的方式满足对消费者授信、雇用、保险和其他信息的商业需求，并按本法律的规定，确保消费者信息的保密性、准确性和合理使用。

1681.a. 定义及解释的规则

（a）本条款的定义和解释规则仅适用于本法律。

（b）"人"指任何个人、合伙企业、公司、信托公司、房地产公司、合作社、社团、政府和政府部门、办事机构和其他实体。

（c）"消费者"指个人。

（d）消费者报告：

（1）通则："消费者报告"指：由消费者报告机构以书面、口头或其他通信手段传递的信息，该信息与一个消费者的信用价值、信用状况、信用能力、品行、一般信誉、个性或生活方式相关，采集或使用该信息或部分信息的目的是为了确定消费者在以下几方面的资格：

（A）主要用于个人、家庭或家计的信用或保险；

（B）雇用目的；

（C）本法律第1681条授权的任何其他目的。

（2）例外规定，"消费者报告"不包括：

（A）任何

（ⅰ）报告，所含的信息仅包括消费者与消费者报告机构之间的交易或经验；

（ⅱ）在附属企业内部员工之间交流的信息；

（ⅲ）在附属企业间交流的其他信息，且已经清楚、明显地向消费者披露。该信息是在报告机构附属企业内部传播，而且消费者有机会在信息初次传播之前，制止该信息在此范围内传播。

（B）由信用卡发行机构或类似机构直接或间接地授权或批准的特殊授信；

（C）基于第三方的请求，直接或间接地对一个消费者进行授信，在此情况下出具的报告，传达了他或她对该请求做出的决定。第三方告知消费者第三方请求者的姓名和住址，按本法律第1681m款的规定，此人的情况应该对消费者披露；

（D）在第（o）项要求的信息披露。

（e）"调查式消费者报告"指这样的消费者报告，所包含的全部或部分内容是有关消费者言行、一般信誉、个性或生活方式的信息，报告中的信息是通过与当事人的邻居、朋友、同伴、与其熟识的人或知情人面谈而获得的。如果信息是直接从消费者的债权人或从消费者本人处获得的，报告中的信息不得包括从消费者的债权人或从消费者报告机构处直接获得的该消息者记录中所反映的具体事实。

（f）"消费者报告机构"指任何出于收费、产生应收账款或合作性的非营利目的而经常性从事消费者信息采集或评估的机构，它向第三方提供消费者报告，以及利用州际商务手段或设施来准备或提供消费者报告。

（g）"档案"，与任何消费者信息连用时，指消费者报告机构的记录，以及持有的所有消费者信息，而不论该信息是以何种方式存储的。

（h）"雇用目的"，与消费者报告连用时，指雇主为了评价一个消费者的雇用、升职、调任或留任而使用的消费者报告。

（i）"医疗信息"，指经当事人的同意，从有执业资格证书的医师或医疗从业人员、医院、诊所或其他与医疗医药相关的机构获得的信息或记录。

（j）与子女抚养义务有关的定义：

（1）逾期抚养

"逾期抚养"与《社会安全保障法》下的 666（e）款的定义相同。

（2）州或地方性子女抚养执行机构

"州或地方性子女抚养执行机构"指州或地方的子女抚养执行机构，其职责是确定子女的抚养义务和强制责任人履行其抚养义务。

（k）不利行动

（1）该行动包括下列"不利行动"：

（A）与《平等信用机会法》的 1691（d）（6）款的定义相同；

（B）意指：

（ⅰ）在保险的核保过程中，拒绝提供保险请求或取消现有保单、增加保费、减小保险的覆盖范围或金额、或其他对被保人不利的变更；

（ⅱ）拒绝雇用或做出对雇用不利的决定，或对在岗员工或求职人员产生不利影响的任何其他决定；

（ⅲ）对于第 1681.b.（a）（3）（D）款定义的执照或福利，产生拒绝、取消、增加缴费或其他不利的变更；

（ⅳ）采取行动或做出决定，目的是：

①与消费者申请或主动进行的交易相关，或与审查第 1681.b.（a）（3）（F）（ⅱ）款规定的账目相关；

②对消费者的利益产生不利影响。

（2）适用的裁决、决定、评论和命令。在确定一项行动是否属于（1）（A）规定的不利行动时，应遵守由联邦储备委员会或法庭按《平等信用机会法》的 1691（d）（6）款所做的最终裁决、决定、评论或命令。

（1）确定授信或保险承保

"确定授信或保险承保"指在确定了消费者以后，对该消费者提供授信或保险承保。合格的消费者是在参考了消费者报告提供的信息之后确定的，报告认为消费者符合授信条件，除非受到下列条件的进一步限制：

（1）通过消费者信用申请表或保险申请表中填写的信息，评价其信用价值，依此来选择消费者；该标准的设定是：

（A）在筛选合格的消费者之前；

（B）为决定是否授信或承保。

（2）核实；

（A）根据一份消费者报告、消费者申请表中的信息或其他相关消费者信用价值或承保可靠性的信息，核实该消费者是否一直符合筛选合格消费者的特定标准；

（B）核实消费者提交的信用申请或保险申请表中的信息，判定消费者符合授信的信用价值和承保可靠性的特定标准。

（3）要求消费者为取得授信或承保而提供担保物品：

（A）在决定对消费者授信或承保之前确定的；

（B）在授信或承保时对消费者披露。

（m）非消费者主动进行的信用或保险交易情况

"非消费者主动进行的信用或保险交易情况"，不包括为消费者提供一种保险或设立账户的机构或人使用消费者报告，为了：

（1）审查账户或保单；

（2）账款催收。

（n）"州"指（美国境内的）任何州、波多黎各地区、哥伦比亚特区，以及美国的任何领地或属地。

（o）信息传递的例外情况。

合乎下列条件者，属于本条款定义的例外情况：

（1）根据（d）（2）（D）款的规定，属于一份调查性消费者报告；

（2）出于下列目的，提供给招聘员工的雇主：

（A）向雇主推荐一名员工；

（B）向一个自然人推荐就业机会；

（3）经常性办理人才招聘的机构；

（4）未被任何人出于第（2）（A）或（B）款中所述目的而使用；

（5）下列情况的信息传播：

（A）向作为当事人的消费者传递信息：

（i）在采集或传递信息之前，经当事人口头或书面方式的同意，并确定了信息传递的范围和种类；

（ii）在传递信息之前，经当事人口头或书面方式的同意，向一个潜在的雇主传递；

（iii）按（i）或（ii）的规定，在取得当事人的口头同意之后的3个工作日内，信息传递者须取得该消费者的书面确认；

（B）信息的提供者不得为取得该信息而做任何询问，即使是招聘人才的雇主提出问题，信息提供者也不得询问当事人，以避免违反任何联邦或州的《平等雇用机会法》或相关规定；

（i）在取得消费者要求披露其信息的请求之日起5个工作日内，以书面形式向当事人披露其信用档案中所有符合要求的信息类别和内容。用于制作该档案的特殊信息来源情况可以不予披露，除非辖区法院在进行诉讼调查时，以适当的司法程序要求予以披露的情况除外，否则无须披露信息来源；

（ii）以书面方式通知该消费者，当事人有权力获得（i）项所指的信息。

（p）"全国性的制作消费者信用档案的消费者报告机构"指一个消费者报告机构，该机构以向第三方提供消费者信用价值、信用状况、信用能力的消费者报告为目的，经常性从事采集、评估和存储全国消费者的下列信息：

（1）公共记录信息；

（2）经常从拥有信息账户信息的单位采集信用账户信息，以及在普通交易过程中采集信用账户信息。

1681. b. 消费者报告的合法用途

（a）通则：消费者报告机构受（C）款的规范，仅可向下列合法用户提供消费者报告：

（1）持有辖区法院的命令或联邦大陪审团按程序发出传票；

（2）有消费者本人的书面委托；

（3）确信有下列理由者：

（A）为了与消费者做信用交易而使用信息，包括对该消费者的授信、核查信用账户、催款；

（B）为雇佣为目的而使用该信息；

（C）为了对消费者提供保险而使用该信息；

（D）根据法律的规定，使用该信息是为了评估申请人的财务负担和状况，以决定该消费者取得执照、或其他政府社保机构给予其福利的资格；

（E）作为潜在投资人、服务提供者、或现有保单的承保人，使用信息以评价或估算现有的债务或预付款风险；

（F）此外，因合法交易的需要使用信息：

（ⅰ）消费者主动进行的商业交易；

（ⅱ）审查消费者的账户，以判定该消费者是否继续符合持有该账户的条件。

（4）根据州或地方子女抚养执行机构的主管（或由该机构主管授权的州或地方政府官员）的要求。若该人提出要求，消费者报告机构应该提供：

（A）为了确定当事人支付子女抚养费用的能力，或为了确定支付的数额，而需要使用消费者报告；

（B）根据州法律有关子女抚养义务的规定（若州法律有规定），确认当事人为该子女的父亲，或当事人已经承认其是该子女的父亲；

（C）当政府工作人员需要索取消费者报告时，消费者报告机构要至少提前10天对所知悉的消费者最近的通信地址，使用挂号信方式提供或通知当事人，告知有人将取得其消费者报告；

（D）用户将对消费者报告予以保密，仅用于（A）中所定义的目的，而不会用于其他任何民事、行政或刑事程序，或其他用途。

（5）执行《社会安全保障法》第654款有关规定的计划管理机构，为初始判定或修正子女抚养金额，允许使用消费者报告。

（b）为雇用目的而提供或使用消费者报告的条件

（1）合法用户的资格确认：消费者报告机构仅在下列情况下可以提供用于雇用目的消费者报告；

（A）消费者报告机构应确认订购报告的人：

（ⅰ）是符合（2）款规定者，并在（3）款规定适用的情况下，愿意遵守该规定；

（ⅱ）使用消费者报告内的信息将不会违反任何联邦或州制定的《平等雇用机会法》或相关规则；

（B）在所提供的消费者报告中，消费者报告机构要遵守联邦交易委员会在 1681g（C）（3）款的规定，附上描述消费者权利的摘要。

（2）向消费者披露：

（A）通则：除（B）款的规定之外，任何人不能取得或导致他人取得用于雇用目的消费者报告，除非：

（ⅰ）在取得或导致他人取得消费者报告之前，以书面形式清楚且显著地告知当事人其消费者报告可能因雇用目的对外提供，并附上所披露信息的内容；

（ⅱ）消费者已书面授权该人取得其消费者报告；

（B）本款所定义的消费者通过邮件、电话、计算机或其他的类似方法提出申请；

（3）采取不利行动的条件

（A）出于雇用目的而使用消费者报告，如果根据该报告的全部或部分内容，要对消费者采取不利行动，在行动之前，须向消费者提供：

（ⅰ）报告的副本；

（ⅱ）遵守联邦交易委员会依据本法律地 1681g（C）（3）款做出的规定，提供消费者报告的书面摘要。

（B）通过邮件、电话、计算机或其他类似方法提出申请；

（ⅰ）若在（C）款中提及的消费者通过邮件、电话、计算机或其他的类似方法求职，雇主出于雇用目的获得了该消费者的报告，并根据该报告的全部或部分内容对消费者的求职采取不利行动，那么该报告获得者应自采取该行为之日起的 3 个工作日内，向该消费者提供口头、书面或电子形式的通知，以替代本法律第 1681m（a）（A）款规定的通知，告知消费者：

（Ⅰ）已从消费者报告机构获得了消费者报告，并根据该报告的全部或部分内容，对消费者采取不利行动；

（Ⅱ）提供消费者报告的消费者报告机构的名称、地址和电话号码（包括全国性消费者报告机构提供的免费电话号码）；

（Ⅲ）消费者报告机构未做出对消费者采取不利行动的决定，且不能向消费者提供其采取不利行动的理由；

（Ⅳ）在提供适当的证明后，消费者可以请求免费获得报告的副本，并可就报告内任何信息的准确性和完整性向消费者报告机构提出争议。

（ⅱ）按本法律第（B）（ⅰ）（Ⅳ）款的规定，若消费者要求报告用户向其提供一份消费者报告的副本，该报告用户应在自接到该请求和相关证明之日起的 3 个工作日内，发送或提供一份报告的副本，并附上消费者享有权利的联邦交易委员会据本法律第 1681g（C）（3）款规定。

（C）范围：在潜雇主获得消费者报告时，（B）款的规定仅适用于下列情况：

（ⅰ）消费者正申请一个职位，且运输部长有权按《美国联邦法典》第 49 标题的第 31502 款的规定，设定该职位的任职资格和最长任职期，或该职位应遵守有关州运输代理的安全规定；

（ⅱ）为获得报告或者导致报告对外提供时，消费者可与招聘人员通过邮件、电话、计算机或其他类似方法进行相互联络。

（c）非由消费者主动进行信用或保险交易时所提供的报告

（1）通则：对于非由消费者主动进行的信用或保险交易，消费者报告机构可按本节（a）（3）款中（A）或（C）的规定，在下列情况下，提供消费者报告：

（A）消费者授权该消费者报告机构向该人提供报告；

（B）（ⅰ）该交易包含对授信或保险承保的肯定；

（ⅱ）消费者报告机构遵守本节（e）款的规定；

（ⅲ）按本节（e）款的规定，机构没有将消费者的姓名和住址列入所提供的名录中，未对消费者的筛选产生影响。

（2）受（1）（B）款的限制，第（1）（B）款规定能够采集的信息包括：

（A）消费者的姓名和住址；

（B）消费者的非唯一识别标志，但用户仅用于识别该消费者的身份；

（C）关于消费者的其他信息，该信息不能识别该消费者与其具体债权人的关系，或与其他企业的关系或经历。

（3）查询信息：除本法律的 1681g（a）（5）款规定外，消费者报告机构不得向任何人提供非消费者主动进行的信用保险交易的查询记录。

（d）保留条款

（e）消费者选择被排除在名单之外

（1）通则：消费者可以根据本节（c）（1）（B）款的规定，告知消费者报告机构不得将其列入并非由消费者主动要求的信用或保险交易有关的名单，或者使用其消费者报告；

（2）通知方式：消费者应以下列方式，通知由第（1）款定义的消费者报告机构：

（A）通过（5）款所述的通知系统，该系统由消费者报告机构设置；

（B）向消费者报告机构提交符合本款规定的选择权通知表格，并在填写好的表格上签名。

（3）消费者报告机构对消费者所提交通知的处理：若机构收到消费者按（1）款规定提交的选择通知，且该通知是由（5）款规定设置提的通知系统传递的，消费者报告机构应该：

（A）通知消费者其选择只在 2 年内有效，如果未按时向报告机构提交符合（2）（B）款规定的选择权表格并签名；

（B）消费者经由通知系统告知机构，要求机构提供选择权通知表格，机构的通知系统应在收到消费者选择通知之日起的 5 个工作日内，向其提供表格。

（4）选择的生效：第（1）款规定的消费者选择：

（A）在消费者报告机构收到消费者按第（2）款规定的通知之后的 5 个工作日内，选择权对消费者报告机构生效；

（B）在下列期间内对消费者报告机构生效：

（ⅰ）遵循（C）的规定，消费者按（2）（A）款的规定发出选择通知之后，在 5 个工作日内生效，并自该生效之日起的 2 年内有效；

（ⅱ）在消费者按（2）（B）款的方式通知机构其选择时，直到消费者按下列（C）款中的规定通知该机构后才生效；

（C）消费者通过（5）中提及的通知系统告知该机构其选择不再有效；

（D）对于机构的所有附属企业的效力同等。

（5）通知系统

（A）通则：按（C）（1）（B）款，在不是由消费者主动进行信用或保险交易的情况下，若消费者报告机构要提供报告时，应该：

（ⅰ）建立和维持通知系统的运行，包括提供一个免费电话号码，允许在机构中有档案的任何消费者使用。在通过电话向机构证明了自己的身份之后，消费者可以告知该机构是否将自己的姓名和住址排除在机构的交易名单之外；

（ⅱ）在本法律生效后的 365 天内，以及此后的每年，在机构提供服务的覆盖地区内普遍发行的出版物上公布：

（Ⅰ）该机构所拥有的消费者档案信息可能被用于此类交易；

（Ⅱ）消费者可以使用该机构按（ⅰ）款规定设置的地址和免费电话号码，通知该机构其选择；

（B）由消费者报告机构建立和维护的通知系统（包括一个免费电话号码），并按规定公告，则该机构及其附属企业都被视为遵守了本条款的规定。

（6）全国性消费者报告机构的通知系统：为执行（5）款，凡拥有消费者档案的全国性消费者报告机构可以联合设立并维护一套通知系统。

（f）对使用和获得消息的禁止：除下列目的之外，任何人不得使用或获得消费者的报告：

（1）本法律规定的合法用户；

（2）通过一般或特殊的认证程序，确认其使用目的是符合 1681e 款规定的。

（g）提供包含病例信息的报告

除非得到消费者本人的同意，消费者报告机构不得为雇用目的、授信、保险、直销目的，向用户提供包含病例信息的消费者报告。

1681. C. 对消费者报告信息内容的规定

（a）消费者报告不得包含下列内容：除按（b）款中规定的授权外，消费者报告机构不得制作包含下列信息的消费者报告：

（1）按《美国联邦法典》第 11 标题或《破产法》规定裁决的案例，自被裁定破产救济之日起或法庭宣判之日起，已经满 10 年时间，对该案的记录不得列入报告。

（2）民事诉讼、民事仲裁或逮捕记录，自执行日期起已满 7 年，报告内容不得继续包含此记录，或按管理条例规定的时效已过，两者按照时间较长着为准。

（3）自拖欠税款被缴清之日起，若已满 7 年，记录不得列入报告。

（4）欠款催收或坏账处理的记录，若已满7年，记录不得列入报告。

（5）对于刑事犯罪被逮捕、起诉或定罪的记录，自服刑、释放或假释之日起，时间若满7年，则记录不得列入报告。

（6）任何其他不利于消费者的负面信息，若已满7年，记录不得列入报告。

（b）例外情况：上列（a）款的规定，下列情况不适用于消费者报告；

（1）涉及金额或合理推测金额为15万美元或以上的信用交易；

（2）涉及保单金额或合理推测保单金额为15万美元或以上的人寿保险；

（3）受雇人年薪为75 000美元或以上的情况。

（c）信息披露期限的计算

（1）通则：（a）（4）款和（5）款所指的7年期限，对于任何被列为催收、坏账处理或拖欠的情况，经过180日的确认期间，开始计算报告期限。

（2）生效日期：自本法律生效之日起的455天或之后，第（1）款的规定的信息可以被列入消费者档案。

（d）应披露的信息

凡提供的信息包括适用于《联邦破产法》的诉讼信息，提供消费者报告的消费者报告机构应指出适用于该案件的具体法律条款所在的章节。对于适用于《联邦破产法》的案件，在判决之前，若消费者撤诉，在消费者报告机构收到撤诉文件后，应在报告中注明该案件已经撤诉。

（e）消费者停止使用账户情况

若提供信息者按照本法律第1681s－2（a）（4）款的规定，通知消费者报告机构，消费者自愿终止一个信用账户，该机构应在任何关于该账户的消费者报告中注明该情况。

（f）消费者提出争议的情况

若信息提供者按本法律第1681s－2（a）（3）款的规定，提供给消费者报告机构关于消费者的信息，但消费者对信息提出争议，该消费者报告机构应将消费者有争议的情况列入消费者报告中，并注明该情况。

1681. d.　调查性消费者报告的信息披露

（a）准备事实的披露

任何人都不能获得或导致调查性消费者调报告的编制，除非：

（1）清楚明确地向消费者披露，可能编制一份包含其品行、一般信誉、个性、生活方式的调查性消费者报告。同时：

（A）自该报告首次被人家索取之日起的3个工作日内，也以书面邮件或其他传送方式提交给消费者；

（B）包括一份声明，告知消费者有权请求按本章（b）款的规定取得披露信息和摘要，机构已经按本法律第1681g（C）的规定，准备好摘要；

（2）该人已经保证或向消费者报告机构提出保证：

（A）该人已按（1）款中规定，对消费者进行了披露；

（B）该人将遵守（b）款的规定。

(b) 有关调查种类和范围的披露

取得调查性消费者报告或要求编制调查性消费报告的人，按（a）（1）款的规定，告知消费者其信息被披露。当消费者知道后，又在合理时间内提出书面申请，该人应根据消费者的申请，完整、准确地向消费者披露调查的种类和范围。自接到消费者申请之日起的 5 个工作日内或在该调查性报告首次被人家索取时，报告机构应以书面形式邮件或其他方法将报告递交给消费者，两者以时间在后者为准。

(c) 证明已按规定执行合理程序后的责任限制

若被认为违反了本项的（a）或（b）款的规定时，只要有充分的证据，已经遵守了法律的规定，通过了确保法律被执行的合理程序，则可以免除该人违反本项（a）或（b）款规定的责任。

(d) 禁令

（1）证明：除非消费者报告机构受到委托，并按本项（a）（2）款的规定提交的证明材料，否则消费者报告机构不得编制或提供调查性消费者报告。

（2）查询：若消费者的雇主或招聘者所要求的查询违反了联邦或州的《平等雇用机会法》，消费者报告机构不得答应其请求的、为编制调查性消费者报告而进行的相应调查。

（3）特定的公共记录信息：除符合本法律第 1681k 款的规定之外，消费者报告机构不得采集或提供含有与逮捕、起诉、定罪、民事司法诉讼、欠税或未结案的判决等公共记录相关的调查性消费者报告。除非该机构在提供报告的 30 日以前，查证了上述信息的正确性。

（4）特定的负面信息：若调查性消费者报告中包含有不利该消费者的负面信息，且该信息是通过与了结情况的邻居、朋友、同事或其他熟人面谈获得的，消费者报告机构不得编制或提供该报告，除非：

（A）该机构按照合理的程序，从其他独立或直接的信息来源验证了信息的正确性；

（B）所会见的人是该信息的最佳提供者。

1681. e. 执行程序

(a) 报告用户的身份和使用目的

消费者报告机构应设置合理的操作程序，避免违反本法律第 1681c 款的规定，并确保只限于向第 1681b 款列出的合法用户提供消费者报告。程序应要求信息的潜用户证明自己的身份，明确使用目的，并保证该信息不被用于其他目的。消费者报告机构应尽力查明新报告用户的身份，以及该用户预先确定的报告用途。若有理由相信消费者报告并非用于本法律第 1681b 款列出的用途，任何消费者报告机构不得向其提供报告。

(b) 报告的准确性

在编制消费者报告时，消费者报告机构应遵循合理的工作程序，尽最大可能保证该报告采用的消费者信息的准确性。

（c）允许合法用户披露消费者报告

消费者报告机构对经确认的合法用户提供了消费者报告，若该报告的用户基于报告的全部或部分内容采取对消费者不利行动，消费者报告机构不得禁止该用户向消费者披露消费者报告的内容。

（d）对信息的用户和提供者的告知

（1）告知规定：消费者报告机构应向下列人员告知本法律规定的责任：

（A）经常或在日常业务操作过程中，对向该机构提供消费者信息的人告知；

（B）从消费者报告机构获得消费者报告的人告知。

（2）告知事项：联邦交易委员会将依第（1）款的规定确定通知的内容。若消费者报告机构遵守（1）款的规定或联邦交易委员的相关规定制定了告知事项，则被视为遵守了本规定。

（e）为转售目的订购消费者报告

（1）披露：除了对提供报告的消费者报告机构披露下列事项之外，任何人不准为了转售消费者报告（或报告中的任何信息）的目的订购报告。

（A）报告（或信息）最终用户的身份；

（B）提供给最终用户报告（或信息）是符合本法律第1681b规定的用途的。

（2）为转售而购买报告者的责任：为转售报告（或报告中任何信息）而获得消费者报告者应：

（A）建立且遵守合理的程序，以确保报告（或信息）的用途符合本法律第1681b款的规定。该合理程序包括报告（或信息）的每个转售对象，以及向他人转售报告（或信息）的出售者：

（ⅰ）确认转售报告的每个最终用户的身份；

（ⅱ）保证该报告（或信息）使用符合法律规定；

（B）在转售报告之前，尽量按（A）款的规定，对用户身份进行的核实和确认。

1681. f.　对政府机关披露

无论本法律第1681b怎样规定，消费者报告机构可以向政府部门提供消费者的识别信息，该信息的披露内容被限制在消费者姓名、住址、以往的住址、工作地点、以往的工作地点的范围内。

1681. g.　对消费者披露

（a）档案信息；原始资料；报告接受者按本法律第1681h（a）（1）款的规定，应消费者的要求，消费者报告机构应清楚且准确地对消费者披露：

（1）在消费者提出请求时，披露其档案中的所有信息；但本条款不得被解释为要求消费者报告机构向消费者披露对其的信用评分，以及其他任何风险评分或预测的信息。

（2）披露信息来源；对于专门用于编制调查性消费者报告而不用于其他用途的信息来源，不必披露：在依本法律提起诉讼时，在诉讼法庭的要求下，又通过适当的调查程序，可向原告披露信息来源。

（3）（A）披露消费者报告订购者（包括本法律第1681e（e）（1）中确认的最终用户）的身份：

（ⅰ）以消费者提出披露请求之日为界，此前2年内所有为雇用目的而获得其报告者；

（ⅱ）在消费者提出请求之日的前1年内，为其他目的而获得其报告者。

（B）在（A）款中提及的报告用户身份应包括：

（ⅰ）该用户的姓名；或合同时，该用户的商号（全称）；

（ⅱ）应消费者的要求，披露该用户的地址和电话号码。

（C）在下列情况下，不适用于（A）款的规定：

（ⅰ）最终用户是美国政府部门或办事机构，该部门或办事机构为决定消费者是否符合接触机密信息的资格（如本法律第1681b（b）（4）（E）（ⅰ）所定义的），而获得报告；

（ⅱ）该政府部门或办事机构的主管按本法律第1681b（b）（4）（A）款的规定，出具书面调查请求。

（4）被披露的消费者档案信息包含：对消费者而言是负面信息的支票日期、原始收款人和金额。

（5）在消费者提出要求时，提供该日期前1年内所有识别信息的查询记录，包括授信或保险承保相关的查询。

（b）信息披露的豁免条款

本项（a）款对相关信息来源和消费者报告用户披露的规定，不适用于本法律生效前发生的情况。但是，在法律生效时，消费者报告机构的档案中仍然含有该信息项的，不在此限。

（c）应附在披露信息中的权利摘要

（1）权利摘要：消费者报告机构应在书面披露的信息中，向消费者提供

（A）按本项规定，消费者享有全部权利的书面摘要；

（B）对于编制和保存消费者档案的全国性消费者报告机构，应提供该机构专门设立的免费电话的号码，以使消费者在正常的营业时间内能与该机构取得联系。

（2）应包含的特殊项目（1）款中提及的权利摘要要求包括：

（A）对本法律赋予消费者的所有权利所做的简短说明；

（B）消费者如何按本法律的规定行使其权利的说明；

（C）负责执行本法律的所有联邦政府部门的名录，包括其名称、地址和联系电话，以协助消费者选择合适的执法机关；

（D）说明州法律赋予消费者的权利，告知消费者可以与州或地方消费者保护部门或州检察长办公室取得联系，详细了解这些权利；

（E）消费者报告机构不会将经核实的负面信息从消费者档案中删除出去的声明，除非该信息按本法律第1681c款的规定是已经过时的信息，或不能查证的信息。

（3）权利摘要表格：为执行本部分法律的规定和维护消费者的权利，使消费者报

告机构在信息披露时，遵守本法律的相关规定，联邦交易委员会（会同本法律第 1681c（b）列出的所有联邦执法机关）制订向消费者披露信息用的表格及其内容。若消费者报告机构按（1）款的规定披露信息，采用在实质上与联邦交易委员会规定相符合的格式类似，那么该机构被视为遵守了本法律的规定。

（4）生效日期：在联邦交易委员会按（3）款的规定对消费者权利披露的形式和内容做出明确规定之前，不要求按本款的规定进行信息披露。

1681.h. 向消费者披露信息的条件和形式

（a）通则

（1）适当的身份确认：在按照 1681g 的规定披露信息时，消费者报告机构应要求消费者提供适当的身份证明，并将此作为信息披露的先决条件。

（2）以书面形式披露：除第（b）项有规定的情况之外，依本法律第 1681g 款规定的信息披露，应是书面形式的披露。

（b）其他信息披露方式

（1）通则：若经消费者授权，消费者报告机构可以依据第 1681g 款的规定，采用下列形式披露：

（A）非书面形式；

（B）依下列形式：

（i）消费者按（2）款的规定指定的形式；

（ii）消费者报告机构能够提供的形式。

（2）形式：按本法律第 1681g 款的规定，消费者可以按（1）款规定的披露方式：

（A）在日常营业时间内，消费者报告机构亲自前往机构的营业地点，取得信息；

（B）若消费者提出书面请求，要求以电话方式披露，则可以通过电话披露；

（C）若机构的条件允许，可通过电子形式披露；

（D）以该机构可以提供的其他合理形式的披露。

（c）培训人员

消费者报告机构应该安排经过专业培训的人员，向消费者解释本法律第 1681g 款的规定。

（d）消费者的同伴

允许消费者由其选择的另一个人陪同前去查询其信用档案，但该同伴应提供合理的身份证明。消费者报告机构应要求消费者提供一份书面声明，授予消费者报告机构允许其同伴在场，讨论该消费者的档案。

（e）责任的限制

除本法律第 1681n 和 1681o 款所作的规定之外，即使报告的用户基于该报告的全部或部分内容作出对消费者不利的决定，消费者也不得不根据本法律第 1681g、1681h 和 1681m 款的规定，因信息披露的原因，对消费者报告的用户、消费者报告机构和提供信息者提起诽谤、侵犯隐私权、过失提供信息方面的诉讼或控告。除非上述人员或机构故意或蓄意提供虚假信息，损害了该消费者的利益。

1681. i. 对准确性提出争议的程序

（a）对争议信息的重新核实

（1）信息核实

（A）通则：若消费者对消费者报告机构的档案信息在完整性或准确性方面提出异议，且将该异议直接通知了该机构，该机构应在收到该通知之日起的 30 个工作日内，对争议部分的信息免费重新核查，并记录该争议信息的即时状况，或按（5）款的规定，从档案中删除该项信息。

（B）核实信息时限的延长：除（C）款的规定外，若消费者报告机构在该 30 日期限内又接到消费者提供的信息，则（A）款规定的 30 日期限可以延长，但延长时间最多不得超过 15 日。

（C）延长核实时间的限制：在（A）中规定的 30 日限期内，若经调查发现该信息确实不完整或不正确，或消费者报告机构认定该信息无法查证，则不适用（B）款规定的时限延长。

（2）迅速通知争议信息的提供者

（A）通则：消费者按（1）款提交争议通知后，消费者报告机构自收到该通知之日起的 5 个工作日内，须根据该争议信息的提供者确认的地址和方式，向其提供争议通知。该通知还应包括该机构收到的与消费者争议信息有关的所有信息。

（B）消费者提供的其他信息：消费者报告机构收应迅速通知到消费者争议信息的提供者，并且在（A）项规定的时间之后和第（1）款（A）项规定的时间之前，将所有收到的所有相关信息转给该争议信息的提供者。

（3）判定该争议是无意义或不相关的

（A）通则：无论（1）款是如何规定的，当消费者按该条款的规定提出争议时，若消费者报告机构合理判定该争议是毫无意义或毫不相关的，包括消费者未能提供足够的信息而无法对争议内容进行核实的情况，该机构可以终止核查工作。

（B）判定通知：当做出依（A）款定义提出的争议是无异议或不相关的决定之后，消费者报告机构应在作出判定后的 5 个工作日内，通过邮件形式通知消费者；若该消费者已同意，也可以采取该机构能提供的其他方式通知消费者。

（C）通知内容：在（B）款中规定的通知须包括下列内容：

（ⅰ）按（A）款规定做出该判定的理由；

（ⅱ）指出何时所需要的任何信息，包括说明该信息一般特征的标准化表格。

（4）消费者信息的斟酌：按（1）款的规定，在对消费者提出争议的信息进行核查时，消费者报告机构应在（1）（A）款中规定的期限内，审查和斟酌与消费者提交争议有关的所有信息。

（5）对错误信息或无法查证信息的处理

（A）通则：在按（1）款规定，对消费者提出争议的信息进行核查时，若发现某项信息不准确、不完整或无法查证，消费者报告机构应根据核查的结果，立即从消费者档案中删除该条信息，或做出更正。

（B）恢复已删除信息的相关规定

（ⅰ）信息准确性证明：按（A）款的规定，从消费者档案中删除信息后，除非信息提供者证明该信息的完整性和准确性，否则消费者报告机构不能重新恢复已经从消费者档案中删除的信息。

（ⅱ）通知消费者：恢复了按（A）款规定被从档案中删除的信息，消费者报告机构应在恢复该信息之日起的 5 个工作日内，以书面方式通知消费者；若消费者已经就通知方式做出授权，也可以使用该机构提供的其他方式通知消费者。

（ⅲ）附加信息：作为（ⅰ）中通知的一部分或附加内容，自恢复删除信息之日起的 5 个工作日内，须以书面形式附加下列内容：

（Ⅰ）声明该争议信息已经被恢复；

（Ⅱ）列出信息提供者的姓名、联系地址和电话；若合理可行，还应附上消费者报告机构接洽的信息提供者的姓名、联系地址和电话；

（Ⅲ）通知消费者，其有权在消费者档案中添加声明，陈述对争议信息完整性和准确性的异议。

（C）防止被删除信息再现的程序：消费者报告机构应设施合理的程序，以防止按本条款规定已删除的信息（而非按（B）（ⅰ）款规定予以恢复的信息）重新出现在消费者档案和消费者报告中。

（D）自动核查系统：任何编制或保存消费者报告的全国性消费者报告机构都应设置自动化系统，信息提供者可以通过该系统向其他消费者报告机构通报，通知他们已经发现消费者档案中存在不完整或不正确信息的核查结果。

（6）通知核查结果

（A）通则：按本条款的规定核查后，消费者报告机构应在完成核查之日起的 5 个工作日内，将信息核实的结果以书面形式通知消费者。该通知可以通过邮件递送；若消费者已经就通知方式作出授权，也可以使用该机构提供的其他方式通知消费者。

（B）内容：作为（A）款定义的通知的一部分或附件，消费者报告机构应在（A）款规定的 5 个工作日期满之前，以书面形式，向消费者提供下列信息：

（ⅰ）告知已经完成核查工作的声明；

（ⅱ）通知消费者，根据核查结果，已经对用于制作消费者报告的档案内容作出了更正；

（ⅲ）告知消费者，可以向消费者报告机构提出请求，取得对用于判定信息准确性和完整性的程序的说明，包括该争议信息提供者的公司名称和联系地址；如合理可行，还应提供其电话号码。

（ⅳ）通知消费者，其有权在消费者档案中添加一份声明，陈述其对信息完整性和正确性提出异议；

（ⅴ）告知消费者，按本章（d）款的规定，该消费者有权要求机构按本规定提供通知。

（7）对核查程序的说明：消费者报告机构应自接到消费者索取（6）（B）（ⅲ）段提及的通知之日起的 15 日内，向消费者提供该通知。

（8）加速对争议的解决：就消费者档案中的某条信息，消费者按（1）（A）段的规定向消费者报告机构发出有争议的通知后，若该争议已经自收到该通知之日起的 3 个工作日内，按（5）（A）项的规定通过删除信息的方式解决了。那么，在下列情况下，该机构可不必遵守（2）、（6）和（7）项中有关争议的规定：

（A）若该机构通过电话及时通知消费者，争议信息已经被删除；

（B）在通知中包括，或在书面通知中附上一份确认书、一份按（C）项规定提供的消费者报告、一份陈述消费者按本部分（d）小部分规定享有要求权的声明；

（C）自进行删除之日起的 5 个工作日内，提供了删除争议信息的确认书，或一份消费者报告的附件，且该附件是根据删除争议信息后的消费者档案编制而成的。

（b）关于争议的声明

若核查不能解决争议，消费者可就争议性质发表简短声明并列入其档案。消费者报告机构应协助消费者撰写 100 字以内的条理清晰的摘要。

（c）在此后提供的消费者报告中附上声明

无论何时，一旦声明被列入档案，除非有合理理由相信它是无意义或不相关的，否则消费者报告机构应在以后提供的包含该争议信息的消费者报告中，清楚的注明消费者对该信息提出争议，并附上消费者的声明，或附上根据该声明编纂而成的清晰准确的摘要。

（d）删除争议信息的通知

因发现错误信息或无法查证的信息而将信息删除之后，或增添了消费者对争议信息作出的声明之后，或按本部分（b）或（c）项的规定提供注释、代号或摘要之后，应消费者的请求，消费者报告机构可将此情况通知该日期前两年内出于雇用目的取得报告的用户；或在该日期前 6 个月内出于其他目的获得消费者报告的任何用户。

1681. k. 用于雇用目的的公共记录

（a）通则：消费者报告机构为雇用目的而提供消费者报告，或为改目的的采集或传播消费者公共记录，若该公共记录有可能对消费者的求职产生负面影响，机构应：

（1）在含有公共记录的消费者报告的用户提供报告时，应通知该当事人其公共记录将被披露，并附上报告用户的姓名和地址；

（2）设置严格的程序，确保不利于消费者受雇的公共记录完整和实时更新。根据本条款的目的，与逮捕、起诉、定罪、诉讼、欠税和未结案的裁决相关的公共记录，反映了报告编制结束前的实际情况者，应被视为是符合保持信息最新的要求的。

（b）国家安全调查的豁免条款

美国政府部门或办事机构出于雇用目的而获得或使用一份消费者报告时，在该部门或办事机构的主管出具一份根据本法律第 1681b（b）（4）（A）规定的书面调查结果的情况下，不适用本章（a）项的规定。

1681. l. 对调查型消费者报告的限制

当消费者报告机构准备编制一份消费者调查报告时，消费者报告中的任何负面信息（公共记录除外）将不得在后续报告中出现，除非在编制后续报告的过程中，消费者报告中的负面信息又予以查证，或该负面信息是在提供该报告之日前的 3 个月获得的。

1681. m. 消费者报告用户资格的规定

（a）若报告用户基于消费者报告内的信息采取不利于消费者行动，该用户的责任

若根据一份消费者报告内任何全部或部分信息，对任何消费者采取任何不利行动，该人应：

（1）通过口头、书面或电子方式告知消费者该不利行动；

（2）通过口头、书面或电子方式向消费者提供；

（A）想起提供报告的消费者报告机构的名称、地址和电话（若是一个在全国范围内编制和保存消费者报告的机构，还包括该机构设定的免费电话的号码）；

（B）提供一份声明，声明不是由消费者报告机构做出采取不利行动的决定，而且消费者报告机构不能向消费者提供为什么报告用户会做出不利行动决定的特殊原因。

（3）通过口头、书面或电子方式，向消费者提供一份通知，告知其：

（A）有权按本法律第 1681j 款的规定，从（2）款中提及的消费者报告机构免费获得一份报告副本，该通知须按本法律的规定，注明消费者可在 60 天限期内获得该报告副本；

（B）有权按本法律第 1681i 款的规定，对消费者报告机构提供的报告中任何信息的正确性和完整性提出争议。

（b）基于消费者报告机构之外的第三者处获得信息，并根据该信息做出采取不利行动的决定

（1）通则：在消费者为个人、家庭或家计目的申请信用时，由于非消费者报告机构之外的第三方提供了有关消费者信用价值、信用状况、信用能力、品行、一般信誉、个性或生活方式的信息，致使信息用户基于部分或全部信息而拒绝授信，或增加了使用信用工具的收费。该消费者可在得知（授信人）采取不利行动之日起的 60 日内提交书面请求，要求解释原因。信息用户应在合理的期限内，向其披露信息的性质。在发出该不利行动的决定的通知时，信息用户应清楚且明确告知该消费者享有书面请求披露的权利。

（2）根据其附属企业提供的信息采取特定行动的人承担的责任

（A）责任：依全部或部分（C）款的规定，对消费者采取（B）款中描述的行动，该人应：

（ⅰ）通知该消费者通知所采取的行动，并告知该消费者可依（ⅱ）的规定取得说明；

（ⅱ）在收到（ⅰ）款规定的通知之日起的 60 日内，消费者提出书面申请，该人应在收到申请之日起的 30 日内，向消费者免费披露其采取该行动所依据的信息的性质。

（B）行动的意义：在（A）款中提及的行动是指在本法律第 1681a（k）（1）（B）

（ⅰ）或（ⅱ）中所述的任何不利行为。

（C）信息的意义：在（A）款中提及的信息：

（ⅰ）除（ⅱ）中规定外，是指：

（Ⅰ）提供采取该行动者信息的机构的关系企业；

（Ⅱ）有关消费者信用价值、信用状况、信用能力、品行、一般信誉、个性或生活方式的信息；

（ⅱ）但不包括：

（Ⅰ）仅涉及消费者和信息提供者之间的交易或经历的信息；

（Ⅱ）消费者报告中的信息。

（c）保证遵守规定的合理程序

任何违反本法律规定的人，若能出示明显的证据，显示其在采取所谓的违反规定的行为时，通过了合理的程序，确保能遵守本法律的规定，则免除该人本法律规定的任何责任。

（d）利用消费者档案中的信息，以信函促销信用或保险的责任

（1）通则：在从事非由消费者提议的信用或保险交易时，使用一份按本法律第1681b（C）（1）（B）规定提供的消费者报告者，应该随促销信函提供给消费者下列声明：

（A）在相关交易中，使用了消费者报告中的信息；

（B）消费者受到授信或承保提议，是因为消费者的信用价值或可靠性达到了授信或承保的标准；

（C）在消费者回复后，消费者并不符合标准，或不符合信用价值或可保险性的适用标准，或未能提供规定的抵押物，则该授权通知或保单不具效力；

（D）消费者有权禁止消费者报告机构将其档案内信息用于并非由消费者提议进行的相关信用或保险交易；

（E）消费者可通过本法律第1681b（e）款的规定所建立的通知系统行使（D）款赋予的选择权。

（2）地址和电话号码的披露：在（1）款中规定，也应包含在本法律第1681b（e）款中，机构设置通知系统，以及公布联系地址和免费电话。

（3）档案的维护标准：任何人依据（1）款所述的信用或保险向消费者发提议交易时，应将其选择标准存档备查，应包括用于选择类消费者的标准。若可行，还应包含授信或承保的评价标准，以及要求提供抵押物作为扩展信用或保险的条件。存档的时限为向消费者发出提议之日起的3年内。

（4）联邦政府监管部门处理不公平和有欺诈行为的操作的权力不受影响：本法律规定不影响任何联邦或州的政府监管部门禁止不公平或欺诈业务操作的行动权限，包括禁止在非由消费者主动提议的信用或保险交易中存在虚假或误导性质的声明。

1681. q. 以欺诈手段获得信息

明知且故意以欺诈手段，从消费者报告机构取得消费者报告的人，依《美国联邦

法典》第 18 标题的规定，处以 2 年以下的有期徒刑，并处以罚金，或同时判处两项处罚。

1681. r. 主管或职员未经授权的披露

消费者报告机构的主管或职员，若明知且故意向不合法的信息使用者提供消费者档案中的信息，依《美国联邦法典》第 18 标题的规定，该主管或职员应被处以 2 年以下的有期徒刑，课以罚金，或同时判处两项处罚。

1682s－1. 逾期未支付子女抚养义务的信息

不论本法律的其他条款怎样规定，在提供消费者报告时，消费者报告机构应根据第 1681b 款的要求，将消费者逾期未支付子女抚养费的信息列入报告。该信息：

（1）由：

（A）州或地方子女抚养强制执行机构提供给消费者报告机构；

（B）任何当地、州或者联邦政府机构查证后提供给消费者报告机构。

（2）该信息在报告中公示期限为 7 年。

1681s－2. 向消费者报告机构提供信息者的责任

（a）提供正确信息的责任

（1）禁止

（A）提供已知有误的信息：任何人知道或刻意回避信息是不准确的，不得向消费者报告机构提供该项信息。

（B）提供已被通知或被证实是有误的信息：不得向消费者报告机构提供：

（ⅰ）消费者向该人指出时错误的通知地址，通知特定信息是不正确的；

（ⅱ）该信息确实是不正确的。

（C）无指定地址：凡清楚且明确地向消费者指定了（B）款规定的通知地址，该人可以不受（A）款的限制；然而，（B）款没有对指定地址做出规定。

（2）更正和更新信息的责任

（A）经常且在日常业务活动过程中，向一个或多个消费者报告机构提供与消费者交易的信息或经验者；

（B）已经向消费者报告机构提供了自认为是不完整或不准确的信息，提供信息者应立即通知消费者报告机构，并提供更正信息，可使提供给消费者报告机构的信息变得完整或准确的补充信息，并不得继续提供不完整或不准确的信息给消费者报告机构。

（3）提供争议通知的责任：在消费者对某人提供给消费者报告机构的信息完整性或正确性提出争议情况下，信息提供者须注明消费者对该信息持有争议，否则不得向消费者报告机构提供。

（4）提供账户关闭信息的责任：经常或在日常业务活动过程中，向消费者报告机构提供开立账户的同一结算期内通知机构，该消费者主动关闭账户。

（5）提供拖欠账户信息的责任：向消费者报告机构提供账款处于催收、坏账损失注销或正在采取类似行动方面的信息，应在提供信息之后的 90 天内，通知报告机构拖欠发生的年和月。

（b）争议信息提供者的责任

（1）通则：依本法律第 1681i（a）（2）款的规定，若有人对消费者报告机构提供信息的完整性或正确性提出争议，当收到机构对该事项的通知之后，争议信息提供者应：

（A）对争议信息进行核实；

（B）对本法律第 1681i（a）（2）款定义的所有相关信息进行复查；

（C）向消费者报告机构提供复查结果；

（D）若经核实发现这些信息是不完整的或不准确的，信息提供方应将核查结果向所有其他编制和储存消费者档案的全国性消费者报告机构通报该项核查结果。

（2）期限：根据（1）段，争议信息提供者应就消费者报告机构通知的争议信息，在本法律第 1681i（a）（1）款规定的期限内，完成所有的核实、复审和回复工作。

（c）责任限制：除了本法律第 1681s（c）（1）（B）款另有规定的之外，第 1681n 和 1681o 款的规定不适用于违反（a）项规定的情况。

（d）执行限制：依第 1681s 款，（a）项仅由所指定的联邦政府监管部门及其官员和州政府官员负责执法。

1681. u. 为反间谍目的向联邦调查局披露

（a）指认金融机构：不论本法律 1681. b. 节或本章的其他规定如何，当接到由联邦调查局局长或其指派的人持签署的书面请求时，消费者报告机构应向联邦调查局提供消费者开户或曾经开过户的所有金融机构（第 12 标题 3401 节定义过该术语）的名称和地址，以及档案中的信息。局长或其指派的人只有在书面请求中列出如下内容时，才可以提供这种文件：

（1）该报告信息为经授权的对国外反间谍调查所需；

（2）有明确且具体的事实，足以相信该消费者

（A）是一个外国政府（在第 50 标题 1801 节由定义）或非美国人（在第 50 标题 1801 节有定义）或外国政府的官员；

（B）为外国政府服务，正在或已经参与了国际恐怖活动（在第 50 标题 1801（c）节中有定义），涉嫌或可能涉嫌违反美国刑法的秘密情报活动。

（b）识别信息：不论本法律 1681. b. 节或本章的其他规定如何，当接到由联邦调查局局长或其指派的人持签署的书面请求时，消费者报告机构应向联邦调查局提供识别该消费者的信息，包括姓名、地址、以前的地址、工作地、以前的工作地。局长或其指派的人只有在书面请求中列出如下内容时，才可以提供这种文件：

（1）该信息为经授权的对国外反间谍调查所需；

（2）足以使人相信该消费者已经或将要与国外政府及其指派人员接触的信息（在第 50 标题 1801 节有定义）。

（c）法院命令披露消费者报告：不论本法律 1681. b. 节或本章的其他规定如何，当接

到由联邦调查局局长或其指派的人持签署的书面请求时，法院可以裁定消费者报告机构向联邦调查局提供消费者报告，但应提供书面请求的照片。在本款定义的命令中，不得披露命令的发出是基于反间谍调查的。

（1）消费者报告对授权的国外反间谍调查行为是必需的；

（2）有明确且具体的事实，足以相信该消费者

（A）是外国政府官员；

（B）为外国政府服务，正在或已经参与了国际恐怖活动（在第50标题1801（c）节中有定义），涉嫌或可能涉嫌违反美国刑法的秘密情报活动。

（d）保密：除按照本条款向联邦调查局披露相信的消费者报告机构的主管、雇员或代理人之外，应满足的要求向其披露相信不同，报告机构中的任何主管、雇员或代理人不得向他人泄露这项工作是根据（a）、（b）和（c）项的规定向联邦调查局披露信息，对金融机构的认证或消费者报告。报告机构中的任何主管、雇员、或代理人不得在消费者报告列出联邦调查局曾经提取过消费者报告的记录。

（e）支付的费用：联邦调查局也应受法律的规范，向依本法律规定的程序采集或提供报告信息的消费者报告机构在采集、复制和递送所要求的账簿、文件、记录或其他材料的直接成本的合理补偿。

（f）传播的限制：依本法律的规定，联邦调查局不得将所获得的信息散步到该机构之外，除了经批准或进行外国反间谍调查活动需要的其他联邦政府部门、对信息当事人适用的军事法庭、联合进行反间谍调查活动需要的军事部门的主管。

（g）解释规则：本法律条款不得解释为限制联邦调查局，本法律规定的司法或行政程序要能够依传票或其他法院裁决提供信息。本条款的任何内容也不得解释为授权或允许对国会保密。

（h）给国会的报告：每隔半年，司法部长都应向国会参众两院的"情报常设委员会"和"银行融资暨城市事务委员会"通报情况，并依本章的（a）（b）和（c）项规定提供完整的报告。

（i）损害赔偿：凡违反本法律规定取得消费者报告、记录或信息的美国政府部门，应向消费者报告、记录或信息的当事人支付下列金额的赔偿：

（1）不论所涉及的消费者报告、记录或信息的数量，100美元；

（2）由于披露给消费者带来损失的实际额度；

（3）若发现该违法行为是故意的或有意的，法院可以判以惩罚性赔偿金；

（4）为了执行本法律的规定，法院应判给胜诉方诉讼成本费用和合理的律师费。

（j）对违法行为处罚：若法院裁定美国政府机关或部门违反了本节的规定，法院可依违法情形，对故意或蓄意违法的政府机关或部门的责任官员或雇员，责令政府机关或部门调查，并对当事官员或雇员予以适当的处罚。

（k）善意的例外：不论本法律其他条款是怎样规定的，提供消费者报告或识别信息的消费者报告机关善意地依据本法律的规定行事，又经联邦调查局提供书面证明，消费者报告机构、代理人或员工可以免除本法律、州宪法、州法律和法规对过失处罚的责任。

（l）救济的限制：不论本法律的其他规定如何，本法律提出的救济和惩戒是对违反本法律进行救济和惩戒的唯一司法依据。

（m）对禁止命令后果的救济：除了本条款提出的救济条件外，可以采用禁止命令作为补偿措施。根据本项的规定起诉的获胜者，法院应判给其诉讼成本费用和合理的律师费。

【解读】

美国的《公平信用报告法》为美国国会于 1970 年制定，1971 年 4 月开始实施。该法的全称为《公平信用报告法——消费者信用保护法标题 vi》，自然属于"消费者保护法系列"。这项法律规范的对象是消费者信用调查/报告机构（Consumer Reporting Agency）和消费者信用调查报告的使用者。这项法律是在市场上大量出现消费者信用调查/报告机构，而且相当比例的授信机构以个人信用局对消费者信用评分作为授信依据的历史条件下出台的。它首先定义了什么是消费者信用调查/报告机构，而且明确了三个政府部门负责解释法律和执法。主要规定了消费者个人对信用调查报告的权利，规范了消费者信用调查/报告机构对于报告的制作、传播、对违约记录的处理等事项，实际明确了消费者信用调查机构的经营方式。

1. 立法原则

鉴于公平交易和公正地对待消费者，这项法律要求金融机构和其他授信机构尽量避免成为消费者信用调查/报告机构。法律规定，作为一个消费者信用调查/报告机构，它必须同时具备下列 5 个基本特征：

（1）消费者信用调查和生产调查报告是日常业务；

（2）专事收集消费者信用记录或评价消费者信用价值；

（3）从事有偿服务，以赢利为目标；

（4）服务的目的是向第三方提供消费者信用调查报告；

（5）向全国市场提供公开的服务，不仅仅向关系企业提供报告服务。当初，美国国会在讨论《公平信用报告法》的草案时，曾对立法的宗旨做出下列 4 点说明：

①商业银行对消费者的授信决策完全根据公平和正确的消费者个人信用调查报告。不正确的消费者个人信用报告将妨碍商业银行的工作效率，同时，不公平的消费者个人信用报告方式，将影响商业银行在公众之中的信誉。

②国会将设计一套行之有效的程序，以调查和评估消费者个人信用的指标，包括：可靠性、信用等级、偿付能力、人品、一般信誉。

③消费者信用报告机构在收集和评估消费者信用以及其他资料上，扮演重要角色。

④消费者信用报告机构应该采取公平、公正和对消费者隐私权尊重的态度，担负条款 3 赋予的重要责任。法律规定，消费者有权充分了解任何一家信用局对自己的信用状况的评分及依据，可以向信用局索取对自己信用状况进行调查的报告，并取得信用局对负面信息来源的解释。消费者有对不实负面信息的申诉权利。对于消费者信用调查机构，最重要的规范是限制了参阅消费者信用调查报告的对象，即消费者信用调查报告使用和传播的范围。法律规定，当事人有权取得自身的信用调查报告和复本，

其他合法使用消费者信用调查报告的机构或人必须符合下列条件，否则即使取得当事人的同意，也属违法行为：

    A. 信用交易的交易对方

    B. 以了解岗位应聘者为目的的雇主

    C. 承做保险的保险公司

    D. 负责颁发的各类执照或发放社会福利的政府部门

    E. 奉法院的命令或联邦大陪审团的传票

    F. 依法催收债务的联邦政府有关部门

    G. 出于反间谍目的需要的联邦调查局（FBI）

    H. 经当事人本人同意，并以书面形式委托的私人代表和机构

在很长的一个时期内，法律只授予前五种情况所定义的合法用户取得消费者个人信用调查报告的使用权利。直到 1996 年 6 月，在国会修改了《公平信用报告法》，并通过了《公平信用报告法革新法》。此后，法律才允许属于（F）、（G）和（H）范围的用户可以合法从信用局订阅消费者个人信用调查报告。

对于消费者信用调查报告中的负面信息，在法律规定保存的年限以后，消费者信用调查机构的必须在调查报告上删除负面信用信息。例如：破产记录保存年限为 10 年，偷漏税和刑事诉讼记录保存 7 年。法律还规定，凡以欺骗手段取得他人的个人资信调查报告的，将被处以一年以下徒刑，同时处以 5 000 美元的罚款。该项法律条款的细节内容由联邦贸易委员会做出解释，该机构负有主要的执法责任。关于消费者信用调查/报告机构应该如何处理争议，保持消费者信用记录的正确性，法律也做出了具体规定。另外，法律还对《普通版本的消费者信用调查报告（Consumer Report）》和《调查性的消费者信用调查报告（Investigative Consumer Report）》做出明确的界定。调查性的消费者信用调查报告内容包括消费者人品和消费者信用评分性的资料，而普通消费者报告仅涉及有事实根据的账户资料，属于事实记录性质。

法律指定联邦交易委员会为主要执法和法律的权威解释单位，辅助执法单位有联邦储备委员会和财政部的货币监理局（OCC）。

2. 对信用报告中所包含的信息范围的管理

信用报告是关于消费者如何支付其账单的历史记录，其目的在于评价消费者还款的能力和还款的可能性。如果单从这一目的出发，凡是对还款能力和还款意愿有影响的信息，都属于信用信息，都应当允许被征集和公开，但实际上，许多这样的信息是典型的个人隐私，是受到法律保护的，比如个人收入、个人储蓄存款等。因此，个人隐私和正常信用信息的划分，在很大程度上不是一个理论问题，而是一个实践问题。由于对消费者隐私的保护和保证消费者能够获得更方便的信贷服务都是符合消费者利益的，法律只能在这两者之间进行取舍和权衡。从美国的实践看，对信用报告信息范围的管理，主要分为两大类：

第一类：允许在信用报告中公开的信息。一个典型的消费者信用报告包括以下四类信息：

①消费者身份数据，包括姓名、通信地址、电话号码、社会保障号码等。

②现有的或以前的贷款或信用卡记录（正面交易信息），包括授信者名称、账户号码、信用额度、开户日期、授信者向征信机构报告该信息的日期、最后一次支付的日期和数额等。还可能包括过期账户信息、目前过期未付的款项数目以及在过去 12～60 个月中是否按期支付了上述款项的记录。正面信息的公开没有时效限制。

③公共信息记录（负面信息），包括破产记录、欠税记录、犯罪记录、被追账记录等。负面信息的公开对当事人有一定的惩罚作用，但考虑到法律应当给有过失的人一个改过自新的机会，对负面信息的时效性有一定的限制。一般来说，负面信息的时效性为 7 年，也就是说，超过 7 年的负面信息是不允许出现在信用报告之中的。但也有一些例外。刑事犯罪的定罪记录没有时效性限制；破产记录的时效性为 10 年；当信用报告用于年薪超过 7.5 万美元的工作申请或数额超过 15 万美元的贷款或人身保险申请时，负面信息没有时效性限制。

④查询记录，包括过去 1 年间所有的查询记录。查询记录具有两个重要作用，一是防止信息被滥用，二是作为评价消费者信用状况的参考信息。

向征信机构提供消费者个人的非公开性信息，也必须符合法律的要求。根据 1999 年通过的《Gramm－Leach－Bliley Act》，金融机构在与消费者建立信用交易关系（接收消费者储蓄、向消费者贷款或发放信用卡）时，必须告知消费者其信息公开或分享政策，包括拟向谁公开、所要公开信息的目录、消费者的选择权（可以选择同意或不同意金融机构向征信机构公开其信息）等。消费者的态度采取默示同意、明示反对的方式。即如果消费者不明确提出不同意金融机构将其信息向征信机构公开，将被视为同意公开，但在金融机构将数据公开前，应当给消费者留出必要的反应时间。法律还规定，征信机构必须采取合理的程序征集和公开消费者信用信息，禁止采取威胁、诱骗等手段获得或使用信息。

第二类：禁止公开的信息。以下信息除非经过消费者本人同意或要求，是禁止在消费者信用报告中公开的：

①消费者活期或储蓄账户的信息；

②消费者购买的保单；

③消费者收入信息；

④消费者个人生活方式和消费习惯；

⑤消费者的工作表现；

⑥消费者医疗信息；

⑦消费者驾驶记录；

⑧种族、宗教信仰、政治倾向等。

3. 对信用报告使用范围的管理

相对于对信用报告内容的限制而言，美国对于信用报告的使用范围却有着比较严格的限制。原则上，信用报告只能用于与消费者有关的交易活动。根据《公平信用报告法》，征信机构只能根据以下目的提供信用报告：

（1）法院命令或传票；

（2）消费者本人的书面要求；

（3）金融机构向消费者提供信贷服务；

（4）保险公司向消费者提供保险服务；

（5）用人单位用于审查个人工作申请；

（6）有关政府机构依法用于评价个人的财务状况，以便决定是否同意个人的执照申请；

（7）金融机构用于评价个人现有债务或现有账户的风险；

（8）由消费者本人发起的其他合法交易活动（比如房屋租赁申请等）。

法律规定，除以下两种情况外，征信机构根据上述内容和目的向客户提供信用报告，不必事先经过消费者本人的同意：

第一，征信机构向消费者雇主或潜在雇主提供信用报告，必须事先征得消费者的书面同意；如果雇主或潜在雇主根据信用报告作出不利于消费者的决定，那么在作出决定之前，雇主必须向消费者提供该报告的复印件，并充分告知消费者根据《公平信用报告法》所享有的权利。

第二，向客户提供含有属于个人隐私的信息，比如医疗、收入、存款信息等。

由于美国允许征信机构搜集和公开正面信息，而根据正面信息，征信机构可以为客户提供多种增值服务。比如，征信机构根据所掌握的消费者信用数据，向有关金融机构提供符合某一条件的消费者名单，以便金融机构发展新客户；银行或其他信用卡发行机构可以根据征信机构提供的符合其发放信用卡条件的消费者名单，向消费者发出信函，邀请消费者申请其信用卡服务。对于这类不是由消费者个人发起的交易活动，法律也有特殊的限制，包括：

（1）只有在金融机构有意向消费者提供信用服务或保险公司有意向消费者销售保险产品时，征信机构才可以向其提供此类信用报告服务。

（2）报告的内容只能包括消费者姓名、通信地址、非独特性身份标识（比如社会保障号码），以及其他的与特定授信人或其他特定实体无关的信息。

（3）更为重要的是，如果消费者不愿意收到此类信函，可以通知征信机构，征信机构收到此类通知，应将该消费者姓名从名单中删除。

4. 对我国的启示

目前，我国征信行业的发展刚刚起步，关于征信服务管理的有关法律和制度也正处于建设当中。如何根据我国的实际情况，并借鉴国际经验，形成一个既能够有效保护消费者权益，又能够有效促进征信产业长期发展的制度环境，是我们面临的一项紧迫的任务。根据对美国消费者征信服务管理体制和经验的考察，结合我国征信产业发展的实际情况，我们感到，在立法和制度建设当中，以下几个方面的经验值得我们进一步研究和借鉴。

第一，尽量保证信息的全面性、完整性。

征信服务和产业是建立在这样一种假定基础之上的：即一个人是否守信，可以通过对他以往的信用记录的观察和评估来判断。关于消费者信用历史的信息一般分为两类，一类是负面信息，一类是正面信息。所谓负面信息，是指消费者拖欠、赖账、破产及犯罪记录等信息。所谓正面信息，是指消费者正常的贷款、还款、赊销、支付等交易记录。对于征信服务而言，负面信息的作用显而易见。不良记录的"黑名单"可以直接帮助授信者甄别不守信用的人，从而采取防范措施。但仔细考察可以发现，对于征信服务产业的发展而言，正面信息的作用更加重要。原因有二：一是只有负面信息，征信机构无法掌握消费者的全面信用状况。比如，一个消费者可能会在多家金融机构借贷，虽然在每家机构的借贷额都不大，但在多家机构的借贷总额可能会大大超过其还款能力。显然，这一情况对于征信机构和金融机构全面客观评价消费者的信用状况非常重要，但如果只有负面信息，只要消费者没有违约或不良记录，无论是征信机构还是金融机构都无法掌握其全面信用信息。在这方面我国香港地区的经验值得吸取。香港一直不允许征集正面信息，使得授信人难以掌握被授信人的全面信用状况，由此已经造成了十分严重的负面影响。比如，根据香港有关人士的介绍，近年来出现的十分严重的个人破产问题，就与这一规定有关，因此目前立法界正在考虑允许征集正面信息。二是如果只有负面信息，征信服务的范围会受到很大限制。利用负面信息，征信机构除了提供一个黑名单以外，很难提供进一步的服务。而利用正面信息，征信机构就可以大大拓展其服务空间，包括进行信用打分、筛选优质客户、帮助金融机构等用户进行客户资源管理等增值服务等。事实上，美国大型征信机构快速的业务扩展，正是建立在利用正面信息进行增值服务的基础之上的。如果没有正面信息和增值服务，征信产业就不可能得到如此快速和大规模的发展。由于正面信息极大地增强了征信机构信用信息的全面性、有用性及征信机构服务的空间，促进了征信机构与用户之间的良性互动，从而极大地推动了征信服务产业的发展。这一经验对于处于发展初期的我国征信服务产业，尤其值得重视。

第二，法律关于征信机构依法征集和公开法律允许的正面信息，不必事先征得消费者本人同意的规定，是保证信息全面性和完整性的重要保证。一般来讲，各国法规都允许在信用报告中公开负面信息。这是因为，负面信息是消费者失信行为的一种反映，将之公之于众不仅谈不上个人隐私问题，而且是对失信者的一种必要惩罚；从信息搜集的角度看，受害者一般也有积极性把此类信息向征信机构报告。但正面信息就有所不同，这类信息是消费者正常交易行为的反映，在消费者没有任何失信或违规行为时，法律是否应当允许征信机构在不征得消费者同意的情况下搜集和公开其信息，是一个颇具争议的问题。许多欧洲国家都规定搜集和公开此类信息要事先征得消费者本人的书面同意。从美国的经验来看，除个别情况外，原则上法律一直允许征信机构可以在不事先征得消费者本人同意的情况下征集和公开个人的正面交易信息。从实际的效果来看，似乎美国的做法更值得借鉴。相比而言，美国的征信产业不仅发展速度较快，且一些大型的征信企业也主要集中在美国，其中一个重要原因，可能与对正面信息的不同管理规定有关。如果法律规定征集和公开正面信息需事先征得消费者本人同意，将不仅会极大增加征信机构的信息搜集成本，而且会严重损害信息的完整性。应当指出的是，全面信息的使用，或者说征信服务行业的健康发展，不仅符合授信人的利益，也符合消费者的利益。根据美国的经验，由于允许正面信息和负面信息，由于使用信用评分作为评价信用风险的一个工具，同时使得消费者和授信人受益。

从消费者的角度看，好处主要包括：

（1）更多地获得信贷；

（2）更大程度的流动性；

（3）更公平的待遇；

（4）更低的信贷成本；

（5）更加便捷的获得信贷的方式。

对于授信人而言，好处主要包括：

（1）能够在更大的范围内提供消费者信贷服务；

（2）能够进行账户监控以便调整信贷流程；

（3）减少贷款损失。当然，允许征信机构征集和公开正面信息不是无原则的，而是必须要有明确的管理规定，最为重要的是要严格界定正面信用信息的范围，严格限定信用报告的使用目的，以及充分保障消费者的知情权和不正确信息的及时更正等。

第三，充分保证消费者对其信用信息的知情权，并规定明确的信息更正程序和责任，是保证信息准确性最有效途径。

应当明确，对消费者权益保护的原则，不是通过立法使征信机构获得尽可能少的个人信息，而是保证征信机构以合法的手段方便和低成本地获得更多的法律允许的信用信息，以及保证征信机构所征集和使用的信息的准确性和完整性。从美国的实践经验来看，达到上述目的的最有效手段，是赋予消费者对其信用信息充分和合理的知情权。因为只有消费者本人最了解也最关心自身的信息。同时，法律应当明确规定在消费者对信用信息的准确性和完整性提出争议时，征信机构和原始信息提供机构所负的责任，以及复核及更正的程序和时限。在这些方面，美国法律的许多具体规定都很值得我们认真研究和借鉴。

（二）平等信用机会法（Equal Credit Opportunity Act）

1682. 禁止范围

（a）构成歧视的行为

任何授信方对任何申请者有关任何信用交易的下列歧视，都视为违法：

（1）给予种族、肤色、宗教、出生国家、性别、婚姻状况或年龄（只要申请者具有签约的行为能力）；

（2）因为申请者的部分或全部收入来源于任何公共救济计划；

（3）因为申请者诚实的行使本章规定的任何权利。

（b）未构成歧视的行为

授信方的行为若出于下列目的，不构成歧视：

（1）若询问申请者的婚姻状况是为了确定授信方的权利以及修正信用的延展期限，且并非在确定信用额度方面予以歧视；

（2）若询问申请者的年龄或其收入是否来源与公共救济，是为了确定其收入数额及收入水平可能持续的时间、信用历史或其他按委员会规定与信用额度相关的要素；

（3）使用信用评估系统，若该系统考虑了年龄因素，但符合委员会规定统计学原理且公平合理，且该系统的运作未将申请者年龄视为负面因素或负值；

（4）当授信方询问或考虑年长申请者的年纪，并在给予信用展期的优惠政策时使用。

（c）未构成歧视的行为

在下列情况下，授信方拒绝信用展期的行为不构成歧视：

（1）任何法律明确授权的对经济弱势阶层的信用援助计划；

（2）非营利组织为其会员或经济弱势阶层提供的任何信用援助计划；

（3）营利组织为满足特殊社会需求，对符合委员会规定的人提供专项信用贷款计划，拒绝为达到信用标准的人提供信用时，该拒绝符合计划的规定或要求。

（d）不利行为的理由；相应程序；"不利行为"定义

（1）至接到完整的信用贷款申请之日起30日（或据委员会规定，任何信用交易等级的合理时间）内，授信方须通知申请者对其申请的处理结果；

（2）不利行为的承受者有权从授信方获知采取该不利行为的理由。授信方通过下列行为履行其职责：

（A）向不利行为的承受者提供一份书面声明，陈述采取该不利行为的理由；

（B）提供不利行为的书面通知。该通知须披露：

（i）申请者有权在接到该通知之日起60日内提出申请，要求授信方在接到该申请之日起30日内提供其做出不利行为理由的声明；

（ii）指定交付该声明的办公室或人员。

若书面通知已建议申请者行使其权利，提出书面申请要求授信方书面确认做出不利行为的理由，该声明可以通过口头形式传达。

（3）当且仅当声明包含采取不利行为的详细理由时，该声明才符合本部分的规定。

（4）当第三方直接或间接要求授信方对一个申请者的信用予以展期时，本部分所要求的有关理由的声明和通知可直接由授信方提供，或通过第三方间接提供。

（5）按照委员会的规定，任何授信方若在一个工作年度内处理不超过150名申请者时，必须对申请者采取口头声明或通知，以确保符合（2）、（3）、（4）段的规定。

（6）据本部分规定，"不利行为"指对信用贷款的拒绝、撤回，对正在进行的信用计划的变更，或拒绝承认信用贷款的实际数额或实质性条款。本术语不包括当申请者拖欠贷款、犯有过失或在信用超过预定的信用限制的其他情况下，授信方拒绝对正在进行的信用计划予以延展。

（e）评估：为申请者复制报告；费用

各授信方必须按申请者在合理的时间范围内提出的书面申请，及时提供一份评估报告副本，该评估报告用于该贷款申请的不动产抵押或是否要求抵押的相关事项。授信方可要求该申请者支付评估费用。

（1）定义；法律释义的规则

（2）为保证本小段的实施，本部分对所用术语进行定义和法律释义。

（3）"申请者"指向授信方直接申请信用展期、续借、延长，或直接向授信重新申请超出预先设定的信用限额的信用计划。

（4）"委员会"只联邦储备系统委员会。

（5）"信用"指授信方予以债务人的权利，允许延期付款，或续借延期偿还债务，或在购买财产或服务是延期付款。

（6）"授信方"指任何定期进行展期、续借或延长信用的人；任何安排信用展期、续借、延长的人；任何参与决定的信用的展期、续借和延长的原授信方的代理人。

（7）"人"指某个自然人、公司、政府或政府部门或代理处、联合企业（托拉斯）、集团、合伙企业或协会。

（8）在本小段中涉及的任何强制性规定或任何条款都包括本小段涉及的委员会规章或上存争议的条款。

1691. d. 鼓励自我检查和自我修正的措施

（a）法律应许拒绝公开的信息

（1）拒绝公开的条件

按照（2）段的规定，若一个授信方在下列情况下，应考虑拒绝公开自我检查（间委员会规定中的名词解释）的报告或结果：

（A）授信方进行或委托独立第三方进行任何有关信用交易方面的自我检查，其目的是为了判定遵照本节规定的程度和效力；

（B）授信方自行判断任何可能违反本节的行为，已经或正在采取适当的改正措施来处理任何可能的违法行为。

（2）法律上可拒绝公开自我检查

若授信方达到（1）（A）和（B）中所述有关自我检查的条件，任何自我检查的报告或结果：

（A）可允许拒绝公开；

（B）在下列情况中，不应该为任何申请者、部门或代理执行机构获得：

（ⅰ）宣布存在一项或多项违反本节规定的行为或民事行为；

（ⅱ）有关是否遵循本节规定的检查或调查。

（b）自我检查的结果

（1）在一般情况下

在下列情况下，本部分的任何条款不得解释为禁止一个申请者、部门或代理执行机构，在任何宣布存在一项或多项违反本节规定的行动或民事行为，或按本部分规定进行检查或调查时，获得、使用任何自我检查的报告或结果：

（A）授信方或任何合法接触报告的人——

（ⅰ）自愿向申请者、部门、代理执行机构和普通公众披露或公开报告或结果的全部或任何部分内容；

（ⅱ）自我检查的相关授信方因违反本节规定而受到起诉时，为辩护而提及或描述该报告或结果；

（B）为了确定相应的惩罚和修正，报告或结果力求与一个违反本节规定的判决或供认一致。

（2）为确定惩罚或修改而进行的披露

按照（1）（B）中特别规定予以披露的任何自我检查报告或结果——

（A）为且仅为特别行动的目的使用，该特别行动只进行（1）（B）中提及的判决或供认；

（B）不得用于其他任何行为或行动。

（C）判决

申请者、部门或代理执行机构质询一项本部分所宣布的拒绝公开的特权是否在下列情况中存在并使用：

（ⅰ）有法律权限的法庭；

（ⅱ）具有适当权限的行政诉讼程序。

1691. e. 其他法律的实用性

（a）要求夫妻双方为设立有效抵押签字等

为了设立有效抵押、产权转移、放弃初始权利、收入转让，而要求夫妻双方签字时，该要求不得构成本节定义的歧视，然而，必须保证本条款不得解释为准许授信方在评估任何申请者的信用额度时，将申请者的性别或婚姻状况考虑在内。

（b）影响信用额度的州财产法

考虑或运用直接或间接影响信用额度的州法律时，不得构成本节所述的歧视。

（c）禁止对丈夫和妻子的信用行为分别予以展期的相关州法律

任何禁止对夫妻双方的任何一方的消费信用展期的州法律，不适用于夫妻一方自愿向同一授信方申请单独的信用贷款的任何情况。应保证在任何州法律优先适用的情况下，夫妻双方的每一方必须独自承担其签约的责任。

（d）当夫妻双方各方分别自愿向同一债务人申请获得独立信用账户时，授信方可以合并夫妻双方的信用账户，但其目的只能是为了按联邦或国家法律确定可行的筹资费用或贷款抵押，授信方不得为了按美国或任何州法律确定筹资费用或贷款抵押，而合并或合计夫妻双方的信用账户。

（e）选择按本节或州法律的规定赔偿；确定适用的救济条件

当按本节规定和州法律，若一项行为或失职构成了歧视，受到该行为损害的人可以按本书或州法律的规定，采取法律行为来获得货币赔偿，但不得同时适用两种法律。这一赔偿方式的选择，不适用于索取非货币赔偿的法庭诉讼，或行政诉讼的情况。

（f）遵守相互矛盾的州法律；判断矛盾是否存在

本节不得取消、变更、影响或豁免任何适用本条款的人遵守信用歧视的任何州法律，除非这些法律与本节规定相矛盾，且仅免于遵守与本节相矛盾的范围内的条款。委员会有权判定是否存在矛盾。若委员会确认该州法律能更有效地保护申请者，委员会不得判定任何州法律与本节任何条款相矛盾。

（g）州法律内有关信用交易规定的豁免情况；未能遵守州法律

若委员会确定某个州法律的实施效果与本节规定的执行实际类似，或该州法律能更好地保护申请者，且具有足够的实施条款，委员会可免予执行1691和1691a部分的规定。据 1691e 的条款，若未能遵守豁免情况下有关任何交易的州法律，则视为违反本节规定。

【解读】

《平等信用机会法（Equal Credit Opportunity Act）》于 1975 年 10 月 28 日开始生效，它成为消费者信用保护法案的标题。这项法律适用于一切向消费者授信或安排消费者申请信用销售的政府机关、商家和个人。法律的可执行条款是规则 b，它由联邦储备委员会负责制定和执行，适用于任何开办消费信贷的金融机构。这项法律要求授信机构在对信用申请人的进行调查和数据分析的基础上做出合理的授信，但不得因申请人的性别、婚姻状态、种族、宗教信仰、年龄等因素而做出歧视性的授信决定。该法要求所有的申请人都仅仅被考虑与实际申请资格有关的因素，而不会因为某些个人的特征而被拒绝授信。1976 年 3 月，联邦储备委员会对规则 b 进行了大幅调整。1976 年 12 月 29 日，联邦储备委员会对规则 b 进行了一系列的修改，使规则 b 趋于完善。规则 b 的主要内容如下：

1. 信用申请人不得因其性别、婚姻状态、种族、宗教信仰、年龄而受到授信人的歧视，尽管消费者必须达到合法的年龄才能签署合同。

2. 在信用申请人处于领救济状态或处于根据"消费者信用保护条例"申诉自己的权利期间，授信人也不得歧视信用申请人。

3. 授信人不得对处于上述条件的潜申请人暗示，阻止他们的信用或贷款申请。

4. 授信人不得基于上述情况而拒绝考虑申请人的申请，而将信用或贷款给条件更好的、但排队在后面的申请人。

5. 在申请人申请不保密的独立账户时，授信人不得询问申请人的婚姻状态，除非属于社区财产情况。

6. 除非如下情况，授信人不得询问配偶一方的情况：

（1）配偶被允许使用这一账户。

（2）在合同中，配偶负有责任。

（3）申请人主要依赖配偶的收入付款。

（4）申请人居所属于社区资产。

（5）申请人依赖赡养费生活、靠子女赡养、其他来源的定期式生活费的情况。

（6）不允许将性别和婚姻状态用于信用评级打分系统。信用打分系统必须经统计测试而卓著。任何名声卓著的信用打分系统都不得对年老的申请人因年龄因素而给予低分。

（7）任何授信人不得向申请人提问关于生育打算、生育能力和节育的问题。授信人不得假设申请人在育龄期内会因为生育而失去工作，继而中断收入。

（8）授信人不得因申请人的配偶或前配偶有坏的信用记录而歧视申请人。

（9）授信人不得对申请人处于非全时工作状态而降低其信用评价，但是可以核查申请人持续工作的时间。

（10）授信人可以了解和考虑申请人获得的赡养费和定期生活费是否有保证。

（11）授信人可以询问申请人支付多少比例的赡养费和定期取得的生活费，如果申请人不依靠赡养费和定期取得的生活费来支付，申请人可以拒绝回答。

（12）授信人如果拒绝一份申请，须在30日以内通知申请人。授信人必须向申请人解释拒绝的理由，申请人有权就此问题向授信人提问。

（13）授信人必须向用户声明他们有权报告信用记录，双方的名字都写在报告上。

（14）授信人在授信时要向申请人书面声明：联邦平等信用机会法禁止授信人对于申请人在性别和婚姻状态方面进行歧视。另外，针对授信人所在的行业，政府监督部门的举报地址和电话必须写在声明的下面。

（15）在没有证据证明是用户自愿的情况下，授信人不得因用户的婚姻状态变化而中断用户的信用。

（三）诚实借贷法（Truth in Lending Act）

第101条　通称

本法的通称为"诚实借贷法"。

第102条　国会发现及立法宗旨

（a）信用使用的告知

国会发现信用使用的告知，将提升经济的稳定，及强化消费者信用有关的各金融机构与其他公司的竞争。信用使用的告知需求，源于消费者对其成本的认识。本法的目的在于确保有意义信用条款的适当公布，是消费者依据各种不同的信用条款加以比较，并避免预先告知的信用使用，及保障消费者防止使用不正确及不公平的信用付款与信用卡业务。

（b）动产租赁的条款

国会最近也发现一项新的趋势，消费者通过对汽车和其他耐用财物的租赁，来取代分期付款的信用交易；然而这些租赁的成本并没有被适当地披露。本法之目的，乃在于确保为个人、家庭及家族目的之动产租赁条款的有意义的披露，使承租人更容易对各种不同的承租条款加以比较；限制消费者租赁的膨胀付款；并于当时可为租赁与信用条款的比较；确保广告中有意义且正确的租赁条款的披露。

第103条　定义及解释的规则

（a）本条所订的定义及解释规则，适用于本法的规定。

（b）理事会：指联邦准备理事会。

（c）组织：指公司、政府、政府次级组织或机关、信托、资产管理、合作社或协会。

（d）人：指自然人或组织。

（e）信用：指债权人提供与债务人能延迟债务的清偿，或承担债务但延迟清偿的权利。

（f）债权人：指以下人，（1）不论是与贷款、财物及服务的买卖或其他交易有关，经常扩张消费者信用，而该信用乃以契约约定，以四期以上的分期付款偿还，或就该信用须为融资费用的支付者，（2）源于消费者信用交易的债务，在有负债的证据时，以契约之约定偿付者。若涉及信用卡的开放式信用计划时，信用卡发行人及任何授予该卡并提供融资费用折扣者，可不限前项的规定成为债权人。为第四章及第127条（a）

（5），（a）（6），（a）（7），（b）（1），（b）（2），（b）（3），（b）（8），及（b）（10），对债权人规定的目的，不论该到期的金额，是否以契约约定，以四期以上的分期付款偿付，或须为融资费用的支付，债权人一词亦应包括发卡人；且不论前项规定系仅用适用于提供开放式信用的计划人的债权人，理事会得于适当的范围内，依法将此等规定适用于该发卡人。任何人在 12 个月内依第（aa）款取得两项或以上抵押权，或委任经纪人登记一项或以上抵押权者，适用本法债权人规定。

（g）信用交易：系指买方为债权人的任何交易。本词包括寄托或租赁契约，当受托人或承租人须订约以使用财物与服务总值实质相等或更高金额的费用。且约定受托人或承租人，于完全履行其契约的义务时，不需支付或仅支付些微费用，将成为或有权选择成为该财物的所有人。

（h）消费者：系指在进行信用交易时，接受信用提供或扩张的自然人。

（i）开放式信用计划：系指在该计划下，债权人合理预期重复的交易；且该计划对于交易的条款及可随时就目前未付余额计算的融资费用，均予以详加规定。前项开放式的信用计划，即使其信用资料须随时加以查证，其仍为开放式信用计划。

（j）适当的通知：本法第 133 条的用语，系指向持卡人所为的印刷品通知，其清楚并显著的载有相关的事实，是本通知收受人，得被合理预期其已收到该通知且了解其意义。该通知得以印在信用卡或定期信用卡账单上，及任何合理确定可以被收到的其他方式，向持卡人所为的此等通知。

（k）信用卡：系指任何卡片、铭牌、折扣券或其他为取得金钱、财物、劳务或信用服务之目的，所存在的信用工具。

（l）受理的信用卡：系指持卡人为取得金钱、财物、劳务、或信用服务之目的，曾申请并收到，或已签署或使用，或已授权他人使用的任何信用卡。

（m）持卡：系指信用卡发行的对象，或与发卡人约定就另一人因信用卡所发生的债务，同意付款的任何人。

（n）发卡人：系指发行信用卡的任何人，或该卡的代理者。

（o）未受理的使用：本法第 133 条的用语，系指非持卡人为信用卡的使用，且该人对此使用并未取得实质、暗示或明示的授权，持卡人亦未因该使用而获利。

（p）折扣：本法第 167 条的用语，系指由正常价格所为的减价。本法第 166f 条所用的此语，并指附加的价款。

（q）额外索价：本法第 103 条及 167 条的用语，系指对信用卡持卡人，而非使用现金、支票或类似方式付款的消费者，额外收取较正常价格为高的方式。

（r）州：指任何州、波多黎各自治区、哥伦比亚特区及美国的任何领土与托管区。

（s）农业目的：包括生产、收割、展览、行销、运输、处理或制造自然人所耕种、栽植、繁殖或培养的农产品。包括但不限于产地、附有农舍的不动产及主要从事农作的财物与服务的取得。

（t）农产品：指农业、园艺业、葡萄栽培业、与乳酪业的产品，亦指牲畜、野生动物、家禽、蜜蜂、林业产品、鱼及贝壳类，及其他有关的任何产品，包括经加工处理与制造的产品；另外，所有于农场养殖或制造的产品，及由该产品所加工或制造的任何产品，亦包括在内。

(u) 重要的披露：指本法所定，有关年百分利率及融资费用决定的方法、融资余额、融资费用、融资金额、付款总额、付款次数及金额，预计债务清偿的到期日或付款期间，及其他第 129 条（a）所规定事项的披露。

(v) 住所：指住宅结构，或包括 1 至 4 个家庭居住单位的活动房屋、公寓或共同住宅的独立单位。

(w) 住宅抵押贷款交易：指为住所的取得或其初步建设融资，对消费者住所设立或持有由分期买卖合约所产生的抵押权，信托状、购买金钱的担保，或相当的两头担保利益的交易。

(x) 正常价格：本条与第 167 条的用语，系指单一价格被标示或公告者，为该财物或服务所收取的标价或公告价格；或指使用开放式信用计划或信用卡付款时，对该财物或服务所收取的价格，可分为下列两种：（1）无价格被标示或公告，或（2）有两种价格同时被标示或公告，其一为使用开放式信用计划或信用卡付款时所收取的价格。为本定义的目的，在使用开放式信用计划，或信用卡持卡人的开放式账户为价格的付款时，扣账的支票、汇票或其他转让文书的付款，不应视为使用该计划或账户所为的付款。

(y) 对本法或其任何条款所规定的参照，亦包括理会对本法或该争议条款所规定的参照。

(z) 对本法规定所需披露的金额或百分比为较大的披露者，其本身并不构成对本法的违反。

(aa)（1）本小条的抵押贷款系指为取得消费者基本住所而为的消费者信用交易，非指住宅抵押贷款交易、取消抵押贷款交易，或在开放式信用计划下所进行的信用交易。

（A）贷款人为完成本项交易，必须支付较国库券利息高 10 个百分点的年利率，此国库券系指在贷款人接受扩张信用申请前 1 个月第 15 日到期，且具有可供比较的利率者。

（B）消费者在结束本项交易前，将支付超过（2）（i）总贷款金额的 8% 或（ii）400 美元；两者之中较大的总百分点及相关费用。

（2）（A）在 1994 年《里格国家发展及相关法规促进法案》开始公布实施日期两年后，理事会依法规定的于第一次提高或降低后，以不高于每两年一次的频率，提高或降低（1）（A）中所提的年利率百分点。若理事会已决定要提高或降低上述百分点，则须

（i）与 1994 年《里格国家发展及相关法规促进法案》第 I 章 B 小章内容所修正的保护消费者避免净滥借款的精神一致。

（ii）以信用需求为担保。

（B）任何（A）小段中提高或降低百分点，不得使（A）小段中的百分点（i）低于 8 个百分点，（ii）高于 12 个百分点。

（C）在决定是否提高或降低（A）小段中的百分点时，理事会须向消费者代表，包括低收入消费者及出借人咨询。

（3）在（1）（B）（ii）中所列的百分点，得依前一年 6 月 1 日所公布的消费者物

价指数变动百分率，于每年 1 月 1 日进行调整。

（4）为解释（ⅰ）（B）之故，其所谓百分点及相关费用系指。

（A）包括融资费用中所有项目，但不包括利息及时间价差。

（B）所有支付给抵押贷款经纪人的费用。

（C）列于第 106 条第（e）项中的任一费用（未来税赋的委托付款除外）合乎下列情形者：

（ⅰ）为合理支付的费用。

（ⅱ）债权人并不直接或间接收取该项费用。

（ⅲ）该项费用将支付给与债权人无关的第三人。

（D）其他经由理事会所认可的合理费用。

（5）本小条不得被解释为限制消费者延展信用时所需支付的年利率及融资费用。

（ab）取消抵押贷款交易系指依诚信原则或平等的两头，共同针对消费者的本金取得担保利益的无追索权贷款交易。

（1）担保一笔或多笔预付款。

（2）合乎下列状况有关贷款本金、利息、分配益价或剩余价值，其到期款或应付款的支付。

（A）住所的移转。

（B）消费者不再以该住所为主要住所。

（C）消费者死亡。

第 104 条　豁免的交易

本法不适用于下列情况：

（1）涉及主要营利、商业或农业目的，而向政府、政府机关、或单位及组织，为信用扩张的信用交易。

（2）由在证券交易委员会登记有案的经纪商—自营商，所为的证券或期货账户的交易。

（3）融资总额超过 25 000 美元的信用交易。而非因作为或期待作为消费者主要住所的不动产或动产取得或即将取得的。

（4）若由理事会决定州主管单位规范公共水电费用，迟延付款时的费用与提早付款时的折扣时，公共水电设施税捐有关的交易。

（5）由理事会依法规定，非实现本法目的的必要涵括的交易。

（6）废止。

（7）依据 1965 年高等教育法第四篇授权的计划所为，受保或担保的贷款。

第 105 条　规则的订定

（a）理事会应订定规则，以实现本法目的

除 103 条（aa）所指的抵押贷款外，此类规则应包括理事会依其判断，认为可使有效实现本法目的，防止对该等规定的规避，或促进对该等规定的遵守，而对任何种类的交易，所作必要且适当的分类、区别，或其他规定，以及各种调整与例外的规定。

（b）理事会应就一般交易，公布标准披露表格，以增进对本法披露规定的遵守，并使用浅显易懂的语言，简化披露的技术本质，以帮助借款人或承租人明了交易。在设计该表格时，理事会应考虑债权人或出租人所使用的数据处理或类似的自动化设备。本法无任何部分可被解释为要求该债权人或出租人，必须使用任何由理事会依本条所定的该种表格条款。若债权人或出租人，（1）适用任何依据理事会所公布的适当标准或条款，或（2）使用任何该种标准表格或条款，并以（A）删除任何不为本法所规定的资料，或（B）重新安排该表格的方式，变更该表格者，但在为此种删除或表格的重新安排时，债权人或出租人并未影响该披露的实体，清晰性与前后次序意义者，则除数字上披露外，债权人或出租人，应被视为遵守本章的披露规定。

（c）理事会应在联邦公报提供通知，并依第五篇第553条给予公众评论的机会后，采取标准披露表格及条款。

（d）理事会的任何规定，及该规定的任何修正或解释，若其所要求的披露，与先前依本法的本章及第4、5条，或任何理事会发布的规则所定的披露不同时，其应颁布之日起，至少6个月后的10月1日生效，但理事会得裁量，采取中间行动，以规则、修正或解释，延长允许债权人或出租人调整所用表格的期间，使其得以符合新规定；或于其认为该行动是为遵守法院的裁决，避免不公平或欺骗的披露作业所必要时，为债权人或出租人缩短期间，进行该种调整者，则不在此限。任何债权人或出租人，不论前项的规定，于该规定的生效日前，应遵守任何新颁布的披露规定。

（e）豁免权

（1）除第103条第（aa）项所指任何有关抵押贷款的交易外，理事会应依法规定豁免本法全部或部分有关任何种类交易的披露规定。在此，理事会要视本法全部或部分有关的披露规定，能否以有用的信息或保护的形式，提供消费者实质的利益而为此决定。

（2）理事会在决定前项（1）全部或部分豁免的交易种类时，除了公布该豁免提案予公平评论的同时须公布其理论基础外，得考量下列因素：

（A）贷款的金额，或该项披露规定，取消的权利及其他相关规定，对于理事会所决定该项交易其中一方的消费者，是否能提供实质利益。

（B）本法的规定对于该交易种类的贷款过程，能导致复杂、干扰或成本过高的程度。

（C）借款人的财务状况

（i）有理事会决定，任何有关该借款人的财务安排。

（ii）有关该项交易，借款人财务状况的复杂度。

（iii）有理事会决定，为购买财产且为本法所涵括的贷款，其对借款人的重要性。

（D）本项贷款是否由消费者的主要住所来担保。

（E）保护消费者的目标是否因为该豁免而逐渐被破坏。

（f）特定借款人的免责

（1）理事会依法可免除本法中特定信用交易的披露规定。

（A）合乎下列条件交易：

（i）年营利所得大于200 000美元者。

（ⅱ）交易的同时，其净资产超过 1 000 000 美元者。

（B）消费者首次亲笔书写声明并签名，载明日期，放弃此交易的披露规定者。

（2）理事会依其判断，得视通货膨胀的状况，调整上述（1）中有关年营利所得及净资的额度。

第 106 条　融资费用的决定

（a）"融资费用"的定义

除本条另有规定外，与任何消费者信用交易有关的融资费用金额，应包括受信用延展的人，直接或间接所支付的费用，及由债权人因该信用的延展，直接或间接所收取附带所有费用的总额。融资费用不包括相当于现金交易的应付费用。亦不包括非由债权人所要求支付或保留给第三人终结代理人（包括决算代理人、律师及附加条件委托授权公司）任何适用于下列费用种类的费用亦包括于融资费用内：

（1）利息、时间价格的差异，与依点数、折扣或依其他制度规定所附加的任何额外费用。

（2）劳务或搬运费用。

（3）贷款费用，中介人费用或其他类似费用。

（4）调查或信用报告费用。

（5）保障债权人因债务人不履行债务，或其他信用损失的担保或保险的保险费或其他费用。

（6）由借款人支付的代理费用，包括直接支付给代理人或出借人（转交给代理人）的现金费用或融资费用。

（b）融资费用内所含的人寿、意外或健康保险的保险费与任何消费者信用交易有关，所载的信用人寿、意外或健康保险的保险费，应包括融资费用内，但有下列情形者，不在此限：

（1）债务人的保险给付范围，并非债权人核准信用扩张的因素，且此点已向申请或取得信用扩张的人，以书面清楚披露；

（2）另为取得与信用扩张有关的保险，受信用延展的人，须于债权人向其为有关成本的书面披露后，提供其欲取得的保险特定且肯定的书面指示。

（c）融资消费内含有的财务损失及责任保险费与任何消费者信用交易有关，为保障财务的损失或损毁，以及由财务所有权或使用所生的责任、所发生的保险费及相关费用，应包括于融资费用在内。但必须由债权人向受信用扩张的人，提供清楚及明确说明，载明由债权人或通过债权人取得保险时的保险成本，并说明受信用扩张的人，得选择通过任何人来取得保险时，方可包括在内。

（d）所有信用交易中排除融资费用计算外的项目

下面理事会与任何交易有关的规定，需逐项列举并披露的项目，债权人不须将其包括于该交易的融资费用计算内：

（1）法律所规定的费用，其实际上乃为决定与交易有关的任何担保的存在或完成，解除或满足该担保，而向公务员支付或将支付者。

（2）取代完成任何与该交易有关，为债权人所要求担保利益的任何保险费用的债付，为该保险费须超过所应支付的（1）的费用。

（3）对任何担保工具或证明负债文件所课征的税负，但该税负必须是以记录担保负债文件的工具为先决条件。

（e）由不动产利益担保的信用扩张中，排除于融资费用计算外的项目

下列由不动产利益所担保，因信用扩张而收取的项目，且该扩张乃由不动产担保时，不应该包括该交易的融资费用内：

（1）所有权检查，保险或类似目的的费用或保险费。

（2）权状、和解声明划或其他文件的准备费用。

（3）税负及保险的未来付款的托管。

（4）权状与其他文件的公正费用。

（5）估价费。

（6）信用报告费用。

（f）融资费用正确度的宽限

非予以不动产或住所担保的开放式信用计划下，与信用交易有关的融资费用或其他财产事项的披露。

（1）依本法规不定期，下列融资费用披露的金额得视为正确：

（A）与正确融资费用的误差大小美金 100 元者。

（B）依本法规定，该金额大于应披露的金额者。

（2）依第 125 条规定，下列融资费用披露的金额得视为正确：

（A）除下段（B）中规定外，与正确融资费用的误差小于信用扩张总额的 0.5% 者。

（B）非属于本法第 103 条第（aa）项中的交易，而有下列情形者：

（ⅰ）依本法第 103 条第（W）项所定义"住宅抵押贷款交易"其本金偿还余额的再融资，其到期且应付未付的融资费用。

（ⅱ）与正确融资费用的误差大小信用扩张总额的 1%，且并未提供新的合并信用的预支款。

第 107 条　年百分利率的决定

（a）"年百分利率"的定义

（1）适用于任何消费者信用的年百分利率，应依理事会的规则决定：

（A）名义年百分利率，当适用于未偿还融资余额时，可用以计算融资费用的总和。其决定方式为依据融资余额与融资费用的债务偿还付款分配以精算方式计算而得；而付款分配方式为首先支付累积的融资费用，然后其余额始支付的融资金额；

（B）年百分利率由理事会制定的任何方式所决定，经实质上简化计算并与（A）所决定的比率相较合理精确度者。

（2）适用于开放式信用计划的任何信用扩张时，为该期间内与融资有关的融资费用总额除以居易计算该期间融资费用所依据的金额，所得的商数（以百分比表示），再乘以一年中该等期间的期数。

（b）当债权人对于特定范围内的余额，收取费用时，年百分利率应以该范围内的中间

余额计算，但若理事会决定，所计算的比率应以理事会规定所定的其他基础计算的。

（c）遵守披露规定的可允许宽限

为本章的目的，若所披露的年百分利率，在不超过实际比率上下 0.125% 或 0.25% 的最接近整数的宽限范围内时，都将视为正确的披露。得允许更大正确宽度限，以简化适用规定。

（d）年百分利率表格及原表的使用如披露的年百分利率的差异未超过理事会所允许的宽限内，理事会得授权可使用年百分利率表格及原表当涉及不规定的付款时，除简化适用规定外，理事会不得允许大于该利率的 8% 的宽限。

（e）决定年百分利率宽限的授权

当债权人以本条（d）所定以外的方式决定年百分利率时，理事会得授权其他合理的宽限。

第 113 条　对政府机关的效力

（a）有关发给参与债权人的信用工具遵守的质询规定

管理消费者信用延展、保险或担保信用计划，并向消费者提供，含有本章所定任何披露的文划规定的美国政府任何部门或机关，应于该文划的发行或继续使用前，向理事会咨询，以确保该种文划符合本章规定。

（b）联邦民刑罚则不适用于联邦，州及地方机关

对美国政府任何部门或机构、任何州政府或其政治次级团体，或任何州政府治次级团体的机关，不得科以本章所定的民刑罚则。

（c）联邦民刑罚则，不适用于参与债权人违反美国政府所发行的文划的情况

参与由美国政府任何部门或机关所管理、保险或担保的信用计划的债权人，于任何情行下，若因使用由该部门或机关所发行的文划而导致违反规定时，不须负本章下的民刑事责任。

（d）州法的罚则适用于参与债权人违反规定的情况

参与由美国政府任何部门或机关所管理、保险或担保的信用计划的债权人，对任何技术或程序的未履行，例如，未使用特定表格，未使用资料出现于文划规定的特定处所，未使用州法规定的特别排版，或因使用由该部门或机关所发行的文划而导致违反规定时，不须负任何州法（非为依据本法第 111 条规定的法律与本条抵触者）下的民刑事责任。

第 121 条　披露规定

（a）债权人或出租人对一位或以上债务人的义务

受本条（b）的规范，债权人或出租人，应对消费者租赁或消费者信用交易的债务人，为本章所订资料的披露。除本法第 125 条的交易外，于涉及一位或以上债务人的易时，若已向主要债务人提供披露者，则债务人或出租人不须对其他的该中债务人为披露。

（b）债权人或出租人须披露

若一交易涉及本法第 103 条（f）所定这债权人，或第 181 条（3）所定的出租人时，该债权人或出租人须为披露。若一交易涉及一位的债权人或出租人时，仅以为债

权人或出租人须为该项披露。理事会应以规则载明哪一位债权人或出租人应为该项披露。

(c) 估计满足法定要件

理事会得以规则规定，本章所定须被披露的任何信息，若该信息的提供者，无法取得正确的资料时，则得以估计的形式提供的。

(d) 数字披露的宽限

理事会得决定，年百分比率以外数字披露是否给予宽限，以加速符合本法的规定，若其决定该宽限乃为加速符合本法的规定所必要者，则得以订立规则允许宽限范围内的披露。理事会应行使其权利，允许年百分比率以外的数字披露的宽限，使该宽限足够狭隘，以防止其产生违反本法订定目的的披露或误导该披露结果。

第 122 条 披露的形式；额外信息

(a) 清楚及显著地披露信息；"年百分比率"与"融资费用"；

披露的顺序不同用词的使用。本章所定的信息，应以理事会的规则，清楚及显著地披露。"年百分比率"与"融资费用"二用词，须较交易所提供的其他用语、资料或信息，但不包括关于债权人身份的信息，为更明显的披露。除本条（c）另有规定外，依本章所为的披露，理事会不须规定其须以本章所定的顺序的，并除另有规定者外，得允许使用不同于本章所采取的用语，为该用语须传递实质相同的意义。

(b) 债权人或出租人为选择性信息的提供

出本部分下的本法第 127A 条（b）（3）及第 128 条（h）（1）另有规定者外，任何债权人或出租人，依第 4 章及第 5 章所规定的任何披露，为额外信息或解释的提供。

(c) 第 127 条（C）特定披露所需的表格式

（1）通则

本法第 127 条（C）项的（1）（A）、（3）（B）（ⅰ）（ⅱ）、（4）（A）及（4）（C）（ⅰ）（ⅱ）所定的信息，应

（A）以理事会的规则所订的形式及方式披露的；

（B）置于或附随于须为该披露的任何划面申请、促销，其他文件或文划的显明醒目处。

（2）表格式

（A）表格形式的制订

依本项（1）（A）所订的规则中，理事会应规定该信息的披露，应于理事会认为实际且适当的范围，下列列表的形式为：

（ⅰ）对第一该种信息项目，须包含清楚及扼要的标题；

（ⅱ）对每一标题下应为披露的每一信息项目，提供清楚及扼要的说明形式。

（B）制订顺序及表格用语时，理事会的裁量权

于依据（A）为表格形式的制订时，理事会得以不同于本法第 127 条（C）项的（1）（A）或（4）（A）对该项目所载的顺序，列出应被包含于该表格内的项目；且（ⅱ）受下列（C）的规范，使用不同于本法第 127 条（C）项所采取的用语，为该用语须传递实质相同的意义。

（C）宽限期

关于本法第 127 条（C）项的（1）（A）（ⅲ）所指标题或标题下的说明中有关的"期间"，应包含"宽限期"一词。

第 123 条 州法规范的交易豁免

理事会应以规则，将任何州内任何种类的信用交易，自本部分的规定中豁免，惟理事会须决定，依据该州的法律，该种类的信用交易，受实质上与本部分相似的规定的规范，且有充足的执行规定。

第 125 条 对特定交易的撤销权

（a）债务人撤销权的披露

除本条另有规定者外，若任何消费者信用交易内（包括开放式信用交易的开立或增中信用额度）的担保利益，包括有法律运作所生的该种利益，而受信用扩张作为主要住所的任何财产时被保有或取得者，债务人得以符合理事会规则，通知债权人其撤销的意图，并于交易完成后第三个营业日午夜前，或本条所定的信息、撤销表格及本章所订重要披露声明的交付前，以两者以较后者为准，行使撤销的权利。债权人应符合人理事会规则，向受本条规范的交易内的任何债务人，披露债务人本条的权利。债权人亦应符合理事会规则，向该债务人提供适当的表格，以对任何受本条规范的交易行使撤销权。

（b）撤销后金钱或财产的退还

当债务人依据本条（a）行使撤销权时，其不须为任何融资或其他费用，并不须为其所给予的任何担保利益负责，包括不须承担任何因该撤销而使法律运作所生的该种利益成为无效的责任，债权人于收到撤销通知后二十日内，应退还债务人提供的保证金、定金或其他相关金钱或财物，且应才采取任何必要或适当行动，以反应并终止任何于该交易下所设立的担保利益。若债权人曾交付债务人任何财物者，债务人得保持其占有。债务人与债务人履行本条义务时，应将该财物交付债权人，但若退还该种类的财物为不实际及不公平时，债务人的交付该财物的合理价值。该交付应于债务人选择财物的所在地或债务人住所为的。若债权人未于债务人交付后二十日内占有该财物者，这财务人无须付款即取得该物的所有权。除法院另有裁定者外，应适用本项所订的程序。

（c）所须披露交付推定的抗辩

无论任何证据法则的规定，依据本条规定，须向一人为信息、表格及声明的提供地，所对其本章所定的任何披露，为划面收益的确认者，则此仅对该披露为交付的推定，创造可反驳的抗辩而已。

（d）修正及权利的放弃若理事会得视情况制定规则，允许房地产所有人在符合善意的个人财务危机所必要的情况下，于该等规则所载的范围内，授权修正本条的规定或放弃本条所赋予的任何权利。

（e）豁免的交易；规定的重新适用

本条规定不适应于下列情况：

（1）本法第 103 条（W）规定的房屋抵押交易；

（2）有同一债权人所为以同一财物作为利益担保现存的信用扩张交易，该交易的主要余额由到期而未支付的在融资及合并（非新预支）费用而组成；

（3）以州政府机构为债权人的交易；

（4）以先前开放式信用计划取得的预支，并已持有或取得的预支，并已持有或取得担保利益且该预支乃符合先前为该计划所设的信用限制。

（f）行使权力的时间限制

尽管本条所订的信息与表格，或本部分所定的其他披露，尚未交付债权人，债务人撤销权的到期以交易完成日后三年及财物出售时，两者中较早发生者为准，到期。但若（1）有权执行本章规定的任何机关，于交易完成日后三年内，提起执行本条规定的程序，（2）该机关发现有本条规定的违反，且（3）债务人的撤销权，乃全部或部分基于该程序所涉及的任何事项者，则债务人撤销权的到期以交易完成日后三年、财物的较早出售时、该程序结束后一年、任何对该程序所提起的司法审查或司法审查期间结束时，五者中较晚发生者为准。

（g）额外的救济

法院于任何行动中，决定债权人于违反本条规定时，除撤销权外，就无关于本章违反撤销权的规定，其得授予本法第130条的救济。

（h）撤销的权限

若债权人以理事会采用及印制的划面通知格式，或相当于该格式内容的划面通知，并遵循本条有关通知的所有规定，适当的告知债务人其相关权利时，则债务人并不可仅因债务人依本条规定，以划面通知债务人其相关权利，就因而接有撤销的权利。

（i）撤销权的丧失

（1）债务人于信用扩张时以主要住所为交易的担保，并经司法或非司法程序判决丧失抵押品购取权生效的后，尽管本法第139条（f）项关于撤销权的期间规定，该债务人除了本条有关交易撤销权的规定外，于下列情形时本条亦赋予债务人相等于本条提供其他撤销权利的交易撤销权。

（A）该消费者信用交易完成生效时，依据法律及法规规定，抵押的代理费用并未计入融资费用中的。

（B）债权人并未以理事会采用及印制的划面通知格式，或相当于该格式内容的划面通知，或未遵循本条有关通知的所有规定，适当地告知债务人其相关权利时。

（2）债务人于信用扩张时以主要住所为交易担保，并经司法或非司法程序判决丧失抵押品赎取权生效后，即行使撤销权，尽管本法第106条第（f）项及本条（f）项关于撤销权的期间规定，若被披露的融资费用金额与实际融资费用差距不超过美金35元，或者不高于本法规定所需披露的金额时，则依本条规定，该被披露的融资费用或其他任何有关融资费用的披露，皆应被视为正确的披露。

（3）本部分的规定并不影响州法对赔偿规定中有关消费者的撤销权。

（4）本部分适用于现行或1995年信实贷款法修正案制定日后所有消费者信用交易。

第 127 条　开放式消费信用计划

（a）债权人须做的披露

在开放式消费信用计划开立任何账户前，债权人须向受信用扩张者，在使用的范围内，为下列事项的披露：

（1）各项收取融资费用的情况，包括可清偿任何可扩张的信用，而无须负担融资费用的期限（若由此规定者），但若债权人于该期限截止日，才收到该偿付的，则其可选者不为融资费用的收取，且无须为披露。若无此种缓行期间的提供时，债权人应该事实的披露。

（2）融资费用收取所依据余额的决定方式。

（3）决定融资费用的方法，包括收取融资费用的任何最低或固定金额。

（4）若使用一或多种定期利率计算融资费用时，每一该种利率所使用这余额范围，及相对的名义年百分比率，后者系由定期利率乘以一年中的期数而得。

（5）在此计划中其他可能被收取的费用项目，及依理事会规定的费用计算方式。

（6）于该信用已有或被担保时，担保利益已经或将有下列财物取得的声明：（A）该项财物的购买即为信用交易的一部分，或（B）该财物的购买，以其项目或种类分辨，非为信用交易的一部分。

（7）以理事会所定的形式，提供债务人本法第 161 条及第 170 条保障，及债权人于本法第 162 条及第 170 条下责任的声明。有关每年的一收账过期，债权人应于六月以上或十八个月以下的间隔中，依据本条（b）项，就该收账过期为一声明交付的债务人，为该声明的交付。

（8）当开放式信用计划下任何账户，以该消费者的主要住所为担保，而提供任何信用扩张时，任何信息：（A）须依本法第 127A 条（a）的规定未为披露；且（B）理事会决定并未载明于本项的任何其他段落中者。

（b）每一收账过期所须为的声明

开放式消费信用计划下任何账户的债权人，就每一收账过期结束后，若该账户有未清偿余额，或对该余额有融资费用未收取者，于适用范围内，应向债务人交付载有下列项目的声明：

（1）于声明期间开始时，账户的未清偿余额。

（2）于该期间内，每一信用扩张的金额与日期，及以理事会所定的形式，于每一信用延展的声明划上或其后附随扼要证明，使债务人得以确认该交易，或将其与买卖证明，或先前提供的类似文划复本相联结。但债权人未依本款为该信息的披露时，若有下列情形者，不视为违反本部分或本章的规定：（A）债权人遵守可合理取得并提供该信息的程序，（B）债权人答复任何澄清或文件的查询，并将其视为本法第 161 条的收账错误及错误列账金额。于取代遵循前句的规定时，若债权人与出卖人为理事会所定义的同一人，且该人的开放式信用计划少于一万五千个账户者，债权人于下列情况下，得选择仅提供该期间内每一信用扩张的金额及日期、与出卖人的姓名，及该交易发生的地点：（A）该交易的扼要证明，已于先前被提供，（B）债权人答复任何澄清或文件的查询，并将其视为本法第 161 条的收账错误，及错误列账金额。

（3）于该期间内，入账至该账户的总额。

（4）于该期间内，加入该账户的任何融资费用金额，若有者，逐项列举适用该百分比率及所计算的金额，与所收取的最低或固定费用。

（5）若使用一或多种定期利率计算融资费用时，每一种利率所适用的余额范围及相对的名义年百分比率，后者系由定期利率乘以一年中的期数而得。除非该年百分比率（由本法第107条（a）（2）决定），须依（6）款披露者外。

（6）若每月或收账过期大于一个月的总融资费用超过五十分钱，或收账过期小于一个月，而总融资费用超过五十分钱的比例部分，而总融资费用以年百分比率（依本法107条（a）（2）决定）表示时，除该融资费用为不同比率乘以部分融资余额所得两个或两个以上乘积的加者外，债权人得披露以年百分比率表示的每一该种比率，及其所适用的余额部分，以取代就该总费用单一比率的披露。

（7）融资费有各市地算所依据的余额，及如何决定该余额的声明。若未事先扣除该期间内的所有入账，而为该余额的决定因素者，则此事实与该入账金额亦应中以披露。

（8）于该期间结事时，账户内未清偿的余额。

（9）须为付款以避免负担额外资费用的日期或期间（若有者），但若债权人于该日期或期限截止后，始收到该付款者，则其可选择不为融资费用的收取，且无须为披露。

（10）债权人接受债务人收账查询所用的地址。

（c）信用卡及入账申请与促销时的披露

（1）直接邮递的申请与促销

（A）表格式的信息

在开放式消费信用计划下，任何人开立信用卡账户的申请，或为该账户的开立而无须申请的促销，而以邮寄方式给消费者时，受本条（e）及本法第122条（C）的规范，须为下列信息的披露：

（i）年百分比率

（I）适用于该信用计划下，信用扩张的每一年百分比率。

（II）当信用受变动比率规范时，该比率为可变的事实，于邮寄时生效的百分比率，及该比率如何被决定。

（III）当一个以上的比率适用时，每一比率所适用的余额范围。

（ii）年费及其他费用

（I）因信用卡的发行或取得，所收取的任何年费，其他定其费用或会员费，包括该收账过期内，基于账户活动的有无，所收取的任何账户维持费用或其他费用。

（II）任何受融资费用规范的信用延展，于未清偿这每一期内，所收取的任何最低融资费用。

（III）与使用该卡购买商品或劳务有关，所收取的任何交易费用。

（iii）宽限期

（I）于该信用计划下，为购买商品或劳务所扩张的任何信用，须清偿以避免负担融资费用的日期或期间（若有者）。若未提供此种宽限期间者，则须清楚说明该事实。

（Ⅱ）若该宽限期的长度不等时，发卡人得披露该宽限的日数范围，宽限期的最少日数，或宽限期的平均日数，如规定该披露须如此载明。

（ⅳ）余额的计算方法

（Ⅰ）决定融资费用计算所依据余额，其所使用计算方法的名称已为理事会定义者；或若该方法未被定义者，所使用的余额计算方法应详细说明。

（Ⅱ）于制定规则以宽限本款的目的时，理事会应定义及指名其决定最常使用的余额计算方法，但以不超过五种以上为限。

（B）其他信息

除依据（A）款应为披露的信息外，受本条（e）及（f）的规范，每一该款适用的申请或促销，应清楚并明显地披露下列信息：

（ⅰ）现金预支费用

任何因现金形式的信用扩张所收取的费用。

（ⅱ）迟延费用

因迟延清偿所收取的费用。

（ⅲ）超额费用

与信息扩张有关，就该账户因超出授权信用扩张的金额，所收取的费用。

（2）电话促销

（A）通则

依据开放式消费信用计划，任何人在电话促销中开立信用卡账户时，为促销的人须以口头披露（1）（A）所载的信息。

（B）例外规定

若有下列情形时，前项（A）的规定不适用电话促销：

（ⅰ）信用卡发行人。

（Ⅰ）未收取（1）（A）（ⅱ）（Ⅰ）的费用。

（Ⅱ）除非消费者以使用该卡表明接收者外，未因电话促销而收取任何费用。

（ⅱ）发行人于消费者申请该卡后三十日内，且不得迟于交付该卡的日期，得以划面清楚并显著地披露（1）所载的信息。

（ⅲ）发行人清楚并显著地披露，消费者无接受该卡或该账户的义务，且消费者无须为任何披露支付费用，但若消费者选择以使用该卡的方式，接受该卡者，则不在此限。

（3）以其他方式申请及促销

（A）通则

在开放式消费信用计划下，任何人为信用卡账户开立申请，或为该账户的开立而无须申请的促销，而以包含于型录、杂志或其他刊物内的方式，提供给社会大众时，须符合（B）、（C）或（D）的披露规定。

（B）特定信息

若（A）所载的申请表或促销内含有下列信息者，则其符合本款的规定：

（ⅰ）信息的披露。

（Ⅰ）受本条（e）的规定，以本法第 122 条（C）所订的格式，载于（1）（A）者。

（Ⅱ）受本条（e）与（f）的规范，以清楚及显著的格式，载于（1）（B）者。

（ⅱ）于申请或促销的明显及醒目地点为下列声明：

（Ⅰ）申请或促销印制的日期为正确信息。

（Ⅱ）申请或促销内所含的信息，于该日后可被变更。

（Ⅲ）申请人应向债权人，就申请或促销印制后所含信息的任何变更为查询。

（ⅲ）申请或促销印制日的清楚及显著的披露。

（ⅳ）于申请或促销的明显及醒目地点，披露免费电话号码或地址，使申请人得向债权人取得申请表或促销印制后所含信息的任何变更。

（C）无任何特定条款的一般信息

若（A）所载这申请或促销内含有下列信息者，则其符合本款的规定：

（ⅰ）于申请或促销的明显及突出地点为下列声明：

（Ⅰ）使用信用卡时将有相关的费用。

（Ⅱ）申请人可打电话或写信至申请表所载的免费电话号码或地址，向债权人请求为申请时有关费用等特定资料的披露。

（ⅱ）于申请或促销的明显及醒目地点，披露免费的电话号码地址，使申请人得向债权人取得该信息。

（ⅲ）未含有（1）所载的任何项目。

（D）含有（a）款披露的申请或促销

申请或促销内含有下列信息或附随于后者，则其符合本款的规定：

（ⅰ）本条（a）（1）至（6）所订的披露；

（ⅱ）清楚及明显地包本项（1）（A）与（B）所订的披露（但本法第 122 条（C）的规定并不适用的）。

（ⅲ）免费电话号码或地址的披露，以便申请人向债权人对所提供信息的变更为查询的。

（E）迅速答复所请求的信息

于收到任何（B），（C）或（D）款所订信息披露的请求时，发卡人或其他代理人，应迅速披露所有（1）所载的信息。

（4）记账卡的申请及促销

（A）通则

任何开立记账卡的申请及促销，受本条（e）的规范，应清楚及明显地以本法第 122 条（C）所订格式，披露下列信息：

（ⅰ）因记账卡的发行或取得所收取的任何年费，其他定期费用或会员费，包括该收账过期内，基于账户活动的有无，所收取的任何账户维持费或其他费用。

（ⅱ）与使用该卡购买商品或劳务有关，所收取的任何交易费用。

（ⅲ）于收到该卡的定期对账单时，对使用记账卡所生的费用，为到期及须支付的声明。

（B）其他信息

除依据（A）款应为披露的信息外，受本条（e）及（f）的规范，每一该款适用的申请或促销，应清楚并明显地披露下列信息：

（i）现金预支费用

任何因现金形式的信用扩张所收取的费用。

（ii）迟延费用

因迟延清偿所收取的费用。

（iii）超额费用

与信用扩张有关，就该账户因超出授权信用扩张的金额所收取的费用。

（C）以其他方式申请及促销

任保人为记账卡账户开立的申请，或为该账户的开立而无须申请的促销，而以包含于型录、杂志或其他刊物内的方式，提供给社会大众时，需符合下列的披露规定：

（Ⅰ）受本条（e）的规范，以本法第122条（C）所订格式，载于（A）者。

（Ⅱ）受本条（e）与（f）的规范，以清楚及显著的格式，载于（B）者。

（ii）于申请或促销的明显及醒目地点下列声明：

（Ⅰ）申请或促销印制的日期为正确的信息。

（Ⅱ）申请或促销内所含的信息，于该日后可被变更。

（Ⅲ）申请人应向债权人，就申请或促销印制后所含信息的任何变更的查询。

（iii）申请或促销印制日清楚及显著的披露。

（iv）于申请或促销的明显及醒目地点，披露免费电话号码或地址，使申请人得向债权人，取得申请或促销印制后所含信息的任何变更。

（D）提供对开放式信用计划为存取的记账卡发卡人

若记账卡允许持卡人，依据开放式消费信用计划接受信用延展，而该计划非由记账卡发卡人维持者，记账卡发卡人得以（A）及（B）所订的格式中取代上述（1）（2）（3）项中，对该计划下任何信用延展所应提供的信息，惟记账卡发卡人应于申请卡或促销中，向消费者清楚及明显地披露该事实。

（i）记账卡发卡人将独立决定是否发行该卡。

（ii）记账卡在开放式消费信用计划下，可能于信用扩张决定作成前到达消费者手上。

（iii）记账卡发卡人的核准，不构成信用扩张发行人的核准。

依据（1）应被披露的信息，须由维持该开放式消费信用计划的债权人，于该计划首次为信用扩张前，向记账卡持卡人提供的。

（E）记账卡的定义

为本项的目的，"记账卡"系指非因融资费用而可随时用以取得信用的卡片、名牌或其他单一信用工具。

（5）理事会的规范权力

在开放式消费者信用计划下，任何人为开立信用卡账户或记账卡账户的任何请求，或为任何该等账户的开立而无须申请的促销。

　　理事会得以规则规定本项或本条（d）所订信用以外的披露，并修正本项或本条（d）所订任何信息的披露，唯理事会须决定该行动乃为实现本项任何条款的目的，或避免其规避所必须者。

（d）续卡前的披露

　　（1）通则

　　除（2）另有规定者外，收取本条（C）（1）（A）（ⅱ）（Ⅰ）或（C）（4）（A）（ⅰ）所定任何费用的发卡人，应于消费者信用卡或记账卡账户预定续卡日前至少三十日内，向消费者为下列信息清楚及明显的披露：

　　（A）若不于该日、月或收账期间结束时续卡者，账户将到期的日、月或收账期间。

　　（B）受本条（e）项规范，若账户被续用时，将适用本条（C）（1）（A）或（C）（4）（A）所订的信息。

　　（C）消费者于该账户下，终止信用继续取得的方法。

　　（2）特定披露的特别规定

　　（A）通则

　　本项所订的披露，得下列方式提供的：

　　（ⅰ）于向账户登陆本条（C）（1）（A）（ⅱ）（Ⅰ）或（C）（4）（A）（ⅰ）所订的费用前。

　　（ⅱ）附随于定期收账的计划，首先披露该费用以登录于该账户中。

　　（B）特别规定使用的限制

　　仅于下列情况下，始得依据（A）为披露的提供：

　　（ⅰ）于消费者不欲继续取得信用的任何情况下，消费者可于三十日内避免费用这支付，或使该费用重新记账于账户。

　　（ⅱ）消费者被允许于该期间内使用该卡，而无支付该费用的义务。

　　（3）短期的续用

　　若一账户的续用少于六个月者，理事会得以规则规定较（1）所订为较少的披露。

（e）披露的其他规定

　　（1）以百分比率为基础，所决定的费用

　　若本条（C）或（d）下应为披露的任何费用的金额，乃以另一金额的百分比率为基础所决定者，作成该决定所用的百分比率，及该百分比率所适用的金额应被披露，以取代该费用的金额。

　　（2）仅披露实际收取的费用

　　若信用卡或记账卡发卡人，未收取任何须依本条（C）或（d）项的任何条款披露的费用时，则该发卡人不适用该条款的规定。

（f）允许因州而异的特定费用范围的披露

　　若依本条（C）项（1）（B），（3）（B）（ⅰ）（Ⅱ），（4）（B）或（4）（C）（ⅰ）（Ⅱ），应由信用卡或记账卡发卡人披露任何费用的金额因州而异时，发卡人得为本条（C）的目的，以披露该费用的范围，取代每一州所适用的金额，唯须包括该费用的金额将因州而异的声明。

（g）与特定开放式信用卡计划有关的保险

（1）保险人的变更

当对开放式信用卡计划未付清余额的全部或一部的清偿，提供任何担保或保险的发卡人，提议变更该担保或保险的提供者时，该发卡人应向每一受保消费者，于该变更至少三十日前，为提议变更的划面通知，包括任何费率的增加，或因该变更所导致保险范围或服务的实质减少。该通知可于提议的变更生效月份前，包含或附随于每月工资对账单内提供予消费者。

（2）新保险范围的通知

若（1）所载的提议变更发生者，受保消费者应被提供新担保或保险人的名称与地址，及含有包括所收保险费率的基本条款与条件的保险单或团体证明的复本。

（3）中止担保或保险的通知

反（1）或（2）所订的通知，应包括消费者有权选择中止担保或保队的声明。

（4）无州法的排除适用

本项并无任何条款得被解释为可取代任何适用于保险规范的州法相关条款。

（5）保险范围或服务的实质减少的理事会定义

理事会应于规则内，定义何为构成（1）的"保险范围或服务的实质减少"。

第 127A 条　以消费者主要住所为担保的开放式消费信用计划的披露规定

（a）申请的披露

若担保开放式消费信用计划，其提供以消费者主要住所为担保的任何信用扩张时，债权人应依本条（b）的规定，为下列的披露：

（1）固定年百分利率

于该计划下，因信用扩张所收取的年百分利率，及该利率不包括利息以外费用的声明。

（2）变动百分利率

对该计划下的信用扩张，提供变动利率时，则

（A）描述该利率被计算的方式，及声明该利率不包括利息以外的费用。

（B）描述年百分利率变更的方式，包括

（ⅰ）任何负面摊还及利率的结转。

（ⅱ）任何该变更的时间。

（ⅲ）与该利率的变更有关的任何指数或利润。

（ⅳ）任何该指数的信息来源。

（C）若所提供的最初年百分利率，非基于下列事情：

（ⅰ）该利率及该最初利率将于何时生效的声明。

（ⅱ）该利率不包括利息以外费用的声明。

（D）消费者应询问现有指数价值及利率的声明。

（E）该年百分利率于一年的期间内，可变动最大金额的声明，或无此种限制存在的声明。

（F）于该计划下，在任何时间内可收取最大年百分利率的声明。

（G）受本条（b）（3）规范，以 10 000 美元的信用延展而言，在每一清偿选择计划下，以表格显示年百分利率及最低定期付款金额，在前十五年期间内，如何地被任何用以计算该利率的指数所影响。

（H）下列的声明：

（ⅰ）在每一清偿选择计划下，可收取的最大年百分利率。

（ⅱ）以 10 000 美元的未付清余额而言，当上述的最大年百分利率生效时，于每一清偿选择下，所需的任何定期付款的最低金额。

（ⅲ）可收取最大年百分利率的最早日期。该利率信息将提供于每一定期对账单或附随于其后的声明。

（3）债权人所收取的其他费用。

于该计划下，与信用的取得或使用有关，由债权人所收取的任何费用，包括年费、申请费、交易费及移转成交费（包括通称为"点数"的费用）的明细，以及须为该等费用支付的时间。

（4）第三人可能收取费用的估计

（A）总计的金额

第三人（如主管单位、评估人及律师）因与开立该计划下的账户有关，而可能收取额外费用总额的估计，该估计乃基于债权人对该计划的经验，并以单一金额或合理范围的方式表达。

（B）取得的声明

消费者得请求债权人，对第三人可能收取的费用，为善意估计的声明。

（5）丧失住所的风险声明

本声明载有下列事项：

任何该计划下的信用扩张，乃以消费者的住所为担保。

若有任何债务不履行时，消费者有丧失住所的风险。

（6）披露条款的受规范的声明

（A）可取得该条款期间的声明

本声明载有下列清楚及明显的信息：

（ⅰ）须提出申请以取得披露条款的时间。

（ⅱ）任何适用时，该等条款是可变可更的。

（B）特定条款变更时有关拒绝权的声明。

本声明载有下列信息：

（ⅰ）若于该契约内容确定前，任何条款有变更者（非由该计划的变动内容所包含的变更）消费者与该计划下有权选择不订立开立账户的契约。

（ⅱ）若消费者为（ⅰ）的选择时，其有权取得与该申请有关所支付费用的退款。

（C）信息的保留

消费者应作成或保留，依本条款所披露信息的复本的声明。

（7）债权人就信用延展有关权利的声明

本声明载有下列清楚及明显的信息：

（A）于特定情况下，债权人得终止计划下的任何账户，并要求任何未付清余额的清偿，并禁止对该账户为任何额外的信用扩张，或减少适用于该账户的信用限额。

（B）消费者于请求时，得收到更多关于债权人可采取（A）的任何行动等条件的特定信息。

（8）清偿选择及最低定期付款

此计划下的清偿选择包括：

（A）若适用时，任何关于清偿选择的差异有下：

（ⅰ）可取得额外信用扩张的任何期间。

（ⅱ）须为清偿期间及无法取得额外信用延展的任何期间。

（B）任何清偿期间的长度，包括就（A）（ⅰ）（ⅱ）所载期间，任何清偿期间的长度差异。

（C）每一该种选择下，决定任何每月最低或定期付款金额的说明，包括关于（A）（ⅰ）与（ⅱ）的期间，决定任何该金额的差。

（9）最低付款及最大清偿期间的范例

该范例以 10 000 美元未清偿的余额，在该计划下生效或过去有效的利率（非指不基于计划下指数的利率为例），显示每月最低或定期的付款，消费者只支付最低定期付款，且未取得额外的信用扩张时，所须清偿该项 10 000 美元的时间。

（10）膨胀付款的声明

依据计划下的任何清偿选择，在清偿期内，如不能支付该计划所要求的最低还款项时，将被视为：

（A）无法清偿任何本金的余额。

（B）在期限结束时，包括在该清偿期间结束后。已清偿金额少于本金余额的，将导致该项为全额要膨胀付款（如本法第 147 条（F）所定义）的明白声明。

（11）负项摊还（Negative Amortization）

若可适用时，需作载有下列信息的声明：

（A）计划中最低付款金额增加的任何限制，其可能导致负项摊还者。

（B）负项返还增加账户款清偿的本金余额。

（C）负项返还减少消费者住所的净值。

（12）信用扩张的限制及最低金额的规定。

（A）次数及金额的限制。计划中在任何月份或其他所定期期间内，对信用扩张次数及可取得信用金额的任何限制。

（B）最低金额及其他交易金额的规定。就下列账户，设立最低金额的如何规定：

（ⅰ）对计划下账户，为首次的信用扩张；

（ⅱ）任何对计划下账户，为后续的信用扩张；

（ⅲ）计划下账户的任何未清偿的余额。

（13）消费者就计划下利息与费用的扣减性，应与税务顾问商议的声明。

（14）理事会于规则所订，应为披露的任何其他条款。

(b) 时间及格式的披露

(1) 时间的披露

(A) 通则

关于任何开放式消费信用计划，以消费者主要性所为担保提供任何信用计扩张时，本条 (a) 所订的披露及本条 (e) 所订的手册，应于债权人向消费者发出设立该计划下账户的申请时，向该消费者提供的。

(B) 电话，刊物及第三人的申请

若以电话申请，或由第三人所提供的申请，本条 (a) 所订的披露及本条 (e) 所订的手册，应自债权人由消费者收到完整申请表之日起算，三日内，由债权人提供的。

(2) 格式

(A) 通则

除 (1) (B) 另有规定者外，本条 (a) 所订的披露，应提供于或附随于依任何开放式消费信用计划，设立以消费者主要住所为担保的信用扩张账户的申请中。

(B) 规定的披露与其他信息的分隔

依理事会的规则，本条 (a) 所定的披露，应于其他条款、资料或申请时提供的额外信息作明显的区隔，将该披露集体列于申请表上，或以另外的表格列示提供。

(C) 特定信息的优先

本条 (a) (5)、(6)、(7) 所订的披露，将优先于其他所有的披露。

(D) 有关变动利率信息的特别规定

不论本条 (a) 所订的披露是否于申请表上提供的，本条 (a) (2) 所载的变动利率信息，得与其他应披露的信息，分开提供的。

(3) 历史表格的规定

于准备本条 (a) (2) (G) 所订的表格时，债权人应选择固定单一利率为每年的利率，且每年选择利率的方式，应与计划相符。

(c) 第三人的申请

若有债权人以外的任何人，向消费者提供开立任何本条 (a) 所定，开放式消费信用计划下的账户申请时，

(1) 该人应向消费者提供下列信息：

(A) 符合本条 (b) 规定，有关该计划的本条 (a) 所订的披露。

(B) 本条 (e) 所订的手册。

(2) 若该人因无法取得该计划条款的特定信息，而未提供该项计划的特定条款时，于消费者收到本条 (a) 所订，有关该申请披露之日起，三日内，不得收取任何与该申请有关的不可退还的费用。

(d) "主要住所" 的定义

为本条及本法第 137 条与第 147 条的目的，"主要住所" 包括消费者的任何第二住所或度假房屋。

(e) 手册

出本条 (a) 所订立关于开放式消费计划下，开立账户申请时所需的披露外，向消

费者提供该披露的债权人或其他人，应为下列资料的提供：

（1）理事会依据 1988 年房屋净值消费者保护法第 4 条公布的手册；

（2）任何提供于理事会所决定本条所应提供信息实质上类似的手册。

第 128 条　非开放式信用计划的交易

（a）债权人应为的披露

对任何非于开放式信用计划的每一消费交易，债权人应于适用范围内，为下列每一项披露；

（1）须为债权人身份的披露。

（2）（A）"融资金额"系指消费者实际使用信用的金额。该金额应依下列方式计算，但该金额不须被披露，且不须与本条（b）（1）明显分开的披露共同披露：

（ⅰ）将贷款的本金数额或现金价格，减去定金及抵换的价格。

（ⅱ）加上由消费者自行融资源共享，且非属于融资费用或贷款本金中任一部分的任何费用，包括依本法第 106 条规定，排除于融资费用外，任何项目的费用。

（ⅲ）减去为融资费用中的部分费用，且将由消费者于交易完成前或交易当时支付，或已由信用收入中扣留的任何费用。

（B）若与融资金额的披露合并时，债权人应于消费者划面申请时，提供其有权取得融资金额划面明细的声明，该声明应包括有"是"或"否"的指示空间，可由消费者以名字缩写签名，指出其是否欲取得融资金额划面明细。债权人与受到肯定的指示时，应于须提供其他披露时，为融资金额划面明细的提供。本段所称"融资金额的明细"系指于适用的范围以内，下列项目的明细披露：

（ⅰ）将直接支付给消费者的金额。

（ⅱ）将与消费者账户入账，以解除赊欠债权人债务的金额。

（ⅲ）由债权人代表债务人，向第三方支付的金额，及对第三方身份的证明或提示。

（3）非列举的"融资费用"。

（4）以"年百分利率"表示的融资费用。若融资金额不超过 75 美元，而融资费用不超过 5 美元者，或融资费用超过 75 美元，但融资费用不超过 750 美元者，则不须为披露。

（5）"付款总额"为融资金额及融资费用的和。

（6）预计清偿付款总额的付款次数、金额及到期日期间。

（7）若财产或劳务买卖的出卖人为须应本法第 121 条（b）为披露的债权人时，"买卖金额"系指财产或劳务的现金总额、额外费用或融资费用。

（8）由理事会所定，"融资金额"、"融资费用"、"年百分利率"、"付款总额"，及"买卖总额"的描述性说明。其中"买卖总额"的描述性说明，应提及定金这项金额。

（9）当信用受担保时，担保利益由下列两者中取得声明：（A）所购买为该信用交易一部分的财产（B）所购买不为该信用交易的财产，以项目或种类认定者。

（10）债权人单因账户清偿迟延，所收取的任何金额费用或百分比数额，而非延后或扩张的费用。

（11）若该债务涉及事先计算的融资费用时，且消费者于重新融资或加速清偿而为全额的预付时，需声明是否有权取得任何融资费用的折扣。若该债务涉及随时对未偿付的本金余额适用不同利率，以计算融资费用者，则于上述相同情况下，需声明是否收取罚金。

（12）需声明消费者应参考适当的契约文件，以取得该文件所提供的不付款、债务不履行、加速债务到期日的权利，及预先款的折扣与罚金的任何信息。

（13）在任何住宅抵押交易中，需声明后续的买方或消费者的受让人，是否得以其原始条款及条件承担该债务。

（14）在任何住宅抵押交易中，若有变动利率的情况，则依理事会有关以消费者住所为担保交易的披露中对变动利率的规定，债权人可自行选择是否为下列声明：

（A）定期付款可实质增加或减少。

（B）依理事会决定，以最近的利率来计算贷款为 10 000 美元时，最高的利率或付款金额。

上述情况系假设在此计划下最大定期利率及付款将会增加；或是过去的案例将可说明，利率变动在实施此贷款计划时所产生的效果。

（b）披露的格式及时间；住宅抵押交易的规定

（1）除本部分另有规定外，本条（a）所订的披露，应于信用延展前的。除本条（a）（1）所订的披露外，本条（a）所订的披露及本法第 106 条（b）（c）或（d）所订的任何披露，应明显地与所有其他和交易有关所提供的条款、资料或信息分开列示，包括任何计算或项目明细。

（2）于受不动产和解程序法规范，本法第 103 条（w）定义的住宅抵押交易中，本法（a）所订披露善意的估计，应依本法第 121 条（c）理事会的规则，于信用延展前为的，或于债权人收到消费者划面申请后的三个营业日内交付或付邮，并以前述两者较早者为准。若于划面申请三日内提供披露声明，且包含的年百分比利率依本法第 107 条（c）其后被认定为不正确者，债权人应于和解或交易完成时提供另一份声明。

（c）未促销的邮寄或电话订货或贷款请求的披露时间

（1）若债权人收到以邮件或电话，而非个人促销的订货，且其现金价格、售价总额与融资条款，包括年百分利率，皆载于债权人发给大众的目录或其他印刷文件中时，则本条（a）所订的披露，可于第一期付款到期日前的任何时间内为之。

（2）若债权人收到以邮件或电话，而非个人促销的贷款请求，且融资条款，包括代表信用金额的年百分比利率，皆载于债权人发给大众的印刷文件、贷款合约或其他交付债权人的印刷文件时，则本条（a）所订的披露，可于第一期付款到期日前的任何时间内为之。

（d）对现存未清偿余额，加入延后付款价额时的披露时间

若消费者信用买卖，为依据对现存未清偿余额，提供加入该买卖的延后付款价额的契约，所为一系列消费信用买卖交易的，且受信用延展者，曾以划面允诺该年百分比利率及计算融资费用的方法，另债权人未保有任何产内的担保利益，仅就该财产收

取累计售价金额的付款，包括可归于该财物的任何融资费用者，则本条（a）就该特定买卖所订的披露，可于该买卖的第一期付款到期日的任何时间内为之。为本条款的目的，就不同日所购买的项目而言，首先购买的项目应视为首先被支付者，而同日购买的项目具最低的价格者，应视为首先被支付。

第 129 条　特定抵押贷款的规定

（a）披露规定

（1）除本法其他有关披露的规定外，对于第 103 条第（m）项所指的抵押贷款，债权人须以显著的铅字大小提供下列披露：

（A）借款人不因为接获有关披露或是已经签订借款协议，就被要求必须完成此项契约。

（B）若借款人接受贷款，债权人将拥有其房屋抵押权，若借款人未遵守下列义务，则有可能会失去房屋曾经投入的金钱。

（2）除上述（1）的规定外，债权人须为其他披露如下：

如为以定期利率为主的信用交易，则须披露其年百分比利率及每月固定需偿付的金额。

如为其他类型的信用交易，则除须披露借款的年百分比利率及每月固定需偿付的金额的外，必须声明该利率及每月偿付金额可能会变动，以及根据 1987 年《公平竞争银行法案》第 1204 条规定的最高利率，所计算而得的每月最高应偿付金额。

（b）披露时间的规定

（1）本条规定的披露须于交易完成至少三天前为之。

（2）（A）债权人依（1）条的规定为披露后，除非为符合本条规定而为新的披露，否则不可变更信用扩张的条款，而导致为错误者披露。

（B）债权人可依上述（A）项的规定，于下列情形下，以电话方式为新的披露：

（ⅰ）信用扩张条款的变更系由消费者所提出。

（ⅱ）在交易完成的时本项信用交易系（ⅰ）债权人以划面方式提供消费者新的披露。

（ⅲ）债权人与消费者共同以划面方式确认，该项新的披露将至少于交易完成前三日，以电话方式提供的。

（3）理事会若认为有必要允许房屋拥有者在其个人财务确实面临危急的状况下，依相关法令规定的情况，在程度内依法授权可修正或免除本小条所提及的权利。

（c）无预先偿付罚则的规定

（1）（A）本法第 103 条第（aa）项中所指的抵押贷款，其条款内容不得包括消费者于本金到期日前，预先偿付全部或部分本金的罚则。

（B）为符合本条规定的缘故，任何较精算方法（如 1992 年住家及社区发展法案第 933 条（d）项所定义的方法）计算而得的应付还未到期利息，若对消费者较不利的话，该计算方法将被视为一种预先偿付罚则。

（2）尽管前项（1）的规定，对于第 103 条第（aa）项所指定的抵押贷款，仍得于下列四种情形下，其条款内容可包括预先偿付罚则（1992 年住家及社区发展法案第

933 条（d）项针对有问题的交易，所没有禁止的计算应付还未到期利息的方法等相关规定亦可包含于其中）。

（A）抵押贷款发生的时间有下列情形者

（ⅰ）消费者对于大于其每月净所得 50% 以上的月付偿债付款金额（包括在此交易下的，信用扩张或即将扩张的金额）不负担责任者。

（ⅱ）消费者的信用报告中，以财务报确实提供其所得与费用，并经消费者签署者；如为薪资所得，则以支付所得记录或消费者的雇主确认的。

（B）该罚则仅适用于消费者非以原抵押贷款，向原债权人或关系人再度融资，而取得预先偿付款项的状况。

（C）该罚则不适用于抵押贷款完成的日起算五年后。

（D）该罚则在其他可适用法律中没有被禁止的规定。

（d）发生违约后的限制

本法第 103 条第（aa）项中所指的抵押贷款，若发生违约的后，不得提供较违约前高的利率供借款人适用。如第 103 条第（aa）项次小条中规定的抵押贷款到期日，因违约的缘故提早到期，则消费者应获得该期间利息的折扣，且该折扣金额应以任何较精确方法（如 1992 年《住家及社区发展法案》第 933 条（d）项所定义）计算而得对消费者更为有利的方法计算的。

（e）不可有膨胀付款的规定

本法第 103 项第（aa）项中所指定的抵押贷款，若其贷款期间少于 5 年，则条款中不可有分期付款的金额加总不足以摊还未偿还本金余额的规定。

（f）不可有负项摊还的规定

本法第 103 项第（aa）项中所指定的抵押贷款，其条款中不可有在贷款期间内，当每期固定偿付款项不足以支付到期利息的全部金额时，未偿还本金余额却因而增加的规定。

（g）不可有预先偿付款项的规定

本法第 103 项第（aa）项中所指定的抵押贷款，其条款中不可有因提供贷款收入回馈消费者，因而使 2 期以上的定期偿付款合并形成预先偿付款项的规定。

（h）不顾消费者的偿债能力即予以信用扩张的禁止

债权人不得仅依据消费者提供的担保品而未顾虑其偿债能力，包括消费者目前及未来预期的所得、目前的债务及任职状况等，而给予消费者本法第 103 项第（aa）项中所指抵押贷款的信用扩张。

（i）于住家改良契约中的付款规定

债权人不得于住家改良契约中，提供消费者本法第 103 项第（aa）项中所指抵押贷款的信用扩张，而付款给订契约者，但有下列两种情况时则除外：

（1）付款的方式是付给消费者或联名付给消费者及订契约者。

（2）根据消费者的选择，于付款日前委托第三者代理保管支付款，除以划面合约方式说明条款外，并由消费者、债权人及订契约者共同签署同意。

（j）违反本条规定的结果

任何抵押贷款的条约如含苞待放有本条禁止的规定，则依据本法第 125 条，将被视为违反传送实质披露的规定。

（k）定义

本条所指的关系人，其定义同 1956 年《银行握有公司法案》第 2（k）条的定义。

（l）事会的法令裁量权

（1）理事会如发现下列两项情事，则可以法令或命令规定特定抵押贷款的产品或种类，使其免除本次条（c）至（ⅰ）列示的禁止规定。

（A）借款社会大众的意愿。

（B）仅适用于维持或加强住家拥有权及财产保障的特定抵押贷款产品。

（2）理事会与下列两项事情有关时，以法令或命令禁止其行为及业务：

（A）理事会发现抵押贷款有不公平、诈款或设计来规避本条规定的条款时。

（B）理事会发现再融资的抵押贷款有滥用借款实务或违背借款人的意愿时。

1683. 民事责任

（a）个人或集体诉讼的损害赔偿、赔偿金额、决定赔偿金额的因素

除本条另有规定外，任何债权人违反本部分的规定，包括本法第 125 条，本法第四章或第五章对任何人的规定时，应对该人就下列金额负责：

（1）因该违反行为而使该人承受的实际损害；

（2）（A）（ⅰ）于个人诉讼中，与该交易有关的任何融资费用数额的两倍，或（ⅱ）关于本法第五章消费者租赁的个人诉令中，该租赁下每月付款总额的25%，但本款下的责任不得少于 100 美元，亦不得大于 1 000 美元；

（B）于集体诉讼中，法院所允许的金额，但该集体诉讼的每一成员，均无最低请求额的适用；且依本款的规定，于任一或一系列集体诉讼中，因同一债权人的违反规定所产生的请求总额，不得多于 500 000 美元或债权人资产净值的 1%，并以上述两者较少者为准；

（3）当获胜诉判决而强制执行前述责任，或该人于任何诉讼中，其诉讼费用及法院准许的合格律师费用。法院在决定任何集体诉讼中的赔偿金额时，须于其他相关因素中，考虑所给予的任何实际损害金额、债权人违反规定的频率及持续性、债权人的财力、受不利影响的人数及债权人故意违反的程度。在于本法第 127 条（a）及（b）所指的披露有关时，债权人因违反本法第 125 条、第 127 条（a）或第 127 条（b）所指的任何条款内容或项目，具有实值相同的意义，若债权人对上述条款内容或项目有违反州法的披露规定，则需依（2）款的决定负赔偿责任。在于本法第 127 条（C）或（d）所指的披露有关时，发卡人仅对支付本法第 127 条（C）（1）（A）（ⅱ）（Ⅰ）或（C）（A）（ⅰ）所载费用的持卡人，或使用该信用卡或入账卡的持卡人，依本条的决定赔付责任。在与本法第 128 条所指的披露有关时，债权人因违反本法第 125 条，或第 128 条（a）（2）（只要求对"融资金额"的披露）、（3）、（4）、（5）、（6）、或（9）的规定；或就本法第 111 条（a）（2）下的任何条款内容或项目，经理事会决定，其与本法第 128 条（a）所指的任何条款内容或项目，具有实质相同的意义时，对上述条款

内容或项目有违反州法的披露规定，则需依（2）款的决定负赔款责任。至于对本条的本章、第四章或第五章的披露规定有违反时，除本法第 131 条另有规定者外，仅须为披露的债权人有损害赔偿的责任。

（4）若有违反本法第 129 条的任何规定时，除非债权人举证该违反实质上并不存在，否则需负担所有消费者已支付的融资费用及其他相关费用的赔偿。

（b）错误改正

若债权人或受让人于发现错误后 60 日内，不论是依最后的划面检查报告，或依本法第 108 条（e）（1）发布的通知，或经由债权人或受让人本身的程序，而于依本条提起诉讼前，或由债务人处收到划面通知前，向有关的人为该错误的通知，并于适当的账户内为必要的调整，以确保该人不致须支付超出实际披露费用的金额，或相当于实际披露的年百分比率的金额，上述两者以较低者为准时，债权人或受让人对于违反本章或第五章的任何规定，不须负本法第 108 条或第 112 条的责任。

（c）故意的违反；善意错误

因违反本法规定而依本条或本法第 125 条被起诉的债权人或受让人，如能提出有力的证据，证明其违反非出于故意，且虽已采取适当措施以避免错误发生，但仍发生善意错误时，则不负责任。善意错误的例子包括但不限于由于办事员、计算、计算机故障、程序设计及印刷等产生的错误，但在本法之下对某人应负责任为法律判断的错误，则非属善意错误。

（d）涉及多数债务人的交易或租赁的责任

当消费信用交易或消费租赁有多数债务人时，对于本法规定的违反，不得有一个以上关于本条（a）（2）损害赔偿的取得。

（e）法院管辖权；起诉的限制

自违反规定发生的日起一年内，得在美国的任何地方法院或其他具管辖权的法院，提起本条所订的诉讼。除州法另有规定者外，本项的规定并不禁止一人在违反发生的日超过一年后，于提起的收债诉讼内主张本章规定的违反，以作为该诉讼中为责任扣除或抵消的辩护。

另对于本法第 129 条规定违反所导致的诉讼，亦可于该违反发生的日后三年内，在美国的任何地方法院或其他具管辖权的法院，由适当的州检察官司提起诉讼。州检察官应就该民事诉讼的提起，提供依本法第 108 条规定应负责执行的联邦代理机构事先划面通知及诉状影本。若该划面通知无法事先提供，则州检察官司须于提起该诉讼的当时，立刻通知该代理机构。

联邦代理机构将：

（1）参加本诉讼

（2）（A）若该诉讼原先非于适当的联邦地方法院所提起，则须自该地方法院撤回该诉讼。

（B）将可获得与本诉讼有关的任何讯息。

（3）可提出上诉的请愿。

（f）善意遵守规定、规则，或理事会或合法授权的联邦准备制度官员或职员的解释本条、本法第 108 条（b）（C）及（e）或第 112 条所规定的责任，不适用于遵守联邦准备理事会所为的任何规定、规则或解释，或遵守由理事会合法授权的联邦准备制度人员，依理事会规定程序所发布的解释或核准，所为善意的作为或不作为发生后，该规定、规则、解释或核准已经修正、废止或因任何理由经法院或其他有权机关决定无效者。

（g）多次未为披露的损害赔偿

与开放式消费信用计划、其他单一消费信用买卖、消费贷款、消费租赁或其他消费贪图享受用的延展有关的单一账户，若依本章、本法第四章或第五章的披露规定有违反时，将赋予该人依本条取得单一损害赔偿，但连续未于损害赔偿核准后为披露者，将被授予额外损害赔偿的权利。本项并不禁止本法第 125 条所允许的任何救济。

（h）由赊欠债权人或受让人的数额为抵销；债务不履行消费者的权利

一人不得就债权人或受让人依本条（a）（2）的规定，对该人须负的潜在责任，提起自该人所欠任何款项为金额抵销的诉讼；但若债权人或受让人依本法规定的数额，已由管辖权的法院，于该人为当事人的诉讼中，以判决决定者，则不再此限。本项并不禁止债务人不履行的消费者，将本法规定的违反主张为原始诉讼，或对由依本法规定须负责的人所提起，向消费者收取欠款的诉讼中，主张为辩护或抗辩。

（i）集体诉讼延期偿还

（1）在 1995 年信实贷款集体诉讼救济法案开始实施的日起，至 1995 年 10 月 1 日止的期间内，任何法院不得受理任何依本法所提起集体诉讼的支付命令，包括：

（A）非于开放式信用计划，以不动产或住家的第一优先抵押为担保的信用交易，或以现有信用扩张而形成的再金融资或信用合并有关提起的诉讼。

（B）基于主张违反规定而提起的诉讼，有下列三种情形：

（ⅰ）于依本法第 128 条披露的融资费用中，加计实际发生的费用（与该项交易有关）。

（ⅱ）虽依本法第 128 条规定适当地为其他披露，然却导致前项（1）的违反结果。

（ⅲ）因债权人由理事会所核定的表格范例中，或依此表格范例所定的表格中，选择错误的表格，而依本法第 125 条（a）提供撤销的适当通知。

（2）前段（1）于下列情形则不适用：

（A）如前段（1）（B）中的（ⅰ）（ⅱ）中所得，若融资费用披露的金额，导致其百分利率超过本法第 107 条（C）项所指的宽限。

（B）如前段（1）（B）中的（ⅲ）所提，若有下列情形亦不适用：

（ⅰ）与本法第 125 条（a）项所规定的撤销权有关的通知并未以任何表格为通知。

（ⅱ）非因本段描述的理由，而提供适当的通知。

第 131 条　受让人的责任

（a）先决条件

除本章另有特别规定者外，任何对债权人因本章的违反或依本法第 108 条的程序，所提起的民事诉讼，若该违反已明显地载示于披露声明的字面上时，使得用以对抗该债权人的任何受让人；但若该责权的转让为强制性者，则不再此限。为本条的目的，所为该违反已明显地载示于披露声明的字面上，可包括但不限于（1）由披露声明或其他转让文件的字面上，可决定一披露为不完全或不正确的或（2）未适用本法所规定的用词的披露。

（b）遵循法定规定的证明

除本法第 125 条（C）另有规定者外，于任何诉讼中，或对抗任何原始债权人在取得该债务时，就对抗其所提程序，完全相反地无所知悉时，依本法规定应取得声明的人，其收受该声明的划面确认，将为交付该声明的确实证明，且除本条（a）另有规定者外，亦为本章所遵循。本条并不影响债务人于任何诉讼中，对抗原始债权人的权利。

（c）消费者撤销权不受影响

任何有权依本法第 125 条撤销交易的消费者，得对债务的任何受让人，为该交易的撤销。

（d）特定抵押贷款转让的权利

（1）任何人购买或受让本法第 103 条第（aa）项所指的抵押贷款时，对消费者可就该抵押贷款，向债权人主张的所有请求及抗辩须全部接受；除非该购买人或受让人提出有利的证据，证明一合理的人于正常的努力下，依本法规定提供的文件，仍无法决定本法第 103 条第（aa）项所指抵押贷款的融资金额列举项目及其他支出的披露事项。前述规定并不影响本条（a）（b）（C）项及本法其他条款下的，有关消费者的任何权利。

（2）尽管其他法律的条款有所规定，任何诉讼可因前段（1）导致解除，但不包括下列情况：

（A）因违反本法规定，就本法第 103 条所列的赔偿金额提起的有关诉讼。

（B）因其他原因，就下列金额总和提起的有关诉讼：

（ⅰ）目前所有负债金额。

（ⅱ）消费者已支付与本次交易有关的总金额。

（3）依据前段（2）（B）所应赋予赔偿的金额须扣除（2）（A）所赋予的赔偿金额。

（4）依理事会决定，任何人于购买或受让本法第 103 条第（aa）项所指的抵押贷款时，须附上与本项有关任何潜在义务的明显通知。

（e）在以不动产为担保的消费者信用交易下，受让人应负担的义务

（1）除本法另有特别规定外，在以不动产为担保的消费者信用交易下，就违反本法规定所提起的诉讼或依本法第 108 条所提起的诉讼程序来对抗债权人时，仅有在下列情形下，方可同时来对抗受让人：

（A）就提起诉讼及诉讼程序的违反规定事项，已依本法规定明显地载示于披露声明的字面上。

（B）该受让人为自愿的接受债权的转让。

（2）当违反规定事项已明显地载示于披露声明的字面上，且该披露属下列性质者：

（A）就融资金额任何列项目、附注或其他支出的披露事项，可于披露声明中比较出来其为不完整或不正确的披露。

（B）未依本法规定使用适当的条款或格式所为的披露声明。

（f）消费者服务人员的处理

（1）为执行本条规定之故，在消费者信用交易下所生的消费者义务，其服务人员不可视为该义务的拥有者，除非该服务人员或曾经为该义务的拥有者。

（2）为执行本条规定之故，在消费者信用交易下，债权人或其受让人单纯为着管理上的方便，而将消费者服务的义务转让与服务人员时，该服务人员不可视为该义务的拥有者。在义务人（此指消费者）的划面申请之下服务人员需尽其所知，提供其服务拥有者或主要负责服务人员的姓名、地址或电话给义务人。

（3）为执行本项规定之故，消费者服务人员的定义同1974年《不动产设定程序法案》第6条（ⅰ）（2）的定义。

（4）本项规定需要适用于1995年信实贷款法案实施的同时或之后，已存在或完成的所有消费者信用交易。

第132条　信用卡的发行

除给予请求或申请者外，不得为任何信用卡的发行。

第133条　信用卡持卡人的责任

（a）责任的限制

（1）仅用于下列情况时，持卡人始须为信用卡的未授权使用负责：

（A）该卡为一受理的信用卡；

（B）该责任额未超过50美元；

（C）发卡人给予持卡人适当的潜在责任通知；

（D）发卡人已向持卡人提供该卡遗失或失窃时描述的方式，该描述得于本法第127条（b）所订的声明上或背面，或附随于该声明的个别通知上提供的；

（E）该未授权的使用，发生于发卡人已被通知遗失、失窃或其他缘故，该信用卡的未授权使用已发生，或可能发生以前；

（F）发卡人提供一方式，证明该卡的使用者为有权使用的人。

（2）为执行本条规定之故，若持卡人已于业务的正常过程中，采取合理所须得步骤，向发卡人提供有关的信息时，不论发卡人的任何特定人员、职员或代理人，是否确实收到该信息，该发卡人都将被视为已被通知。

（b）举证责任

发卡人提起执行信用卡使用责任的诉讼时，发卡人须负担举证该使用为合法的法则；或若该使用为未经授权者，则发卡人须举证未授权使用已符合本条（a）所订的信用卡款授权使用的责任的条件。

（c）其他法律或发卡人契约所定的责任

就信用卡的未授权使用而言，本条并无对持卡人加诸超过其他适用法律师事务所，或与发卡人的任何契约中所规定的责任。

（d）责任的排除

除本条另有规定者除外，持卡人就未授权信用卡的使用不负任何责任。

第 134 条　信用卡的欺骗使用

有下列情形之一，处十年以下有期徒刑，科或并科 10 000 美元下的罚金：

（a）于影响州际或国外交易的交易中，明知而使用或意图或阴谋使用任何伪造、虚构、变造、伪签、遗失、被窃或欺骗取得的信用卡，以取得金钱、物品、服务或其他利益，一年价值总计已达或超过 1 000 美元。

（b）于州际或国外交易中意图或阴谋为信用卡的输送

任何人以不法或欺骗的意思，于州际或国外交易中，输送、意图或阴谋输送其明知为伪造、虚构、变造、伪签、遗失、被窃或欺骗取得的信用卡。

（c）使用州际交易，为信用卡的贩卖或输送

任何人以不法或欺骗的意思，使用州际交易的媒介，贩卖或输送其明知为伪造、虚构、变造、遗失、被窃或欺骗取得的信用卡。

（d）由该卡这使用所取得物品的收受、藏匿等

任何人明知而收受、藏匿、使用或输送金钱、物品、服务或其他利益（除州际或国外交易的标券外），且此等利益系

（1）一年内的总值已达或超过 1 000 美元；

（2）涉入或构成州际或国外交易或为其一部分；

（3）使用伪造、虚构、变造、伪签、遗失、被窃或欺骗取得的信用卡的所得。

（e）由该卡的使用所取得，供州际或国外运输用票券的收受、藏匿等

任何人于州际或国外交易中，明知而收受、藏匿、使用、贩卖或输送一张或一张以上，供州际或国外运输的票券，而其（1）一年内的总值已达或超过 500 美元，且（2）系由伪造、虚构、变造、伪签、遗失、被窃或欺骗所取得的信用卡所购得或获得。

（f）藉由该卡的使用，为金钱等的提供

任何人于州际或国外交易中，藉由该明知为伪造、虚构、变造、伪签、遗失、被窃或欺骗所取得的信用卡，提供金钱、物品、服务或其他利益，而其一年内总值已达或超过 1 000 美元者。

第 135 条　业务用信用卡

本法第 104 条（1）所订的豁免规定，不适用于本法第 132、133 及 134 条的规定；但发卡人及一营利事业或其他组织，提供其十人或十人以上的职员，由同一发卡人发行的信用卡时，就该信用卡的未授权使用，得以契约同意有关营利事业或其他组织的责任，而无须遵守本法第 133 条的规定。但除符合本法第 133 条的规定，并受其规范者外，该营利事业、其他组织或发卡人，不得对任何职员，就该信用卡的未授权使用，赋予任何责任。

第 136 条　年百分利率的宣导

（a）理事会应决定在一些标准都会统计区内，以展示为基础，向大众采集、公布及宣传该区中，就代表性的非买卖信用种类，由债权人所收取的年百分比率。为执行本条规定之故，理事会有权要求该地区的债权人，提供便于工作于理事会为该信息的采集、公布及宣传所需的信息。

（b）信用卡价格及取得的信息

（1）所须的采集

理事会于每六个月，由提供信用卡服务的金融机构广泛取样，以采集信用卡价格取得的信息，包括依本法第127条（c）所需披露的信息。

（2）取样规定

依前段（1）所需的金融机构广泛的取样应包括：

（A）前二十五大信用卡发行公司。

（B）由理事会下列列方式，另外选项出至少一百五十家金融机构：

（ⅰ）以公平的地理公配选项取样本。

（ⅱ）以广泛且具代表性的机构选取样本。

（3）样本中信息的报告

依前段（2）的规定，凡于广泛样本中所设的金融机构，应依理事会所订的规则或指示，向理事会为该信息的报告。

（4）所采集信息的公开及报告

理事会应：

（A）于大众请求是，公开依本项所采集的信息。

（B）每六个月向国会为该信息的报告。

（C）执行理事会有权与适当的人、组织或州际机关订约，以执行其本条（a）及（b）的功能，并提供财务上的协助以支持前述的功能。

第137条　住宅净值计划

（a）指数规定于开放式消费信用计划下的信用扩张，若其受变动利率规范，并以消费者主要住所为担保时，与年百分利率变更有关的指数或其他利率，应以可公开取得且不受债权人控制的指数或利率为基础。

（b）加速未付清余额清偿的理由

债权人不得片面终止开放式消费信用计划账户下，由消费者主要住所为担保的信用扩张，亦不得要求立即为任何未付清余额的清偿，但有下列情形者，不在此限：

（1）消费者有任何与该账户有关的欺骗行为或不实陈述；

（2）消费者就任何未付清余额，未遵守合约的清偿条款；

（3）消费者的任何其他作为或不作为，严重影响债权人就该账户的担保利益，或该担保利益中的任何权利。

（c）条款的变更

（1）通则

在开放式消费信用的计划下的信用扩张，若其以消费者主要住所为担保时，则不得包含允许债权人片面变更任何须依本法第127条（A）（a）披露的条款或任何其他条款；但不重要条款的变更，如为收账目的而列的债权人地址，则不在此限。

（2）不被排除的特定变更

不论前项（1）的规定为何，债权人得为下列的任何变更：

（A）可变更适用于该计划下信用扩张的指数及获利点、债权人不可能再取得其所用的指数，或该替代的指数及获利点，将导致实质上相同的利率时。

（B）若用以担保任何未付清余额的消费者主要住所，于其价值明显地较该住所的原始估计值为低时，在任何期间内将禁止额外的信用扩张，或减少该计划下适用于同一账户的信用额度。

（C）若债权人于任何期间内，有任何理由相信消费者因其财务状况的重大改变，而无法遵守账户的清偿规定时，将可禁止额外的信用扩张，或减少该计划下适用于同一账户的信用的额度。

（D）在消费者不履行契约中任何重要义务的期间内，可禁止额外的信用扩张，或减少该计划下适用于同一账户的信用额度。

（E）在下列情况下的任何期间内，可禁止额外的信用扩张，或减少该计划下适用于同一账户的信用额度：

（ⅰ）债权人因行政诉讼而被阻止收取原账户合约内所定的年百分利率；

（ⅱ）债权人因行政诉讼生效而对该账户的担保利益优先级有不利的影响，且将使债权人对该财产的担保利益价值，少于适用于该账户信用额度的120%。

（F）对消费者有利的任何变更。

（3）重要义务

在开放式消费信用计划下，于消费者请求订立开立账户的契约的同时，若该计划下的信用扩张以消费者主要住所为担保时，为前项（2）（D）的目的，债权人应提供消费者其认为消费者于该契约下，重要的契约义务种类的明细。

（4）消费者利益

（A）通则

为前项（2）（F）的目的，若一时变更对贷款人有明显的利益，且其于整个契约期间内皆有助益者，则该变更将视为对消费者有利。

（B）理事会的分类

理事会得以规则决定对消费者有利的变更种类。

（d）申请后变更的条款

若本法第127A条（a）所订，在开放式消费信用计划下，于消费者申请账户的开立时，已向消费者披露的条款或条件（非该计划的变动特色）于该账户开立前变更者，若因该变更消费者选择不订定该计划合约者，债权人应退还消费者因该申请所支付的费用。

（e）关于退款及不可退还费用收取的额外规定

（1）通则

在开放式消费信用计划下，于消费者申请设立账户时，若该计划下的信用扩张以消费者主要住所为担保，则于消费者收到本法第127A条（a）所订的披露，及本法第127A条（a）所订手册的日起算，计三日内，债权人及任何其他人不得为不可退还费用的收取。

（2）推定的收受

若向消费者邮寄前项（1）所载的披露及手册者，为决定何时可依本项收取不可退还费用之故，债权人邮寄日后三个营业日，应视为该消费者收到披露之日。

第138条 反向抵押贷款

（a）通则

除本法另有披露规定者外，债权人须于反向抵押贷款交易完成日前二日内，以年百分利率表的格式，向消费者就该抵押贷款的计划总成本，提供明显且善意的估计。每一年百分利率须根据该住所计划增值率及该抵押贷款的期间，未来信用扩张的总计划余额而得。本披露须包括下列声明：

（1）由理事会决定，不得少于三个计划增值率及三个信用交易期间的年利率，包括：

（A）短期反向抵押贷款。

（B）与消费者精算寿命期望值相等的期间。

（C）理事会认定适当的较长期间。

（2）消费者不因为已收到本条所规定的披露，或已签署申请该反向抵押贷款，就一定有义务来完成此反向抵押贷款。

（b）计划总成本

债权人依上款（a）的规定向消费者为披露，为决定该抵押贷款的计划总成本时，需考虑下列事项：

（1）贷款者依契约将被赋予取得的任何增值及净值部分。

（2）所有项消费者收取的成本及费用，包括属于该反向抵押贷款交易中的一部分，消费者所选择或被要求购买任何相关年金的成本。

（3）所有付给消费者的款项及福利，包括若消费者购买相关年金时。无论其是否被贷款者要求列为该反向抵押贷款成立的条件，消费者所收到的年金给付及由贷款收入所得的融资，而非只用此融资年金的收入。

（4）在反向抵押贷款下，消费者义务的任何限制（例如无追索权的限额及资产净值保全协议）。

第139条 消费者义务的特定限制

（a）义务的限制

依本法规定的封闭式消费者信用交易，若以不动产或住所为担保，且该交易于1995年信用贷款法修订案实施前完成者，债权人或其债权人受让人依本法规定，针对下列事项无任何民事、行政及刑事责任；且依本法第125条第（f）项规定，消费者对该事项亦无展延撤销权；

（1）债权人为披露的故所的费用，包括：

本法第106条（d）（3）所描述的税负。

本法第106条（e）（2）所描述的费用。

本法第106条（a）第三句所指的费用及金额。

本法第106条（a）（b）所指由借款者支付的抵押贷款代理费用。

（2）债权人用以提供义务人有关本法第125条规定义务人权利的划面通知表格，若该表格系由理事会所发行及采用，且经债权人适当表示日期者；或符合本条所有有关通知规定的同等划面通知。

（3）任何与该交易有关融资费用收取的披露，若其金额与百分比有下列情形者：

（A）为执行本法规定之故，若已披露的融资费用金额与实际融资费用差异不超过200美元者，可被视为正确金额。

（B）为执行本法第125条之故，于第106条（f）（2）规定的金额可被视为正确金额。

（C）高于本法规定所需披露的金额及百分比。

（b）例外规定

前款（a）不适用于下列情形：

依本法于1995年6月1日前提起的任何个人诉讼或反诉讼。

依本法于1995年6月1日前提起的任何集体诉讼，且最终命令经判决确定者。

依本法于1995年6月1日前提起的任何集体诉讼的具名个人原告。

依本法与1995年6月1日前已寄出适应时撤销的消费者信用交易。

第141条　目录及复页数的广告

为本章的目的、目录及复页数的广告，若其清楚及显著地显示信用条款的表格，该表格上载明本章规定须说明信息时，则其应被视为单一的广告。

第142条　定金及分期付款的广告

任何直接或间接促成、促销或协助任何消费者信用扩张的广告，不得为下列声明：

（a）特定定期消费者信用金额或分期付款金额是可以被安排的，除非债权人通常在惯例上会就该期间及以该金额为信用付款及分期付款的安排。

（b）特定订金于任何消费信用扩张时是必需的，除非债权人通常驻机构在惯例上会就该金额的订金做安排。

第143条　开放式信用计划的广告

无任何直接或间接促成、促销或协助任何消费者信用扩张的广告，不得记载该计划的任何特定条款，除非其亦清楚及显著地载明下列所有事项：

（1）可收取的任何最低或固定费用。

（2）于使用定期利率计算融资费用时，以百分利率表示的该定期利率。

（3）理事会以规定所订须披露的任何其他条款。

第144条　非开放式计划的信用广告

（a）除本条（b）另有规定者外，本条适用于任何直接或间接促成、促销或协助，受本法条款而非开放式信用计划规范的任何消费信用买卖、贷款或信用扩张的广告。

（b）本条的规定不适用于住宅房地产的广告，但理事会以规则规定者不在此限。

（c）若本条所适用的广告，载有融资费用比率时，则该广告应载明以年百分利率表示的该费用比率。

（d）若本条所适用的广告，载有任何订金的金额、分期付款金额、融资费用金额、分期付款次数，或清偿期间时，则该广告应载明下列事项：

（1）任何订金。

（2）清偿条款。

（3）以百分利率表示的融资费用比率。

第 145 条 广告传播媒体的免责

广告所出现的任何媒体，或传播该广告所需通过的媒体，其所有人或职员，不须负本章规定的责任。

第 146 条 以口头披露年百分利率的使用

口头答复任何有关信用成本时，不论用以计算融资费用的方式为何，债权人仅能以百分利率说明该利率；但于开放式信用计划时，债权人亦得说明定期利率，若为非开放式信用计划，其融资费用的主要部分包括：以单年利率批发市场算得利息时，亦得载明该单位单年利率。理事会得以规则，就债权人无法实现决定可适用年百分利率的交易或交易种类，修正本条规定或提供例外规定。

第 147 条 以消费者主要住所为担保的开放式消费信用的计划的广告

（a）在以消费者主要住所为担保的开放式消费者信用计划下，若任何直接或间接促成、促销或协助信用扩张的广告，不管肯定或否定地载明该计划的任何特定条款，包括于该计划下所定的任何定期付款金额时，该广告亦应以理事会所定的格式及方式，载明下列信息；

（1）贷款费用及开立费用的估计

任何被用来决定为适用于该计划下账户的任何信用额度百分比的贷款费用金额，及基于债权人对计划的经验，对开立账户时其他费用金额的估计，且载明为单一金额或合理的范围内者。

（2）定期利率

于使用任何定期利率计算融资费用时，以年百分利率表示的定期利率。

（3）最高年百分利率

于计划下可能收取的最高年百分利率。

（4）其他信息

理事会得以规则订定的任何其他信息。

（b）若本条（a）所载的任何广告，内容含有因该计划所产生的任何利息费用将可为税负抵减的声明者，则该广告不应为该抵减的误导。

（c）对任何房屋净值账户，任何本条（a）所订的广告，不得将该贷款指为"免费金钱"，或使用理事会以规定订定为误导的其他用词。

（d）（1）若本条（a）所载的任何广告，含有一最初年百分利率，其并非由用以作为利率调整的指数或公式所决定着，则该广告亦应同等显著的方式，载明若最初利率未被提供时，则使用该指数或公式的现有百分利率将被适应。

（2）依据前段（1）规定应为披露的年百分利率，于所涉媒体的合理期间内应为目前所适用的。

（3）前段（1）所适用的任何广告，亦应载明该款所指的最初年百分利率将生效的期间。

（e）若本条（a）所载的任何广告，内容含有关于该计划下最低每月付款的声明时，若膨胀付款可被适用，则该广告亦应载明该计划包括膨胀付款的事实。

(f) 为本条及本法第127A条的目的，对以消费者主要住所为担保的开放式消费信用计划下的信用扩张，"膨胀付款"一词系指，任何清偿选择下。

（1）依该信用扩张的契约条款规定，账户持有人须于特定日期或特定期间结束时，为任何未清偿余额的全额清偿；

（2）所规定的最低定期付款总额，将无法于该日期前或该期间结束时，完全摊还该未清偿余额。

第161条　收账错误的更正

（a）若债权人向债务人递送其于消费信用扩张有关账户的对账单后六十日内，在本法第127（b）（10）下所披露的地址，由债权人处受到划面通知（而债权人所提供的付款存根或其他付款媒介上的通知，此系为债权人依本法第127条（a）（8）所规定的披露而订定），该通知若载有下列事项：

（1）载明或以其他方式使债权人可使债务人可指出债权人的姓名或账号（若有者）。

（2）指出债权人认为该对账单含有一收账错误，以及该收账错误的金额。

（3）载明债务人认为该对账单含有一收账错误的理由（于可适用的程度）。

除非债务人寄出此划面通知后，但于本条所载的时间限制截止前，已同意该对账单为正确者外，则债权人应于收到通知后三十日内，向债务人交付收到该知的划面收据，但若于该期间内，采取（B）款所订的行动者，则不在此限。

于收到通知后且于债权人二个完整的收账过期（不得超过90天）前，对债务人于第（2）款指出的金额或其任何部分，将采取任何收账行动前，为下列的更正或澄清：

（i）对债务人账户为适当的更正，包括对错误列入账单的任何融资费用予以冲销，并向债务人交付此更正的通知；另债权人对债务人于第（2）款指出的金额变更已完成变更及说明，并依债务人的请求交付债务人文件证明副本。

（ii）于已进行调查后，向债务人交付一划面说明或澄清，于适用的程度内，载明债权人认为对账单内所显示的债务人账户为正确的理由，且于债务人请求时，提供债务人债务的文件证明复本。若债务人主张债权人的收账单中显示的物品，并未依交易时的约定交付给债务人或其指定人时，则债权人不得将该金额解释为被正确地显示；但若其认定该物品确实已交付、付邮或以其他方式交付给债权人，并提供债务人该认定的声明，则不在此限。

债权人于遵守本项有关该主张错误的规定后，若债务人继续就该错误为实质上相同的主张时，则债权人依本条规定，不须再负进一步的责任。

（b）为本条的目的，"收账错误"包括事项中的任何一项：

（1）对账单上信用扩张的反映，而该信用扩张非债务人所做成者；或若为向债务人所做成时，非为该对账单上所反映的金额。

（2）对账单上信用扩张的反映，债务人就言词从用扩张请求额外的澄清，包括文件证明。

（3）对账单上物品或服务的反映，该物品或服务非由债务人或其指定人所接受，或未依交易时所为的约定，向债务人或其指定人交付者。

（4）债权人未于对账单上，适当反映债务人所为的付款，或发予债务人信用。

（5）对账单上的计算错误，或因债权人的会计属性而导致的类似错误。

（6）债权人已被告知债务人的最新地址，但未依法第127条第（b）项的规定将对账单送达该址，除非该最新地址系于要求寄发对账单时，收账过期截止日期前20天内所提供。

（7）任何由理事会规定所载的其他错误。

（c）为本条的目的，若有下列情形时"对债务人于本条（2）款指出的金额或其任何部分，采取任何手收账行动"，并不包括本条（a）项所述债权人于债务人的划面通知后，向其寄交包含有争议的融资费用的账户对账单：

（1）债务人账户并未因其未支付本条（a）（2）所订的金额，而成为受限制或被关闭账户。

（2）债权人指出于本条的遵守未决前，不必为该金额的支付者。本条不得被解释为禁止债权人对债务人未指出有账单错误的其他金额，采取任何收取行动。

（d）依理事会的规则，操作一开放式消费信用计划的债权人，于依（B）（ⅱ）交付所规定的划面说明或澄清前，不得就债务人依本条（a）指出其认为该账户含有一收账错误，且仅因债务人未支付该有误的金额，而限制或关闭其账户。本项不得被视为禁止债权人将指出有错误的金额，适用于对债权人账户上的信用额度。

（e）未遵守本条或本法第162条规定的任何债权人，丧失向债务人收取依本条（a）（2）指出的金额及其上的任何融资费用的任何权利，但本项所订的丧失金额不得超过50美元。

第162条　信用报告的规则

（a）债权人或其代理人于收到本法第161条（a）所订的债务人通知时，不得因债务人未支付其依本法第161条（a）（2）指出的金额，而直接或间接威胁将向任何人报告不利于债务人的信用评等或信用地位；且于债权人已符合本法第161条规定，并于其后允许债务人依信用合约，按无争议金额的付款规定相同日数（不少于10日）为付款之前，不得向第三人报告此等金额为债务不履行。

（b）若债权人于本条（a）所允许的付款时间内，由债务人处收到一金额仍有争议的进一步划面通知时，则债权人不得因债务人未支付其依本法第161条（a）（2）已指出的金额，向第三人报告该金额为债务不履行，除非债权人亦有报告该金额为债务不履行，且同时通知债务人其所报告有关该债务不履行信息的每一第三人的名称与地址。

（c）债权人应本条（b），向所有原先收到此债务不履行报告的人，报告对该债务不履行的人保续解决方式。

第163条　收账的期间

（a）若一开放式消费信用计划提供期间，使债务人得清偿任何所扩张的信用部分，而无须负担额外融资费用者，则当该期间为收账过期的一部分时，所扩张信用的该等部分，不得收取该额外融资费用，除非该对账单将包括计算该期间融资费用的所有金额，则于对账单内所订邮寄的日期至少14日前，债务人需清偿该部分款项，以避免融资费用的负担。

（b）本条（a）并不适用于依理事会规定所订，因不可抗力、战争、天火、职工或其他可归责或可正当化的原因，致使债权人于该项所订的期间内，被避免、受延迟或阻滞，而无法为该定期对账单的准时邮寄或交托的任何情况。

第 164 条　信用余额的处理

当与消费信用交易有关而经由下列事项产生，超过 1 美元的信用余额时，债权人应视不同情形予以适当处理：

（1）向债权人汇款超过一账户到期的总余额。

（2）为赚得融资费用或保险费的折扣。

（3）任何其他应付给债务人或为债务人保留利益的金额，对该信用余额债权人应予适当处理如下：

（A）向消费者账户为信用余额金额的冲销入账。

（B）于予消费者请求时，退还剩余信用余额的任何部分。

（C）向消费者以现金、支票或汇票，善意退还任何停留于账户超过 6 个月以上的信用余额金额的任何部分，但若债权人无法知悉消费者的现在地址，且无法通过消费者的已知最后地址或电话号码追踪时，则不在此限。

第 165 条　退货的迅速通知

对曾使用信用卡以取得信用的任何买卖交易，其中出卖人非发卡人，且出卖人接受或允许物品的退还，或免费提供该买卖主题的服务而免予扣账时，出卖人应向信用卡发卡人，迅速传递有关该退还或免扣账的入账声明，且信用卡发卡人应对债务人账户，为该交易金额的冲销入账。

第 166 条　现金折扣的使用

（a）在使用信用卡以取得信用扩张的买卖交易中，若卖方为个人而非发卡人，则发卡人不得以契约或其他方式，禁止任何该卖出任向持卡人提供折扣，以诱使其以现金、支票或类似方式而使用信用卡付款。

（b）就任何买卖交易，为诱使未涉及开放式信用计划或信用卡的使用，而以现金、支票或其他方式付款的目的，由卖出人提供正常价格的任何折扣，若该折扣乃向所有未来的买方提供，且其取得性被清楚明显地披露时，则其不应构成本法第 106 条所订的融资费用。

第 167 条　联结服务的禁止

不论有任何相反的约定，发卡人不得要求卖出人发卡人、其子公司或代理人开立账户，或向其取得任何服务，以作为参与信用卡计划的条件。

第 168 条　债务抵消的禁止

（a）发卡人不得对其所持有的持卡人存款资金采取任何行动，并用以抵消持卡人于相关的信用卡计划下，消费信用交易所发生的债务，除非有下列情形：

（1）该行动乃由持卡人实现以划面授权发卡人，依据其同意定期支付开放式信用账户所产生的债务，并允许发卡人定期由持卡人的存款账户，为该债务的全额或部分扣减。

（2）发卡人于持卡人请求时，不就任何未清偿争议金额采取该行动者。

若于本条生效日时，存在有任何信用卡账户者，则于该账户续约的日前（或于该生效日后），持卡人不应要求前项（1）所提的事先划面授权，但亦不得迟于该生效日后一年再要求。若发卡人先前曾通知持卡人，其信用卡账户的使用方式，系由发卡人所持有的持卡人存款账户内任何资金用来抵消其信用卡账户上到期且须支付的任何金额，而该金额为依发卡人与持卡人间的合约条款尚未支付者，若有以上情形则该划面授权被视为存在。

（b）本条并未变更或影响发卡人于州法下，对其持有的持卡人存款资金，为扣留或有留置权的权利，若该救济为一般债权人可取得的消费权利者。

第 169 条　信用卡消费者的权利

（a）受本条（b）包含内容的限制，发卡人依开放式消费信用计划向持卡人发行信用卡，则发卡人在下列情况下，应于使用信用卡作为付款方式或信用扩张的任何交易中，受所生的全体请求权（非侵授请求权）与抗辩的规范：

（1）债务人已善意地尝试向接受该信用卡的人，取得与交易有关的争议或问题的圆满解决；

（2）原先交易金额超过 50 美元；

（3）原先交易发生的地点，位于与持卡人所提供的邮寄地址同一州内，或与该地址相距 100 英里以内，但（2）及（3）款所提，就一债务人对抗发卡人所主张的请求权或抗辩权所设的限制，不应适用于下列的任何交易，若接受信用卡的人：（A）与发卡人为同一人；（B）由发卡人所控制；（C）于发卡人的直接或间接一般控制下；（D）为发卡人产品或服务的连锁经纪商；（E）曾通过由发卡人所为或其所参与的邮件促销取得该交易订单，且持卡人于该促销中，曾被诱导使用由发卡人发行的信用卡参与该项交易者。

（b）持卡人所主张的请求权或抗辩的金额，不得超过持卡人首次通知发卡人或接受该信用卡的人，该等请求权或抗辩时交易的未清偿信用金额。为决定前句中未清偿信用金额的目的，对持卡人账户的付款及入账，将被视为下列所订的付款顺序使用的：（1）迟延费用，依其被登陆于账户的次序；（2）与（a）（3）非上述所载账户中的扣账，依每一扣账被登陆于账户的次序。

【解读】

在 1960 年，美国联邦政府制定了一项名为《消费信用标志法案（Consumer Credit Labeling Bill）》的法案，用它来指导消费信贷发放过程中的信息披露，旨在消除授信机构与消费者之间的信息不对称状况，使消费者能够根据自己的意愿选择授信机构，以维护金融机构之间的公平竞争。这项法律要求授信机构以货币单位描述发放信用的额度，并以信息公开的形式予以披露。在 1961 年，这个法案又被更名为《诚实借贷法案（Truth in Lending Bill）》。1967 年 1 月，它被国会通过，成为正式的法律，并于 1969 年 7 月 5 日起开始生效。因此，在次序上，《诚实借贷法案》是各信用管理专业法律中最早建立的法律。

该法的核心内容是要求各类授信机构和赊销商公开信息，使消费者能够比较不同授信机构发放的同类消费信贷的条款，从中找出适合消费者需要的信贷，防止消费者在信息不充分的情况下使用消费信贷。

法律要求一切信用交易的条款必须向消费者公开，让消费者充分了解各信用条款的内容和效果，并且可以同其他信用条款进行比较，避免消费者在知识不够的情况下使用信用条款。法律对授信机构向消费者披露信息的范围、表述方式、内容、表格等做了具体规定。在信用销售情况下，卖方或贷方必须向买方或借方清楚地以确切收费额或者利率表明使用消费者信用或信贷的成本，但不限制卖方收取利息的最高利率限额如下例。

某消费者购买一辆马自达，一次性现金付清的价格为 7 500 美元。该消费者打算以分期付款形式购买这辆车，首期付款为 1 500 美元。余下的 6 000 美元，可从汽车销售商处取得消费信贷。汽车销售商通常向消费者提供若干种与它合作的银行信贷。消费者有如下三种选择：

	年利率	还款期	月付额度（美元）	总利息额（美元）	应付总额（美元）
花旗银行	14%	3 年	205.07	1 382.52	7 382.52
美国银行	14%	4 年	163.69	1 870.08	7 870.08
渣打银行	15%	4 年	166.98	2 015.04	8 015.04

如上所示，三种选择的信用条款各有千秋。对于该消费者而言，从花旗银行提供的贷款成本最低。而美国银行提供的贷款还款期较长，总成本高出 488 美元。渣打银行的贷款还款期同美国银行的贷款一样，但贷款价格高出 145 美元，因其年利率为 15%。"诚实信贷法"要求该汽车销售商必须向该消费者解释清楚三家银行提供消费信贷的条款。

根据该法，消费者有机会改变使用房屋信贷的主意，拥有单方面撤销信贷合同的权利，即反悔权（Right of Rescission）。消费者行使这项权利的条件主要有两条，一是必须是购买其最经常居住的房子，二是单方面取消贷款合同的期限是签署合同后的 72 小时以内，并用书面形式通知贷方。在一般情况下，银行或其他房屋信贷发放者在借方签署合同后的可反悔期间内，并不实际发放贷款。

根据该法，定义信用销售是需要分 4 期以上付款的分期付款式销售。在这种销售的广告中，必须清楚地注明消费者为此商品或服务付款的全部绝对款额。法案还规定，使用被盗或者假信用卡取得现金或购物超过 1 000 美元者，既构成联邦犯罪。

法律没有规定信贷的年利率上限，只是强调所收取的费用和年利率两项信贷指标要对消费者公开。后来，国会对法律的这个部分进行了修改和调整，对授信机构或赊销商在信息披露上所犯过失如何处理，也作了一些规定。

《诚实借贷法案》的第 108 条款指定联邦交易委员会作为主要的政府执法部门。其中的一些条款涉及金融和保险的内容，辅助执法政府部门还包括联邦储备委员会、财政部的货币监理局和联邦存款保险公司理事会（FDIC）。

二、其他信用管理法律规定

除了上述"消费者保护法系列"的法律外，美国的信用管理相关法律还有一类是与征信和授信金融机构有关的，在此做简要介绍。

（一）信息自由法（The Freedom of Information Act）

信息自由法①

（第二节　管理细则）

551. 定义②

在本节中：

（1）"办事机构"指美国政府的职能机构，无论其是否为其他办事机构的一部分或下属部门。但不包括下列机构：

（A）美国国会；

（B）美国各法庭；

（C）美国国土资源局；

（D）哥伦比亚行政区政府；或本标题下 552 款中所列的例外机构；

（E）由第三方代表组成的办事机构；或由第三方下设机构的代表组成的办事机构；

（F）军事法庭和军事委员会；

（G）战争时期在当地或占领地执政的军事当局；

（H）由第 2 标题下 1738.1739.1743 和 1744 部分；第 41 标题下的第 2 章；第 49 标题下的第 471 章第 2 节；附录中第 50 条（Title）1884 部分，1891～1902 部分和 1641 部分（b）（2）授权的职能部门。

（2）"人"包括个人、合伙企业、公司、协会、"办事机构"以外的任何公共机构和私立机构。

（3）"当事人"包括被称为或被认可的当事人，或经其合理要求被办事机构按程序认可的且具有当事人权利的人和办事机构；以及因有限目的被某办事机构认可为当事人的人和办事机构。

（4）"章程"指办事机构组织宣言的全部或部分内容，描述其一般或具体的适用性，阐明制订、解释和实施法律或政治的预期效果，或描述办事机构的组织机构、程序、具体规定，包括批准或规定有关费用、工资、法人或财务结构、组织结构、价格、设备、设施、评估服务和报酬、成本、会计的制度等，以及上述各项的具体内容。

（5）"制定章程"指办事机构制订、修订或废止章程的过程。

（6）"裁定"指一个办事机构所做最终处置的全部或部分内容，无论其形式是肯定、否定、禁止或宣布。裁定的内容包括颁发许可证等事项，但不包括制定章程。

（7）"宣告"指办事机构明确表达一种裁定的过程。

（8）"许可"包括一个办事机构以许可证、证书、批准、登记、租约、会员、法定豁免或其他形式表示许可的全部或部分内容。

（9）"颁发许可"包括办事机构的程序，通过该程序对许可证进行批准、续签、拒绝、撤回、中止、废止、取消、限制、修正和变更，以及为该许可设定条件。

（10）"惩罚"包括办事机构采取的下列行动的全部或部分：

（A）禁止、资格限定、限制，或其他影响某人自由的条件限制；

（B）拒绝援助；

（C）强制惩罚或罚金；

（D）财产的损毁、占有、扣押或留置；

（E）损失的估价、偿付、恢复原状、赔偿、成本、费用或酬金；

（F）资格要求、吊销或中止许可；

（G）采取其他强制性或限制性行为。

（11）"援助"包括办事机构采取的下列行为的全部或部分：

（A）授予钱财、援助、许可、授权、豁免、例外、优先权或补偿；

（B）承认求偿权、权利、豁免权、优先权、例外；

（C）采取可使某人受益的其他有关申请、请求的行为。

（12）办事机构的工作程序指一个办事机构以本部分第（5）条款、（7）条款、（9）条款所定义的方式运行。

（13）"办事机构行为"包括一个办事机构规定、判定、许可、惩罚、援助的全部、部分行为或同等行为，以及拒绝做出行为或不作为。

（14）"非公共交流"指未公开信息的口头或书面交流，未提前对当事人各方进行必要的通知。但不包括本节包含的任何事项或程序。

552. 公开信息；办事机构原则；意见；判定；记录和程序①

（a）各办事机构应按下列规定披露公共信息：

（1）各办事机构应分别进行称述，并即时在联邦政府登记机关公布，以使公众了解情况；

（A）总部和外设机构的地址、雇员（统一服务情况下的会员），以及公众获取信息、提交申请或请求、得到处理结果的回复的途径；

（B）陈述的一般程序和途径。通过该程序和途径进行操作或确定其职责，包括所有正式和非正式程序的特性和必备的条件；

（C）议事规则、对现有格式的描述、获取该格式的地点，以及对所有相关文件、报告和调查范围和内容予以说明；

（D）由法律认可的一般适用性的具体规则、由办事机构阐明和通过的一般适用性的解释和一般政策的陈述；

（E）对上述任何内容的修正、修订和废止。

按规定，要求在联邦政府登记机关公开的以上信息将被认为是尚未公布的，除非有人已经确定且及时注意到了被公开了的信息，而且不是以任何方式要求该人受到所公布内容的负面影响。本条款中，若联邦政府登记机关的主管同意一项信息内容与附录文件合并，并允许相关人群获取，则视为已经公告。

（2）除非信息被即时公布，并制作副本对外出售，每一个办事机构都应按照信息公开的规则，使下列内容的信息能为公众了解和复制：

（A）最终意见，包括同意或表示异议，以及审查对案件做出的裁决；

（B）办事机构接受但未在联邦政府登记机关公布的政策声明及其解释；

（C）产生公共影响的管理人员手册和职员指南；

（D）向第（3）条款规定中所列的任何人披露所有信息资料的副本，以及办事机构决定或准备日后对外披露的信息资料告副本，无论该资料以何种形式或格式存在；

（E）在（D）条款中提及的资料的总目录。

鉴于此类信息的公开开始于 1996 年 11 月 1 日，因而在该日起的一年之内，每个办事机构应允许公众随时获取上述信息，包括以远程通信方式获取。在办事机构尚未建成远程通信方式时，公众可以通过其他电子手段条款获取。为防止明显的非法侵犯个人隐私，当办事机构披露或公告在第四小条款中提及的评价、政策表述、解释、人员手册、指南或记录的副本时，应删除具体的识别细节。在进行删除时，应充分论证和解释具体的识别细节。在进行删除时，应充分论证的解释删除该内容的理由。当经过删除的信息被披露或公开时，所删除的范围须作为记录的一部分予以公开，除非此部分会对（B）条款中规定的豁免条款保护对象的利益造成伤害。若技术条件允许，应在做出删除的位置进行标注说明。与 1967 年 7 月 4 日后任何事项的发布、认可或披露的有关的公开识别信息的当期目录，或按本条款规定公开和公布的公共识别信息的当期目录，办事机构应予以保存并能够提供副本，以接受公众的监督。每个办事机构应按季度或更高频率地公布、发行（通过销售或其他方式）每个目录或附录的副本，除非该目录已按规定在联邦政府登记机关予以公开，无需或不必再行公开。但是，在这种情况下，办事机构应提供目录的副本已被公众索取，售价不得高于制作副本的直接成本。在 1999 年 12 月 31 日后，各办事机构还应提供（E）条款提及的目录，已被公众通过远程手段条款获取。

仅在下列情况下，办事机构可以将产生公共影响的最终裁决、评价、政策表述、解释、人员手册或指南作为先例进行使用，适用和引用。办事机构不包括与其相对的当事人。

（ⅰ）已按本条款规定列入目录、公告或布告；

（ⅱ）当事人已经准确、及时地知悉。

（3）（A）除按本小节中第（1）条款和第（2）条款规定予以公开的有关信息外，每个办事机构须根据对信息提出任何要求：

（ⅰ）合理描述该记录；

（ⅱ）按规定陈述时间、地点、费用（若有的话）及后续程序，以备任何人即时获取。

（B）对于按本条款规定编制须对外提供的任何信息，个人可按要求办事机构以任何格式和形式提供该信息，只要该办事机构已按规定或形式制成了记录，办事机构不得拒绝。据本部分规定，每个办事机构须采取适当的方式，使用可进行重复加工的格式或形式储存信息。

（C）按本条款规定，在应某人的要求提供信息时，办事机构须采取适当的方式，以电子格式或文件形式供人检索。除非该方式对办事机构的自动信息系统造成重大干扰。

（D）在本条款中，检索是指个人提出请求的情况，以下载信息为目的，通过人工或自动方式查阅办事机构信息。

（4）（A）（ⅰ）为了保证本部分内容的实施，各办事机构须按照法律的要求，采纳公众意见。进行规范的发布。同时，按本条款的规定，列出各种收费的详细清单，制订免费或降低收费的工作程序。详细的收费清单应符合政府管理预算办公室颁布的有关办事机构统一收费标准的指导意见。

（ⅱ）办事机构的规章包括下列内容：

（Ⅰ）对于出于商业目的而采集信息，可对文件的检索、复制、查阅收取费用，但须限定在规范范围内。

（Ⅱ）属于下列三种情况的，只对文件的复制收取费用，且须限定在合理范围内。三种情况包括：非商业目采集信息；或是教育、非盈利科研机构出于教学或科研目的而采集信息；或是新闻媒体的代表采集信息。

（Ⅲ）除（Ⅰ）和（Ⅱ）之外的其他信息采集，对文件检索或复制的收费需限定在合理范围内。

（ⅲ）若信息的披露符合公众的利益，特别是对于公众理解政府的行政行为和运作有重要意义的披露，且不涉及提供者的关键经济利益，该机构应免费或低于（ⅱ）中设定的收费标准提供信息。

（ⅳ）收费清单只能根据检索、复制或查阅的直接成本制定。查阅成本仅包括在初始文件审查过程中发生的费用，且该查阅是为了确定依据本部分规定的文件是否必须公开以及依据本部分规定确定文件中可按豁免条款免于公开的任何部分。查阅费用不得包括：为解决在处理采集信息过程中可能出现的法律或政策问题而发生的任何费用。

依据本部分的规定，任何办事机构不得针对下列情况收费：

（Ⅰ）过分计算日常采集和处理信息的成本，甚至使其高于或等于对信息检索所收取的费用；

（Ⅱ）在采集本条款（ⅱ）（Ⅱ）或（Ⅲ）中所列的信息时，检索开始后的最初两个小时，或复制最初一百页所发生的费用。

（ⅴ）除非申请者以往曾有拖欠付款的情况，或在办事机构确认该费用超过250美元，否则任何办事机构不得要求申请者预先付费。

（ⅵ）根据对具体信息记录类型制定的分类收费标准的特别规定，本小条款规定的任何收费标准不得相互替换；

（ⅶ）依据本部分的规定，在对申请者免收费用的任何诉讼中，法庭应予以重新确认，法庭对该案件的审理应先与办事机构现存的记录。

（B）在申诉过程中，原告的居住地、其主要经营地、办事机构的信息所在地或哥伦比亚区管辖的法庭有权要求办事机构提供信息，有权裁定任何办事机构拒绝提供成品信息的行为是不适当的。在此类案件中，法庭应重新予以裁定，并可以采用非公开手段检查该办事机构的信息，重新依据本部分第（b）小条款中第四条的豁免条款进行判定：可否拒绝对外提供部分或全部信息，并明确该办事机构的拒绝行为应承担的责任。法庭必须保证该责任的实质性内容符合本部分其他规定，还必须是该责任符合办事机构以书面报告形式提供的情况，其中包括（2）（C）条款和（b）小部分规定的技术可行性和（3）（B）中规定的重复加工可行性等内容。

（C）除非向法庭出示正当理由，不论其他任何法律的规定如何，被告应在诉讼辩护的传票中送达之日起的 30 日内，依照本部分规定做出答复后应诉。

（D）除法庭认为更为重要的案件外，依照本部分规定的授权，在区法庭的审理程序和上诉的时间表中，该类诉讼应优先于其他所有案件的审理，应尽早安排聆讯和审讯或讨论，并采取各种手段加快案件的审理进度。

（E）依据本部分的规定，在原告胜诉的案件中，法庭可对合理的美国律师费和其他诉讼费额度做出裁决。

（F）无论何时，一旦法庭裁定任何办事机构拒绝对申诉人提供其成品信息的行为不适当，或非法收取了律师费和诉讼费，且法庭公布一项书面调查报告，指出办事机构的拒绝行为可能是由于员工故意、有意的举动导致，那么，行政事务委员会须立即开始调查，确定应对此行为负责的员工或雇员是否已受到处罚。在对提交的证据进行调查和分析后，委员会须将调查结果和处理意见提交给该办事机构管理当局，并抄送给该员工、雇员或其代理人。

（G）若对法庭的裁定无异议，区法院可惩罚应承担的责任人，并依照同一程序惩罚应承担责任的其他人。

（5）每个出现过问题的办事机构必须保存每项决策的最终表决记录，并随时供公众监督。

（6）（A）当申请人按本部分（1）、（2）或（3）条款规定索取记录时，每个办事机构必须：

（ⅰ）自接到申请之日起 20 日（星期六、星期日和法定节假日除外）内决定是否接受该申请，并立即将决定及其理由通知申请人，告知申请人有权就任何不满向办事机构的上级管理机构提出申诉；

（ⅱ）自接到申请之日起 20 日（星期六、星期日和法定节假日除外）内做出决定，在申诉过程中，若办事机构支持所做出的拒绝提供部分或全部记录的决定，须通知该申请人可通过司法程序解决，并依照本部分第（4）条款的规定重新确定。

（B）（ⅰ）在本小条款专指的特殊情况下，（A）（ⅰ）、（ⅱ）中所诉的时间限制可以延长，但办事机构必须以书面形式通知申请人，列举长时间的特殊情况，并告知预计能做出决定的日期。除本小节（ⅱ）所诉的情况外，延长的时间最多不得超过两星期；

（ⅱ）当办事机构按本小条款（ⅰ）的规定要求延长（A）（ⅰ）、（ⅱ）中所诉的时间限制时，若在延长的期限内仍无法提供申请者所要求的信息，必须告知申请人，申请人可以再次限定时间延长的期限，或与办事机构协商，另外确定提供记录信息的时间，抑或修改原申请。若原申请人拒绝修改申请或协商办法，在决定是否存在（C）小条款中的特殊情况时，办事机构应考虑自己的行为属于拒绝行为。

（ⅲ）本条款中的"特殊情况"指且仅指按申请人的要求，在对信息进行合理、必要的加工处理时，存在下列情况：

（Ⅰ）需要从申请地点之外的现场设备或其他设施上搜索和采集数据；

（Ⅱ）为满足申请人对一份记录报告的需求，需要搜索、采集大量相互分离的信息，并需要进行适当的核实；

（Ⅲ）需要与其他利益相关的办事机构协商，或办事机构中利益相关的两个或两个以上的下属部门之间需要相互协商，且该类协商可能会耗时长久；

（Ⅳ）若办事机构有理由认为所要求提供的是有普遍需求的信息，存在同属一类的申请，应公开规定、发布通知并接受公众的监督，并提供给同一位申请人或采取统一行动的申请团体。涉及互不相关事项的各种申请不必汇总。

（C）（ⅰ）任何人向任何办事机构提出申请，要求所去本部分（1）、（2）、（3）条款所述的信息时，若办事机构未能在本条款有关时间限制条款的规定期限内提供该记录，应判定该机关已尽力履行了责任。若政府能认定存在特殊情况，证明该办事机构已对该申请采取了积极行动，法庭的裁定应有保留，允许办事机构延长时间，继续完成对记录的核查。若办事机构拒绝本部分涉及的任何记录申请时，须发出拒绝通知书，通知书中必须注明做出拒绝提供信息的所有个人的姓名、头衔或职位。

（ⅱ）在本小条款中，能证明其做过合理的改进"特殊情况"不包括办事机构因预定工作量的限制而导致的延误，除非该办事机构能证明其做过合理的改进，减少了被延误的订单的数量。

（ⅲ）若办事机构按（B）（ⅱ）的规定，告知申请人可以修改申请内容，或重新安排时间表，而申请人不同意，办事机构在判定是否存在特殊情况时，需将申请人拒绝的情况考虑在内。

（D）（ⅰ）各办事机构须公布操作规章，并接受公众的监督，以及根据工作量和时间要求提供多种渠道来处理和加工信息。

（ⅱ）若申请人不具备享受最快捷的多渠道的加工处理服务所需的相应条件，办事机构应告知该申请人可以限定申请的范围，以便进行更快捷的加工处理。

（E）（ⅰ）各办事机构须公布规章、公告并接受公众的监督，在下列情况下加快对索取记录的处理：

（Ⅰ）当索取信息记录报告的人表示其需要的强制性；

（Ⅱ）办事机构判断的其他情况。

（ⅱ）无论（ⅰ）中如何规定，本小条款提到的规章必须确保：

（Ⅰ）做出是否提供快捷服务的决定，并在接到申请之日的 10 日内告知申请人；

（Ⅱ）尽快考虑是否对申请人提供快捷服务的决定进行行政复议。

（ⅲ）根据本小条款规定，办事机构应该尽可能地处理本办事机构已经统一加速处理的任何信息采集请求。依据本小条款，办事机构拒绝或确认拒绝加速处理请求的行为和办事机构没有及时以一种方式对这种请求作出反应的行为将受到第（4）条款所提及的司法建议。

（ⅳ）在办事机构对信息采集请求作出完全响应之后，美国的地方法院没有权限去评价该办事机构拒绝对信息采集请求进行加急处理的行为。

（ⅴ）在本小条款，术语"强制需求"是指：

（Ⅰ）根据本小节规定，若不以加急方式去得所要求采集的信息，预期不久将会对个人的生命或人身安全产生威胁；

（Ⅱ）与申请人作出的信息采集请求相关，该请求主要用于散布信息，紧急通知公众真实的或与联邦政府相关的信息。

（ⅵ）申请人提出加速处理的强制请求，应由该人认定的陈述来确认该请求是真实和正确的。

（F）在全部或部分拒绝信息采集要请求时，办事机构应该做出适当的努力去评估任何被拒绝提供的资料数量，应向申请人提供一个类似评估结果，除非该评估结果将损害到（b）分节免除部分的利益。

（b）本法律的规定不适用与下列情况：

（1）（A）为了国防或外交目的，在美国总统行政命令设定标准范围内，经特定授权，需要进行保密的；

（B）依据该行政命令，事实上绝对是机密的。

（2）只与一家办事机构的内部人员规范和范例相关的。

（3）法令（除了本题目下自552b部分）允许免于披露的，假设（A）该发令要求公共事件不得以该种方式对外披露，以至于对该问题失去了判断力；（B）该法令制定了特定的保密规定，或者涉及了需要保密的特定类型的事件。

（4）商业机密、来自某人的商业或财政信息，以及有特权或机密的。

（5）办事机构之间或办事机构内部的备忘录或信函，这些备忘录和信函依法不能在办事机构诉讼案件中由办事机构以外的当事人使用。

（6）人事和医疗文件以及其他类似的文件，这些文件的披露似乎没有明显地侵犯个人隐私。

（7）出于执法目的编纂的记录或信息，是仅为此目的制作的。

（A）预期能适度地干涉执法进程的；

（B）将剥夺某人获取公正审判或公正判决的权利的；

（C）预期没有明显侵犯个人隐私的；

（D）预期有可能会被披露机密信息来源的身份，包括以机密方式提供信息的国家、地点、外国办事机构、权威当局和任何私人机构；刑事执法机关在对犯罪调查过程中做出的记录或信息，或者一个办事机构在经济许可的国家安全职能研究中做出的记录或信息均属于机密信息来源提供的信息。

（E）将披露的信息提供给司法调查或检举的技术和程序，或者披露的信息提供给司法调查或检举的指南，特别是这种披露的预期存在冒欺骗法律的危险；

（F）预期将危及个人的生命或人身安全。

（8）为了金融机构的调查或监管，由办事机构准备的，代表办事机构利益的，或者为了办事机构使用的相关检查、操作或状况的报告或者包含类似内容的信息。

（9）地质和地球物理学的信息和数据，包括地图。

被删除信息的数量须在提供的信息对应部分加以简要说明，除非有迹象表明这将损害受本节规定受保护的部分人或机构的利益。若技术上可行，删除的信息的字数将被标注在被删除的地方。一条记录的任何一个合理的可拆分的部分都可以提供给索取该记录的任何人，但是要删除本节规定的除外信息。

(c)（1）当所提出的请求包括（b）（7）（A）节里所描述的信息

（A）调查或操作有可能违反刑法。

（B）有理由相信：

（ⅰ）此次调查或操作的主题不是明确的；

（ⅱ）信息的披露有可能或多或少的干扰某行动的执行。在这种情况下，办事机构可以认为这些信息不受本法律的规定约束。

（2）当第三方根据被调查人的名字或者个人标识检索刑罚执行办事机构拥有的被调查人的记录时，除非被调查人所处状态已经通过官方确认，否则办事机构可以认为这些记录不受本法律要求约束。

（3）当提出的信息采取请求涉及联邦调查局拥有的、用于国外情报或反间谍活动或属于国际恐怖主义活动的信息时，在（b）（1）分节中规定这些信息是作为机密信息提供的，只要这些信息保持机密状态，联邦调查局就可以认为这些信息的披露不受本法律的约束。

(d)本法律没有批准对公众封闭信息或者限制公众使用信息，本法有特殊规定的除外。本法律没有权利封锁来自国会的信息。

(e)（1）在每年2月1日或2月1日之前，每个办事机构须向美国首席检察官提交一份会计年度报告，该报告内容包括：

（A）对于属于（a）分节中所列的信息采集申请，该办事机构拒绝的数量，以及做出每个决定的理由；

（B）属于（ⅰ）（a）（6）分节情况提出的申请次数，每个申请的处理结果，以及针对每个申请做出拒绝决定的理由。

（ⅱ）若办事机构拒绝提供（b）（3）分节中所列的信息，要列出所依据的所有发令条例，以及法院是否赞同办事机构基于这些法令条例做出拒绝提供信息的决定的陈述，包括对信息封锁的范围做出简要的描述。

（C）办事机构在上年度9月30日前采集信息申请未作出答复的数量，以及在该日期前办事机构对这些申请未给予答复的平均时间跨度；

（D）办事机构收到的采集信息申请的数量和办事机构已经处理的申请数量；

（E）办事机构处理不同类型申请所需的平均天数；

（F）办事机构处理申请所得酬金的总量；

（G）根据本法律的规定，办事机构为处理采集信息申请所投入的全部职工人数，以及办事机构为处理这些申请而发生的成本。

（2）每个办事机构应允许公众取得这种报告，包括通过计算机通信方式。若办事机构没有建立起计算机通信方式，可以采取其他电子通信方式。

（3）美国首席检察官应该确定每个可以通过电子通信方式访问的报告，在确定的一个电子通信节点上可以访问得到。在出版这些报告的截止日期（每年4月1日之前），美国首席检察官应该向政府和议会的监管人员通报，说明这些报告可以通过电子通信方式查阅，包括政府改革委员会主席和代表白宫的监督委员会主席以及委员会的少数高级成员；政府事务委员会和参议院司法委员会主席及少数高级成员。

（4）到 1997 年 10 月 1 日为止，通过与管理与预算办公室主管的咨询磋商，美国首席检察官应该完善与该分节要求的相关报告及操作指南，为首席检察官认为有用的每一个报告设立附加要求。

（5）在每年 4 月 1 日或 4 月 1 日之前，美国首席检察官都应提交一份年度报告，该报告包括前一年度发生的属于该节法律范围的案件数量列表、每个案件包含的除外部分，以及这些案件的处理情况、估算的（E）（F）小条款和（a）（4）分节（G）中所列的成本和酬金和处罚费用。该报告还应描述司法部门为鼓励办事机构服从本法律的规定所做的努力。

（f）每个代理机构的首脑应保证下列资料能够公开地获得，包括申请表、参考资料、向办事机构提出信息采集申请的记录、信息采集指南。它们从属于（b）分节除外部门，其中包括：

（1）办事机构所有主要信息系统的目录；

（2）办事机构维护的主要信息和记录检索系统的描述；

（3）依照第 35 章第 44 个标题和本节内容，从办事机构采集各类公共信息的手册。

【解读】

美国关于信息公开的最重要法律是《信息自由法》（Freedom of Information Act）。政府信息的公开与保密，在 1966 年《信息自由法》颁布以前，最突出的问题是行政机关通过主张行政特权（主要包括国家安全、法律规定的保密、行政机关内部的意见等），而拒绝提供政府信息，法律也不承认公民有知情权。1946 年美国制定了《行政程序法》，该法第 3 条规定公众可以得到政府文件，但同时规定了非常广泛的限制。行政机关可以以"公共利益"的理由而拒绝提供政府文件，在实践中，行政机关可以随意解释"公共利益"并将其作为拒绝提供文件的"正当理由"。更为重要的是，这部法律没有规定行政机关违法后的救济手段，这是《行政程序法》的一个致命的缺点。1955 年开始，美国逐步考虑修改这项法律。1966 年，美国国会制定了《信息自由法》，代替了 1946 年《行政程序法》第 3 条的规定，1967 年，这部法律的主要条款编入了美国法典，成为美国法典第五编第 552 节，从 1967 年开始实施。由于 1966 年制定的《信息自由法》在立法时存在一些局限和缺陷，在实践中遇到了一些问题，因此，根据情况的变化，美国国会曾于 1974 年、1976 年、1986 年及 1996 年对《信息自由法》进行了重大修改，使之更趋完善。这部法律标志着美国政府第一次在成文法中保障了公民以个人名义取得政府信息的权利，这在美国历史上是一次革命，在世界行政的发展史上也是一个重要的里程碑。

1.《信息自由法》的主要原则

（1）政府信息公开是原则，不公开是例外

该法限制政府机构自由决定不公开信息的权力。依据该法，除涉及国家安全、公民隐私、商业秘密等豁免提供的九项信息外，所有的政府信息均应公开。即使属于豁免公开的事项，政府机构仍然有权决定是否公开。

（2）政府信息面前人人平等

政府信息具有公共财产的性质，人人享有平等获取的权利。不仅和信息有关的直接当事人可以申请获取，其他任何人都可以申请，没有申请人资格的限制。个人申请获取信息无需申明理由。

（3）政府拒绝提供信息要负举证责任

政府拒绝提供申请人查询的信息，必须负责说明理由，例如证明该信息属于豁免公开的事项。联邦政府机构每年要向国会提供一份年度报告，汇报有关情况——诸如申请提供信息而被拒绝的次数和理由，当事人就此向政府官员提出申诉的次数、结果及理由；拒绝提供信息的官员姓名、职称、职位及参与案件的数目，等等。

（4）法院具有重新审理的权力

在政府机构拒绝提供信息，申请者请求司法救济时，法院对行政决定所根据的事实可以重新审理。《信息自由法》规定：法院拥有重新审理的权力，除了事实问题以外，法院还可以秘密审查政府机构拒绝提供的信息是否属于豁免公开的事项。如果发生不服从法院判决的事件，法院可以蔑视法庭罪处罚有关责任人。

2.《信息自由法》的主要内容

（1）政府信息的获取权

《信息自由法》要解决的首要问题就是确保公众对政府信息的获取权（Right of Access），为公众提供获取政府信息的机会。

根据这一法律，公众有权了解政府机构的活动情况、政府机构制定的政策、作出的决定、颁布的命令以及对某一问题形成的意见。美国公民享有从政府的档案馆、手稿馆、图书馆、报刊、杂志、电台、电视台、情报所、科研所获得信息，并利用信息的权利。这种权利不受年代的限制，无论有关信息是保存在档案馆里、文献中心的库房里，还是在政府机构的办公室里。《信息自由法》的生效，实现了公开政府信息的决定权由政府机构向国会和法院的转移，从而确立了公众对政府信息的获取权。

（2）政府信息的公开方式

《信息自由法》强调信息的自由传播，规定了公民获取政府信息的办法和公众可以查询的信息。政府部门不得以任何方式强迫任何人服从应该公布而没有公布在《联邦登记》上的文件，也不应使其受此种文件的不利影响，除非他实际上已经及时地得知该文件的内容。

第一，政府机构必须在《联邦登记》上登载具有普遍指导意义的规范性信息。包括：

①该机构的总部及其在各地的工作部门；公众从该部门获得情况和决定、向其呈文、提出要求的固定地点、方式和办事人员；

②各部门开展活动、决定问题的一般程序和方法；

③程序规则、通用的表格、索取表格的地点，对各种文书、报告书、检验证书的说明；

④政府机构制定的实体法规章以及相关的政策说明和解释；

⑤对上述各项的修正和废止。

第二，有些政府信息不要求在《联邦登记》上公布，但必须以其他方式主动公开。对这类信息，政府机构必须提供索引，方便公众查询和复制。包括：

①具有法律效力，但不是普遍适用的文件；

②作为先例的政策说明和解释；

③对公众有影响的行政职员手册和指示；

④合议制行政机构表决结果的记录。

第三，既不登记，又不主动公开的信息，可以根据查询人的申请进行公开。这是政府信息公开制度中运用最多的一种方式。《信息自由法》规定，对于《联邦登记》和政府出版物上找不到的政府信息，个人和团体应当以书面形式提出查询申请，政府应在10日以内作出决定。对于拒绝提供信息的决定，当事人可以提出复议，政府机构收到复议申请后要在20日以内作出答复。如果行政机构仍然拒绝提供信息，申请人可以向联邦地区法院提起诉讼。

（3）政府信息的豁免公开

《信息自由法》明确规定了九项豁免条款，旨在保护特殊种类的信息。向未经授权的人披露这种信息会导致明显的危害或出现违反法律的行为。

《信息自由法》规定了九项豁免公开的政府信息：

①根据总统行政命令明确划定的国防或外交秘密；

②纯属行政机构内部的人事规章和工作制度；

③其他法律明确规定不得公开的信息；

④第三方的商业秘密以及第三方向政府机构提供的含有特惠或机密情况的金融、商务与科技信息；

⑤除了正与该机构进行诉讼的机构之外，其他当事人依法不能利用的机构之间或机构内部的备忘录或函件；

⑥公开后会明显地不正当侵犯公民隐私权的人事、医疗档案或类似的个人信息；

⑦为执法而生成的某些记录和信息；

⑧金融管理部门为控制金融机构而使用的信息；

⑨关于油井的地质的和地球物理的信息。

（4）政府信息的可分割性

虽然《信息自由法》明确规定了豁免条款，但决不意味着政府对含有豁免事项的信息一律不予提供。该法规定了"可分割性"原则，即凡是可以从含有豁免公开的信息中分离出来的非保密信息，都应毫无保留地予以提供。根据这项原则，信息中可以合理分离的任何部分，在删除根据豁免条款应予保密的部分之后，应当提供给请求获取该信息的任何人。

（5）《信息自由法》的诉讼

对于政府机构应当公开而没有公开的信息，以及政府机构拒绝公众的请求而不公开的信息，公众有权向法院提起诉讼。适用的范围包括：

①必须在《联邦登记》上公布而没有公布信息的情况；

②不在《联邦登记》公布范围之内，政府机构必须以其他方式公布信息而没有公布的情况；

③上述两种情况以外，政府机构根据公众的请求必须公开信息而没有公开的情况。其中，最典型也是数量最多的诉讼发生在第三种情况下，争论的焦点通常是该信息是否属于豁免公开的事项。

（6）反《信息自由法》的诉讼

向政府机构提供秘密信息者，有权为阻止政府机构向第三方公开该信息向法院提起诉讼。这种诉讼，原告一般是公司或企业的经营者，其目的与《信息自由法》公开政府信息的意图相反，称为反《信息自由法》的诉讼（Reverse FOIA Action）。

（二）隐私权法（The Privacy Act）

522a. 保存个人记录

（a）定义

在本部分中

（1）"办事机构"指本题下 552e 部分所定义的办事机构。

（2）"个人"指美国公民，或法律认可永久居住的侨民。

（3）"保存"包括保存、采集、使用或传播。

（4）"记录"指由办事机构保存的有关个人信息的任何项目、征集物或集合体，包括但不仅限于有关该人的教育、金融交易、病史、犯罪记录和就业经历，以及包含其姓名、证件号码、标记或其他可确定个人身份的识别特征的资料，如手纹、声音记录或照片。

（5）"记录系统"指受任何办事机构控制的一系列记录，该系统中的信息可通过个人姓名、某些证件的号码、标记或其他确定身份的识别特征进行检索。

（6）"统计记录"指记录系统中保存的一份仅用于统计研究或报告的记录，该统计记录部分或全部用于有关个人资格认证的决定，除 13 标题下第 8 部分规定的以外。

（7）"常规使用"，与披露记录有关，指采集目的的用途。

（8）"匹配程序"

（A）指任何计算机处理的匹配程序，该程序由下列几个部分组成：

（ⅰ）非联邦记录的两个或更多记录的自动系统或一系列系统，该系统是为了：

（Ⅰ）确定或查证联邦福利计划下有关现金补贴、实物补助或支付的申请者、接受者、受益者、参与者、提供相关服务者是否符合资格要求，是否一贯遵守法规；

（Ⅱ）按联邦福利计划的规定进行的补偿支付或债务展期。

（ⅱ）以两个或两个以上联邦人事或工资册系统的自动记录系统，或一个含有非联邦记录的联邦人事或工资册记录系统。

（B）不包括下列程序：

（ⅰ）编制综合统计资料的匹配程序，该统计资料不包含任何个人识别标志；

（ⅱ）支持任何搜索或统计方案的匹配程序。该程序的具体数据不能用与某人的权利、收益或特殊权利相关的决策；

（ⅲ）由一个办事机构（或其成员）执行的匹配程序，该程序作为其主要功能，对指定人员进行专项调查或搜集该人员的有关证据后，完成与执行刑法有关的任何行动；

（ⅳ）税收信息的匹配程序：

（Ⅰ）符合 1986 年颁布的国内税收法 6103（d）部分的规定；

（Ⅱ）用于上述法律 6103（d）（4）部分定义的税务管理；

（Ⅲ）为了依据社会安全法 404（e）、464 或 1137 部分的授权，取消对个人的退税；

（Ⅳ）依据管理预算办公室主管制定的其他任何程序，取消个人退税。此类程序由法规予以规定，其中包括声明、公告，以及与社会安全法 1137 部分程序实际相符的聆讯要求；

（Ⅴ）匹配程序——若该匹配程序的目的不是为了对联邦公务人员采取任何有关财务、人事、纪律或其他方面的不利行为；且该匹配程序是：使用与联邦人事紧密相关的记录，该记录为执行其日常管理职能（按照由管理预算办公室依据（Ⅴ）部分制定的指导意见）；或是由一个办事机构只使用本机构保存的记录系统中的记录即可完成。

（Ⅵ）为执行外国反间谍活动调查的匹配程序，或为了完成对联邦公务人员或联邦契约人的安全调查而进行的背景资料查证；

（Ⅶ）与国内税收法的 6103（k）（8）中所述征税有关的匹配程序。

（9）"接收机构"指接收记录的任何机构、签约人，该记录由信息来源机构提供，并在匹配程序中使用。

（10）"非联邦机构"指任何州或当地政府及办事机构，该办事机构为完成匹配程序接收来源机构记录系统内的记录。

（11）"信息来源机构"指因匹配程序的需要而披露其记录系统内记录的任何办事机构，或因匹配程序的需要而披露其记录的任何州政府、地方政府及其办事机构。

（12）"联邦福利计划"指由联邦政府或任何代表联邦政府的州立办事机构管理或筹资的任何福利计划，该计划通过付款、补贴、贷款或贷款担保等方式向个人提供现金或食物援助；

（13）"联邦公务人员"指美国政府的官员或雇员、统一服务的人员（包括预备人员）以及根据美国政府的任何退休计划（包括抚恤计划）有权接受即期或延期退休金（抚恤金）的个人。

（b）披露的条件

除非经过本人的书面申请或预先的书面同意，任何办事机构不得通过任何通信手段向任何人或任何其他机构泄露记录系统中有关该人的任何记录，除非该记录披露是：

（1）保存该记录的办事机构，其官员或职员为履行职责必须获得。

（2）遵照本标题下 552 部分规定进行的。

（3）遵照本部分（a）（7）小部分和（e）（4）（D）小部分所述的常规使用。

（4）人口普查局依据第 13 标题下的规定，计划或执行一项人口普查、统计或相关行动时进行的披露。

（5）接收人预先向办事机构提交一份保证书，确保其接受的记录仅用于统计研究或记录报告，且该记录将被装换为不能识别个人身份的格式后予以披露。

（6）美国政府认为是一份极有历史意义或价值的记录，批准国家档案管理机关长期保存，或由美国档案管理机关进行评估，或委派人员判断该记录是否具有此价值。

（7）因民事或刑事执行程序而向其他办事机构，或美国政府控制、管辖的任何职能机构进行的披露。若由法律授权执行民事或刑事行为，且该办事机构或职能机构的主管向保存记录的办事机构提交书面申请，列明其需要的内容，并注明该法律执行行为。

（8）一个人在出示影响个人健康或安全的情况下，办事机构将该类披露通知投递到记录相关人的最新住址后，向该人进行的披露。

（9）向国会议院及其管辖范围内的任何委员会、附属委员会、国会的联合委员会或任何联合委员会的附属委员会披露。

（10）在审计总署履行其职责期间，向总审计长或其授权的任何代表披露。

（11）按具有管辖权限的法院所作裁定进行的披露。

（12）遵照第 31 标题下 3711（e）部分规定向一个消费者报告机构进行的披露。

（c）对特定披露的统计

每个办事机构，就其控制下每个记录系统：

（1）出了依据本部分（b）（1）或（b）（2）中的规定进行的披露，必须保存对下列内容的准确统计：

（A）依照本部分（b）小部分的规定，对任何人或其他机构进行披露时，该披露日期、种类和目的；

（B）该人或机构的名称和地址。

（2）本部分（1）中规定的统计必须少保存 5 年，或在做出披露统计后与该记录同时保存，无论该记录保存时间有多长。

（3）出了按本部分（b）（7）规定的披露外，按本小部分（1）小段规定对每次披露的统计资料，只要被记录者本人提出要求，就应向其提供；

（4）根据本部分（d）小部分的规定，若向个人或机构披露记录，并对该披露已进行了记载则必须告知该人或机构其对记录进行的任何修改或存在争议的标记。

（d）获得记录

任何保存记录系统的办事机构，必须：

（1）应任何人的要求，向该人提供他的记录或保存在记录系统内的任何与他有关的信息，允许该人提出要求，和其选择的同伴一起检查记录，并获得全部或部分记录、信息的副本，该副本应采用该人易于理解的文本形式。此外，办事机构可要求该人提供一份书面声明，准许在同伴在场的情况下讨论其记录。

（2）准许个人提出申请，修改与其相关的记录；

（A）自接到该申请之日起 10 日内（星期六、星期日和法定节假日除外）书面认可收到该申请；

（B）迅速，同时：

（ⅰ）对申请人认为不准确、不相关、不及时或不完整的任何部分进行全部修正；

（ⅱ）通知申请人拒绝应其要求进行修正，告知拒绝原因、向办事机构主管或指定的其他官员提出复议的办事程序，并提供该官员的姓名和办公地点。

（3）准许个人提出复议申请，检查办事机构做出柜的修改的决定，办事机构自接到复议申请之日起30日内（星期六、星期日和法定节假日除外）完成复议程序并做出最终裁定。除非出示充分理由，办事机构主管不得宽延此期限。若经复议以后，复议官员仍拒绝修正相关记录，应准许该人向办事机构提交一份简短的声明，陈述其提出异议的理由，并将提出司法审查的有关规定告知该人，使其能根据本部分（g）（1）（A）的规定通过司法程序审查复议官员的决定。

（4）个人按本小部分（3）段的规定提交申明后，办事机构向个人或其他机构披露含有该申明的信息时，应明确标明记录中任何存在争议的部分，并附上该申明的副本，若办事机构认为合适，还可以附上一份办事机构的简短陈述，解释其拒绝修改的理由；

（5）本部分的任何条款都不得解释为允许个人接触到有关合理推测民事行为或行动的任何信息。

（e）办事机构的必备条件

保存系统记录的每个办事机构必须：

（1）仅保存该办事机构为履行法律赋予的职责或执行总统行政命令所必需的信息。

（2）当信息可能对于有关个人的权利、利益和联邦程序赋予的特殊权利做出不利决定时，该信息须尽最大可能直接向目标人采集。

（3）要求任何人提供信息时，必须通过办事机构采集信息的常规程序，或以一份可保存的独立文本形式告知该人。

（A）批准索取信息的授权（是由法律授权，还是由总统的行政命令批准）和该信息是强制公开，还是自愿提供；

（B）该信息的主要使用目的或意图；

（C）该信息的常规用途，如按本小部分的（4）（D）的规定予以公开；

（D）若不提供全部或部分信息带来的后果。

（4）遵照本小部分（11）的规定，应在联邦登记簿上发布公告，公开有关记录系统的存在、特点，以及进行的设立或修改，该公告须包括：

（A）该系统的名称和地址；

（B）该系统保存何种人的记录；

（C）该系统保存记录的类别；

（D）该系统保存记录的常规用途，包括使用者的类别和使用目的；

（E）办事机构有关存储、回收、限制接触、保留和处置记录的政策和惯例；

（F）对该记录系统负责的官方机构的名称和地址；

（G）通过哪些办事程序，一个人可获知该记录系统是否含有与其相关的记录；

（H）通过哪些办事程序，一个人可得到记录系统内与其相关的记录；

（I）系统中记录的来源类别；

（5）办事机构针对个人做出决定时，必须保证所使用的任何记录具有必要的准确性、相关性、及时性和完整性，以保证针对个人所作出决定的公正性。

（6）为履行办事机构的职责，除按本部分（b）（2）的规定进行披露外，办事机构向任何个人或其他机构披露有关任何人的任何记录前，须采用合理措施，确保该记录的准确性、完整性、及时性和相关性。

（7）除非由法律或本人明确授权，或在一项法律执行行动的权限范围内，任何报告不得记述该人如何行使第一宪法修正案赋予的权利。

（8）当涉及某人的任何记录通过强制程序，成为公共记录向公众公开时，必须尽可能通知该人。

（9）制定规章制度，管理任何记录系统的设计、开发、操作、维护或存储人员以及该规章制度和本部分规定的相关人员，该规章制度包括任何其他使用于本部分的规定、程序和不遵守规定的罚则。

（10）制定适当的管理、技术和设备等安全措施以确保记录的安全性和保密性，防止记录的安全和完整受到任何可预见的威胁和危险，该威胁和危险可能导致对信息相关人的实质性伤害、妨碍、不方便或不公平。

（11）在按本部分（4）（D）的公开信息时，必须至少提前30天在《联邦登记》上发布公告，公布记录系统的新用途，并使用利益相关人有机会提交书面资料、意见以及向办事机构提出异议。

（12）若该办事机构是非联邦办事机构匹配的程序的信息接收机构来源机构，该匹配程序的任何建设和修改，须在实施前，至少提前30天在《联邦登记》上予以公告。

（f）办事机构的规章制度

为保证本部分的实施，任何保存记录系统的办事机构，必须按照标题下553部分的规定（包括一般注释），发布规章制度，该规章制度须：

（1）设定通知程序，可应申请人的要求，告知记录系统内是否含有与其相关的记录。

（2）确定合理的时间、地点和规定，在办事机构向个人披露信息或记录前，鉴别该记录或信息是否与其相关。

（3）制定应个人要求向其披露先关记录或信息的程序，若办事机构认为必要，还可以制定披露个人相关医疗记录的特别程序，包括心理记录。

（4）制定审查、决定、申诉和其他程序审查个人要求修改与其相关记录或信息申请、对该申请进行判定、对不利判定申请复议和各人为充分行使本部分赋予的权利而采取的其他手段；

（5）确定收费标准，按该标准收取任何人获得其报告副本的费用。每隔两年，联邦登记办公室汇总所有按本小部分规定发布的规章制度和按本小部分（e）（4）的规定公开的公告，并编辑出版，以低价提供给公众。

隐私权法.7

（a）社会福利号码的公开与例外。

（1）任何联邦、州、地方政府机构因任何人拒绝公开其社会福利号码而否认法律赋予该人的权利、利益或优先权利，都视为非法；

（2）存在下列情况时，不适用本小部分第（1）段的规定；

（A）联邦法律规定的相关披露；

（B）该披露是按 1975 年 1 月 1 日前使用的法律、法规，由该日期前业已存在和运转的联邦、州或地方的保持纪录系统的机构，要求披露社会福利号码以查证一个人的身份。

（b）在要求个人披露其社会福利号码时，任何联邦州或地方政府机构必须告知该人该披露是强制性还是自愿的，该披露请求所依据的法律或授权，以及将如何使用。

隐私保护研究委员会 1974 年 12 月 31 日法案（Pub. L. No. 93－579；88Stat. 1905）的第 5 部分，于 1974 年 12 月 31 日生效，随后由 1977 年 6 月 1 日法案（Pub. L. No. 95－38；91Stat. 179）予以修正，该修正法案于 1977 年 6 月 1 日生效，并设立了隐私保护研究委员会，法律赋予该组织职能。

隐私权法 . 5

（a）隐私研究委员会的组成。

（1）设置隐私研究委员会（简称为"委员会"），该委员会由下列 7 名成员组成：

（A）3 名成员由美国总统任命；

（B）2 名成员由参议院院长任命；

（C）2 名成员由众议院议长任命。委员会的成员在下列人员中产生：这些人因其在公民权利和自由、法律、社会科学、计算机技术、商业、记录管理以及州和地方政府等方面的知识和专长，能胜任委员会的职责。

（2）该委员会的主席必须由全体成员选举产生。

（3）只要尚有 4 名成员在职，委员会任何成员的空缺，不得妨碍委员会的权利，但必须按原来任命的存档方式进行存档。

（4）委员会成员人数必须达到法定人数，除非委员会为进行法庭证词而设定更低人数的团体。为履行其职能，如有必要，可授权委员会设立调查团并将其权限委托给调查团。委员会的每个成员，包括主席在内，必须知悉与完成其工作相关的所有信息，拥有一份股票权。委员会的提案须由出席成员的大多数人投票决定。在委员会与国会、政府机构、其他人和公众联络时，委员会主席（或由主席在成员中指定的代理主席）为委员会的官方发言人，并代表委员会行事，负责忠实地执行管理政策和委员会的决议，并随时或应委员会指示向委员会报告。

（5）委员会无论何时应该：

（A）无论何时，委员会向总统或管理预算办公室提交任何预算评估或要求，都必须同时向全国转发该要求的副本；

（B）无论何时，委员会向总统或管理预算办公室提交任何立法建议、指证或意见，都必须同时向国会转发其副本。在向国会转发以前，任何美国政府官员或任何机构都不得以要求委员会向其提交该立法建议、指证或意见。

（b）委员会必须：

（1）研究数据库、数据自动处理程序和政府、地区和私营机构的信息系统，以便有效地确定保护个人信息的标准和程序；

（2）通过立法或行政会议，向总统和国会建议这些组织机构必须遵守美国法典第5标题下552a部分或自愿采纳该规定和原则的范围，并报告其他此类立法建议，在满足政府和社会合法信息需要的同时，尽可能对个人隐私进行的必要保护。

（c）委员会应研究、检查和分析：

（1）按本部分（b）（1）小部分规定进行研究的过程和在其提交的报告中，委员会应研究、检查和分析：

（A）州与州之间有关个人信息通过手写文件、计算机和其他电子手段或远程传输方式进行传递；

（B）数据库和信息程序、系统，该程序和系统的运转对个人享有其隐私权和其他个人权利和财产有着重大、实质性的影响；

（C）数据库中社会福利号码、驾照号码、通用的识别符以及其他个人识别标志的使用，信息系统和文档的获取、整合或汇总；

（D）统计数据的比较和分析，如联邦人口统计，其他个人数据的原始资料，如车辆登记和电话黄页，为了重新确定个人对商业和其他统计问卷的答复，可能形成对潜在或明确认定为保密的信息产生了侵犯；

（2）委员会应纳入其职责的内容：

（A）委员会应将下列几个方面的个人信息检查行为纳入其职责范围内：医疗、保险、教育、就业、人事、信用、银行和金融机构、信用局、商业报告行业、有线电视和其他通信媒体、游戏、饭店和娱乐设施，以及电子对账过程。

（B）委员会必须将下列几个方面的检查行为纳入其职责：

（ⅰ）从事跨州业务并保存了一份通信名录的人，是否应个人的要求修改该名录上的个人姓名和地址；

（ⅱ）是否应禁止国家税务局向其他机构和州政府传递个人识别数据；

（ⅲ）联邦政府是否应该就任意或蓄意违反美国法典第5标题下552a（g）（1）（C）或（D）部分的规定承担责任；

（ⅳ）当一份记录向个人而非机构披露时，是否必须遵守和如何遵守该标题下552a（e）（10）部分规定的安全和保密标准。

（C）为贯彻本法体现的国会政策，委员会应考察采取有关个人信息的其他必要行动，除委员会不必调查由宗教组织保存的信息系统以外。

（3）进行调查研究时，委员会必须：

（A）确定调查研究时，采取的行动由什么法律、行政命令、规章制度、指示和司法判决控制，并其确定与个人隐私权、日常法律程序和宪法认可的其他权利相符合的程度；

（B）判断政府和私立信息系统对联邦与州之间的关系或权利分离原则的影响程度；

（C）检查管理标准和准则，该标准和准则决定与个人信息收集、索取、处理、使用、获得、整合、传播和传递有关的程序、政策和惯例；

（D）在最大的可行范围内，搜集和利用调查结果、报告、研究结果、会谈记录，和政府、立法机构、私营团体、研究机构、组织和与委员会研究问题相关的个人提出的建议。

【解读】

（一）对于美国《隐私权法》的解读

1.《隐私权法》的历史

1974 年 12 月 31 日，美国参众两院通过了《隐私权法》（The Privacy Act），1979 年，美国第 96 届国会修订《联邦行政程序法》时将其编入《美国法典》第五编"政府组织与雇员"，形成第 552a 节。该法又称《私生活秘密法》，是美国行政法中保护公民隐私权和了解权的一项重要法律。就政府机构对个人信息的采集、使用、公开和保密问题作出了详细规定，以此规范联邦政府处理个人信息的行为，平衡公共利益与个人隐私权之间的矛盾。

2.《隐私权法》的立法原则

《隐私权法》立法的基本原则是：

（1）行政机关不应该保有秘密的个人信息记录；

（2）个人有权知道自己被行政机关记录的个人信息及其使用情况；

（3）为某一目的而采集的公民个人信息，未经本人许可，不得用于其他目的；

（4）个人有权查询和请求修改关于自己的个人信息记录；

（5）任何采集、保有、使用或传播个人信息的机构，必须保证该信息可靠地用于既定目的，合理地预防该信息的滥用。

3.《隐私权法》适用范围

《隐私权法》对该法出现的"机关"、"人"和"记录"等概念的适用范围做出限定。

（1）机关（Agency）

该法中的"机关"，包括联邦政府的行政各部、军事部门、政府公司、政府控制的公司，以及行政部门的其他机构，包括总统执行机构在内。该法也适用于不受总统控制的独立行政机关，但国会、隶属于国会的机关和法院、州和地方政府的行政机关不适用该法。

（2）人（Individual）

该法中的"人"，是指美国公民或在美国依法享有永久居留权的外国人。

（3）记录（Record）

该法中的"记录"，是指包含在某一记录系统中的个人记录。记录系统是指"在行政机关控制之下的任何记录的集合体，其中信息的检索是以个人的姓名或某些可识别的数字、符号或其他个人标识为依据"。个人记录是指"行政机关根据公民的姓名或其他标识而记载的一项或一组信息"。其中，"其他标识"包括别名、相片、指纹、音纹、社会保障号码、护照号码、汽车执照号码，以及其他一切能够用于识别某一特定个人的标识。个人记录涉及教育、经济活动、医疗史、工作履历以及其他一切关于个人情况的记载。

4. 《隐私权法》与《信息自由法》的关系

《信息自由法》是规定美国联邦政府各机构公开政府信息的法律。该法于 1967 年 6 月 5 日由美国总统批准，同年 7 月 6 日（美国独立纪念日）施行，是美国当代行政法中有关公民了解权的一项重要法律制度。根据这一法律，政府信息公开是原则，不公开是例外。公民享有从政府的档案馆、手稿馆、图书馆、报刊、杂志、电台、电视台、情报所、科研所获得信息，并利用信息的权利。

《隐私权法》规范行政机关处理个人记录的行为，规定个人记录必须对本人公开和对第三者限制公开的原则，与《信息自由法》同属于行政公开法的范畴。和《信息自由法》的不同之处在于：《隐私权法》只适用于个人记录，而《信息自由法》适用于全部政府记录；《隐私权法》着重保护公民的个人隐私权，而《信息自由法》着重保护公众的了解权；《隐私权法》企图限制某些政府文件的公开，而《信息自由法》则寻求政府文件最大限度的公开。

这两个法律互为补充，关系密切，但在适用上互相独立。行政机关对个人记录系统的公开，同时受这两个法律的支配。一个法律中免除公开的规定，不适用于另一个法律。行政机关不能依据《信息自由法》中免除公开的规定，拒绝向个人提供他在《隐私权法》中可以得到的文件。《信息自由法》规定不能对公众提供的文件，不一定是《隐私权法》规定不能对个人提供的文件；行政机关也不得根据《隐私权法》的规定，拒绝提供《信息自由法》中公众可以得到的文件。《信息自由法》兼容除《隐私权法》外的其他法律对某一文件不得公开的规定。公众根据《信息自由法》或《隐私权法》要求行政机关提供文件，而行政机关要拒绝提供时，只能依据该法本身免除公开的条款。

（二）隐私权的保护在全球范围内受到重视

据统计，目前已有近二十个国家制定了个人数据保护方面的法律。如，瑞典在 1973 年制定了《数据库法》规定建立瑞典数据监督局，未经该局批准，任何人不得非法拥有他人的个人数据，并对有关数据资料的收集、利用、保管等方面进行了规范。西德于 1976 年制定了《联邦数据保护法》，规定了何种数据得以储存、处理和传送，并规定，在储存、传递、修改和删除个人资料时，禁止对这些资料加以滥用；数据需经本人同意和法律上的授权方可处理；个人可以请求获取数据库中关于本人的资料，除非这对数据库的功能有所妨害；个人有权查询、更正本人的有关资料；个人有权清楚有关自己的某些资料。法国于 1978 年通过了《数据处理、档案与自由法案》，规定收集和处理、使用个人数据，不得损害数据主体的人格和身份以及私生活。规定数据库必须公布其搜集资料的授权、目的和种类等。1984 年英国制定了《数据保护法》，规定"不允许以欺骗手段从数据主体那里取得信息，取得个人信息必须征得有关个人的同意；只有为特定的和合法的目的，才能持有个人数据；使用或透露个人数据不得与持有数据的目的相冲突；必须采取安全措施，以防止个人数据未经许可而被扩散、更改、透露或销毁；对于用户遗失、毁坏有关数据，或者未经许可而透露有关数据的，数据主体有权请求赔偿"。《加拿大人权法案》中规定，"政府每年须公布数据库的名称、资料内容和使用情况，个人有权查询并更正本人资料中不正确的部分"。日本也于1990年实施了《关于保护行政机构与电子计算机处理有关的个人数据法律》。

一些国家虽然没有隐私权或个人信息保护的专门法律，但在宪法、民法等法律中体现了对公民隐私权的保护。如《土耳其宪法》第20条规定："每个人都有私生活受到尊重的权利，个人生活和家庭生活的秘密不受侵犯。"《荷兰宪法》第10条规定："每个人都有私生活受到尊重的权利，但须遵守议会法令的限制。议会法令制定有关记录和公布个人数据的规定，以保护个人的私生活。个人有权询问被记录下的有关本人的数据、数据的使用情况和修正错误数据。"《法国民法典》第9条规定："任何人有权使其个人生活不受侵犯。法官在不影响赔偿所受损害的情况下，须规定一切措施，诸如对有争议的财产保管、扣押以及专为防止或停止侵犯个人私生活的其他措施。在紧急情况下，法官得紧急下令采取以上措施。"

除了各国对隐私权的保护以外，国际社会也有对隐私权的保护规定。《世界人权宣言》第12条规定："任何人的私生活、家庭、住宅和通信不得任意干涉，其荣誉和名誉不得加以攻击。人人有权享受法律保护，以免受这种干涉或攻击。"《公民权利和政治权力国际公约》第17条规定："①任何人的私生活、家庭、住宅或通信不得加以任意或非法干涉，他的荣誉和名誉不得加以非法攻击。②人人有权享受法律保护，以免受这种干涉或攻击。"《欧洲人权公约》第8条规定："①人人有权使他的私人和家庭生活、他的家庭通信受到尊重。②公共机关不得干预上述权利的行使，但是依照法律的干预以及在民主国家中为了国家安全、公共安全或国家的经济福利的利益，为了防止混乱或犯罪，为了保护健康或道德，或为了保护他人的权利和自由，有必要进行干预者，不在此限。"《美洲人权公约》第11条规定："①人人都有权使自己的荣誉受到尊重，自己的尊严受到承认。②不得对任何人的私生活、家庭、住宅或通信加以任意或不正当的干涉，或者对其名誉或荣誉进行非法攻击。③人人都有权受到法律的保护，不受上述干涉或攻击。"《非洲人权和民族权宪章》第4条规定："人是神圣不可侵犯的，每个人的生命和整个人格权均有权受到尊重。任何人均不得被剥夺此权利。"第5条规定："每个人的固有尊严有权受到尊重，其合法地位有权得到承认。"第6条规定："人人有权享有能够达到的最佳的身心健康状况。"第18条规定："家庭是社会的自然单位和基础。他应该受到国家的保护，国家应当关心他的物质上和精神上的健康。"

（三）我国的隐私权保护

1. 我国隐私权保护的现状

考察我国现行立法，有关隐私权的法律规定还比较少，还没有形成完整的法律保护体系，这显然不利于对公民隐私权全面、充分的保护。究其原因，一是因为历史上我们一向对隐私权的保护比较忽视，传统道德观念中也有反对隐私权保护的倾向，加之公民权利意识淡薄，社会上隐私权问题还不十分突出，因而难在立法中加以体现；二是因为隐私权理论研究起步较晚，许多问题尚待解决，还没有形成一套成熟的隐私权保护理论体系。保护公民隐私权的思想主要在一些全国性、地方性以及专项法规中有所体现。我国立法中关于隐私权的保护主要体现在宪法和民法有关人身权和财产权的规定中，刑法中也有相关规定。

（1）宪法对隐私权的保护。我国宪法没有隐私权或私生活权利这一概念，涉及隐私权的规定主要有以下几项：

《中华人民共和国宪法》规定了人格尊严不受侵犯的原则，而隐私权正是人格权的一种。国家保护公民合法收入、储蓄、房屋和其他合法财产的所有权；中华人民共和国公民的人格尊严不受侵犯，禁止用任何方式对公民进行侮辱、毁谤和诬告、陷害；公民住宅不受侵犯，禁止非法搜查或非法侵入公民住宅；公民通信自由和通信秘密受法律保护，除公安机关或检察机关依照法律规定的程序对通信进行检查外，任何组织或个人不得以任何理由侵犯公民的通信自由和通信秘密。

（2）民法对隐私权的保护。《中华人民共和国民法通则》对公民人身权、财产权提供保护。关于财产权，第五条规定："公民、法人的合法的民事权利受法律保护，任何组织和个人不得侵犯。"第七十五条规定："公民的个人财产包括公民的合法收入、储蓄、生活用品、文物、图书资料、林木、牲畜和法律允许公民所有的生产资料以及其他合法财产。公民的合法财产受法律保护，禁止任何组织和个人侵占、哄抢、破坏或非法查封、扣押、冻结、没收。"对公民的知识产权提供保护。关于人身权，《中华人民共和国民法通则》规定，公民享有姓名权，有权使用和依照规定改变自己的姓名，禁止他人干涉、盗用、假冒；公民享有肖像权，未经本人同意，不得以盈利为目的使用公民的肖像；公民、法人享有名誉权，公民的人格尊严受法律保护，禁止用侮辱、毁谤等方式损害公民、法人的名誉等。

1988年最高人民法院在《关于贯彻执行〈中华人民共和国民法通则〉若干问题的意见（试行）》中，采取变通的方法，规定对侵害他人隐私权，造成名誉权损害的，认定为侵害名誉权，追究民事责任。应当说，这是一个对隐私权保护的司法解释，但是，依据这个司法解释，在对隐私权的保护上，适用了以名誉权的保护方式进行保护，这就是所谓的间接保护方式。事实上，隐私权与名誉权一样是一项独立的权利，采用间接保护的方式保护隐私权，是不完备、不周密的保护。2001年3月10日起施行的《最高人民法院关于确定民事侵权精神赔偿责任若干问题的解释》规定：违反社会公共利益、社会公德侵害他人人格利益构成侵权。从某种意义上讲，这将包括隐私在内的合法人格利益纳入了直接的司法保护中。正在制定的民法草案有了更为明确的规定："自然人享有隐私权，禁止窃取、窃听、偷录、偷拍他人隐私，非经本人同意，不得披露或利用他人私生活秘密或实施其他损害个人隐私的行为。法律另有规定的除外。"这样，法律将以直接保护的方式保护公民的隐私权。

（3）刑法对隐私权的保护。我国刑法中尽管没有直接使用隐私或隐私权的概念，也没有规定侵犯隐私权之类的罪名，但其中有部分条款可以理解为包含着对隐私权的保护。这就是新刑法第一百二十五条规定的"非法搜查罪""非法侵入住宅罪"和第二百五十五条规定的"侵犯通信自由罪"。

我国刑法中设立的非法搜查罪、非法侵入住宅罪和侵犯通信自由罪在一定程度和范围内通过惩罚侵犯公民个人生活安宁权和私人信息保密权的行为，加强了对公民隐私权的保护。这些规定和民法、诉讼法以及行政法中有关隐私权保护的规定一道强有力的保障着公民的人格利益和人格尊严不受非法侵犯，对于提高公民权利意识，建立文明、健康向上的社会道德风尚，促进社会主义精神文明建设发挥了积极的推动作用。

2. 关于我国隐私权保护的立法建议

目前，我国对隐私权的保护还远远落后于世界先进国家，为了满足人们对私有空间的需求，也为了营造一个良好的社会环境，就必须对隐私权给予足够的重视，并在立法中加以体现，通过民法、刑法、行政法等对隐私权的保护，建构一个比较完善的隐私权保护体系。

（1）关于我国民法中公民隐私权立法保护的建议

民法对公民民事权利保护的基本方法有两种，即预防和救济。立法保护具有预防性，司法保护具有救济性。在一个法制健全的国家里，立法、司法保护应共存于一个和谐的权利保护体系中。

民事立法保护。在未来的民法中，就人格权单立一章，对隐私权的保护加以具体规定。现有通则对人格权的保护仅限于其所列的几项具体人格权，缺乏对隐私权的保护。建议对通则进行两处修改：①将通则第一百二十条修改为"公民姓名权、肖像权、名誉权、隐私权等人格权受到侵害的，有权要求停止侵害、恢复名誉、消除影响、赔礼道歉，并可要求赔偿损失"。②在人身权一节另加一条"公民享有隐私权，未经本人同意或具有其他法定理由，任何人、国家机关、社会团体、企事业单位不得披露、公开、泄露、侵犯他人私人秘密及其载体"。通过这种修改，可以使隐私权的保护在立法中找到依据，从而就可避免有关纠纷无法可依的现象。修改民法通则，只是一种原则性的立法，用来解决实际问题还远远不够。还应该对隐私权的内容、范围、特征以及侵权责任等问题作出规定，这是人格权法的任务之一。

民事司法保护。隐私权民事司法保护应着重建立两个制度，一是建立隐私判例制度。法院根据有关法律规定和实践经验，加强对隐私侵权案件的收审工作，建立判例制度。民事立法在调整社会关系中具有一般稳定性，但在反映时代、社会急需上则比较缺乏敏感性、灵活性和适应性，总是需要具体的适应性强的个别调整为补充，而判例则具有成文法所缺少的灵活和适应性。我国对隐私权的保护不应拘泥于成文法的唯一保护手段，而应根据实践需要给隐私权受害者以救济，作出典型的个案判决，为公民隐私权的保护提供更新、更多的救济方法。二是建立隐私案件审判制度。司法过程中，对隐私权的保护不仅对案件当事人予以保护，而且还要保护案外人的隐私权。故审判过程中须有一系列法院必须遵守的规则，以期在审判过程中周到、全面地保护各方当事人的隐私权。其主要应有以下几方面的原则：①隐私案件不公开审判原则。这项原则在我国的《刑事诉讼法》、《民事诉讼法》等法律、法规中都有许多明确规定，因此，在民法的修改过程中或人格权单行法中更应给予足够的重视。②限制当事人处分权原则。这项原则指的是，隐私案件当事人根据处分原则，有权在案件审理过程中将自己的隐私告知他人或公开，以及在特殊情况下，法院若有理由认为当事人公开其隐私会有诽谤、攻击他人人身或揭露他人隐私，或其隐私与他人隐私相关联的情况时，不准该当事人公开自己的隐私。③合法收集隐私证据的原则。该原则是指在案件审理过程中，只收集与处理案件有关的隐私资料或证据，当事人或证人有权拒绝回答涉及自己隐私而与本案无关的提问，以及不得以非法手段收集隐私资料或证据，否则所收集的隐私资料或证据不能作为本案审判的根据。

（2）关于隐私权的刑法保护的建议

除了民法保护之外，还应该在刑法当中设立侵犯公民隐私权罪，以惩治那些较严重的隐私侵权行为。设立该罪相当必要和迫切，它必将有效地遏制隐私权侵权行为。

市场经济体制赋予个人、企业及各机构组织以平等的竞争权利，要保证市场主体行为规范化、竞争平等化，不仅需要良好的政治、经济、外交等环境，且需要良好的社会人际关系和正常的社会生活秩序。加强隐私权的刑法保护有助于维护社会秩序。从维护社会主义法制统一的角度而言，对公民权利的保护要在民法、行政法、刑法领域都有所体现，不能重此轻彼。从各国立法来看，把严重侵犯隐私权的行为规定为犯罪，是一种世界性的立法倾向。联邦德国、日本、瑞士等国刑法均规定了侵犯隐私权罪或类似的罪名。加之我国现行刑法对隐私权的保护范围过窄，设立侵犯隐私权罪显得相当重要。

（3）隐私权保护的限制

每个人的隐私都应当受到保护，但并非所有人受保护的程度都是一样的。对于不同种类不同级别的政府官员和执政党领导干部隐私权的保护程度，应视具体情况而定：级别越高、权力越大，对其隐私权保护就越有限。隐私权限制主要有以下几种情况：①行为背景的公开；②个人生活道德的检点；③在公共事务中受到公众无条件的关注与监督；④财产的申报与登记。公众人物指在社会各个领域为公众所普遍知晓的人物，以及由于某种原因或在某种场合成为媒体焦点的人物。公共人物或因为成绩显著，或地位突出，或罪恶昭彰等，有关他们的信息为公众所关注，具有更多的公共性质，公众当然有权了解他们的活动以及与其相关的个人情况。因此，对他们隐私权的保护也应酌情加以限制。

第三节　其他国家和地区的信用管理法律

一、欧盟国家的信用管理法律

欧洲国家都是征信国家，各国都建立了有关信用管理的法律。最注重建立信用管理专业法律的欧洲国家当属德国、英国和奥地利。德国是建立信用管理专业法律的先驱。早在1934年，德国就建立了个人信用登记系统。前联邦德国曾于1970年颁布并实施了《分期付款法》，并在后来对该法进行了修改。1977年，前联邦德国为禁止生产厂商和销售商操纵消费品零售价格，又颁布了《通用商业准则》，其中的一些条款用于指导消费信贷业务。1970年，前联邦德国的 Hesse 州通过了世界上第一部《个人数据保护法》。英国议会也于1970年通过了《消费信贷法》，该法属于消费者保护类的法律，其条款类似美国的《诚实借贷法》。

欧盟作为地区性政治和经济联盟，也通过了有关信用管理专业法案。1955年10月，欧洲议会通过了欧盟的《个人数据保护纲领》（以下简称《纲领》），这是欧盟在信用管理领域的第一个公共法律。该法的目标是促进欧洲经济一体化，在欧洲市场上维护公平交易。《纲领》规定，为促进个人征信数据在同等数据开放水平的征信国家内传播，完全开放欧盟国家间的个人征信数据交换和商业化经营，但限制向征信水平落后的国家和地区传播征信数据。该数据保护法的内容主要包括：

（1）对消费者个人信用数据的质量提出要求，特别是准确率；

（2）限制允许处理的数据范围；

（3）禁止处理类似种族和血统等敏感信息；

（4）通知被处理案中的主角，被调查的消费者本人；

（5）限制被处理数据的传播；

（6）任何人都可以调取自己的个人信用调查报告；

（7）设定不同的数据保密级别；

（8）消费者个人信用调查业者有义务向监督部门报告；

（9）个人和公共的责任；

（10）限制向欧盟以外的国家传送消费者个人信用调查数据。

在欧洲，征信数据是相当开放的，法律敏感的只有自然人个人数据，而不仅仅是个人信用数据。根据数据保护法，个人数据是法律设有限制的数据，即指：①"目标是针对个人的"；②能够将某人"对号入座"的任何信息。法律不允许直接处理针对自然人个人的信息和个人家庭活动的信息。然而，关于自然人个人涉入社会和商业活动的信息则不受限制。另外，法案对于计算机化的自然人个人信用信息档案管理也做出限制。从法律角度看，只要不是属于上述两个范围的信息，都是不受限制的信息。数据保护法在要求保护自然人的人权和自由的同时，不限制个人数据在欧盟成员国之间传播。同美国的情况类似，对于正常取得企业资信调查的征信数据完全没有限制。

二、加拿大的《个人信息保护和电子文件法》

《个人信息保护和电子文件法》为商业化经营的个人征信机构、个人信息供应商、交换个人信息的机构、个人信息使用机构等（以下简称"机构"）的活动建立了法律规范，力图在个人希望保护自己的个人信息和社会合法利用个人信息之间建立一种平衡的关系。

《个人信息保护和电子文件法》要求任何个人信息经营机构都能够尊重 CSA 模范规则确定的"公平信息利用法则"，法律体现的原则共有 10 个，他们分别是：

1. 承担保密义务的原则：如果机构是被《个人信息保护和电子文件法》规范的对象，机构的工作人员必须保证遵守法律。如果机构是一家大型机构，该机构应该任命一位"首席隐私保密官"，专门负责本法律的执行。任何机构都要制定明确的方针和设置业务操作程序，以保证对法律的执行，例如机构制定一项个人信息保密政策。

2. 确定采集和使用个人信息的目的原则：在采集信息之前，一定要明确目的，最好是在通情达理的当事人同意的情况下采集和使用其个人信息。

3. 当事人同意的原则：如果机构需要采集、使用或披露个人信息，应当获得当事人的同意。《个人信息保护和电子文件法》的条款都是基于当事人同意原则基础上起草的。取得当事人的首肯的形式是多样的，可以是暗示，也可以是明确的表达，具体情况要视当事人合理的预期和将被采集的信息的类型。对于要采集个人财务和医疗记录这类敏感信息，需要得到当事人的明确表态。

4. 有限采集原则：采集个人信息的范围是受到限制的，法律规定，机构只能为定义好的目的采集恰好够用的信息，而且只能以公平和合法的手段采集信息。

5. 限制使用、披露和存储的原则：个人信息的采集应该是为了当事人认同的目的。然而，如果当事人后来又同意将个人信息用于别的目的，或者其他法律也要求信息用于其他的目的，例如个人信息的披露涉及泄露银行存取记录的情况。尽管获得了当事人的同意，也要限制信息的采集、使用和披露。法律只允许机构短期持有个人信息，达到目的是界限。

6. 准确性原则：机构保存的个人信息必须是正确的、完整和时新的，特别是在使用个人信息的时候。法律并不要求机构定时更新个人信息，除非机构的工作性质有这样的要求。

7. 保证个人信息得以安全保存的原则：机构必须对所采集信息的个人信息设置适当安全保卫措施，不论个人信息是以什么形式的载体进行存储的，包括录像带、书面记录和数字化档案等存储形式。要防止没有得到授权的人对信息的接触、披露、复制、使用和修改。

8. 公布使用方法原则：机构必须保证，向客户和雇员清楚的交代个人信息相关的业务操作方法和程序。

9. 当事人有知情权原则：当事人有权审查或审阅机构所保存的个人信息，也有权对其中不准确的地方进行改正。

10. 接受申诉并核实信息的原则：机构必须建立简单易行的当事人申诉受理程序。机构必须告诉当事人其信息是从哪里取得的，要对所有的有争议的部分进行核实，并以适当的程序更正被确认为是不正确的信息。

三、亚洲国家和地区的信用管理法律

在亚洲，建有消费者信用管理专业法律制度的有日本、韩国和中国台湾、中国香港地区。日本的《分期付款销售法》早在 1961 年就开始颁布实施，并在 1980 年进行了大幅度修改。韩国也颁布实施了《批发、零售业振兴法》。我国的台湾地区为达到欧美地区个人征信数据交换的要求，提升本地区信用管理水平，从 1991 年开始着手建立关于个人征信数据采集和传播方面的有关规定。在参考欧洲议会的《个人数据保护纲领》和德国的《个人数据保护法》后，1995 年，我国台湾地区颁布了"电脑处理个人资料保护法"，并于 1996 年颁布了实施细则。此外，发展中国家由于受发展阶段所限，法律体系并不完善，有关信用管理方面的法律规范相对缺乏，因此，各国在发展过程中，都十分重视建立和完善信用管理法律。印度和越南也在着手建立信用管理法律。泰国则是在银行的推动下，逐步完善信用立法工作，自 1998 年起起草了《信用局法案》。

第三章　我国国家性相关法规

本章要点

通过本章学习，应该了解和掌握如下要点：

·企业相关信用法规；

·金融机构相关信用法规；

·个人信用相关法规。

现今，我国信用管理体系已初步建立，并在逐步完善当中。党中央、国务院于党的十六大、十六届三中全会明确提出"形成以道德为支撑，产权为基础，法律为保障的社会信用制度"。我国的社会信用体系的运行是以道德观念与行为准则作为重要支撑，以法律作为有效保障的。而建立完善的信用相关法律是构建我国社会信用体系的根本。我国现行信用相关法律主要包括：《中华人民共和国公司法》、《中华人民共和国中小企业促进法》、《中华人民共和国个人独资企业法》、《中华人民共和国担保法》、《中小企业融资担保机构风险管理暂行办法》等。在下文中为读者作出介绍，并进行解读。

第一节　企业相关信用法规

一、《中华人民共和国公司法》及解读

《中华人民共和国公司法》（2006年1月1日起施行）

（内容略）

【解读】

2006年1月1日起实施的《中华人民共和国公司法》被称作新公司法，以区别于修订之前实行的公司法。新公司法在旧法的基础上做出修改，为进一步促进和完善公司的发展起到了积极的作用。新法的主要亮点，如下：

第一部分　关于公司资本制度

（一）公司设立

新公司法降低公司设立门槛，为公司设立提供了制度上的便利，有利于鼓励投资创业，促进经济发展和扩大就业。具体反映在：

第一，大幅度下调公司注册资本的最低限额。新公司法规定，有限责任公司注册资金最低限额一律降为人民币 3 万元；股份有限公司注册资本的最低限额为人民币 500 万元。而现行公司法规定的股份有限公司注册资本最低限额为人民币 1 000 万元。

第二，扩大股东出资形式。新公司法第二十七条规定，"股东可以用货币出资，也可以用实物、知识产权、土地使用权等可以用货币估价并可以依法转让的非货币财产作价出资；但是，法律、行政法规规定不得作为出资的财产除外。""全体股东的货币出资金额不得低于有限责任公司注册资本的百分之三十。"上述规定与现行公司法相比，一是将工业产权扩大到整个知识产权，二是放宽无形财产出资比例的限制，三是根本改变了对股东出资的立法方式，以一个富有弹性的抽象标准"可以用货币估价并可以依法转让的非货币财产"取代了原来固化的全面列举式规定，不仅实质性地扩大了股东出资的范围，而且能够灵活地适应现实生活中新的财产形式的产生和旧有财产形式的变化。按此规定，股东可以以股权等出资作为注册资本。

第三，普遍采用公司设立准则主义，取消现行公司法七十七条的规定："股份有限公司的设立，必须经过国务院授权的部门或者省级人民政府批准"。

第四，增设股份有限公司定向募集设立方式。新公司法第七十八条规定，"募集设立，是指由发起人认购公司应发行股份的一部分，其余股份向社会公开募集或者向特定对象募集而设立公司。"此外，新法第七十九条将设立股份有限公司的发起人人数限制改为二人以上二百人以下。

第五，增设有关一人有限责任公司的特别规定。

从实际情况看，一个股东的出资额占公司资本的绝大多数而其他股东只占象征性的极少数，或者一个股东拉上自己的亲朋好友作挂名股东的有限责任公司，即实质上的一人公司，已是客观存在，也很难禁止。根据我国的实际情况，并研究借鉴国外的通行做法，宜允许一个自然人投资设立有限责任公司，将其纳入公司法的调整范围。

然而，一人公司，尤其是一个自然人设立的一人公司，由于缺乏股东之间的相互制约，很容易将公司的财产与股东本人的财产相混同，将公司的财产变为股东自己的财产。而公司制度的基本特征，就是股东只以其对公司出资承担有限责任，股东对公司的债务不直接承担责任，这就容易使公司债权人的利益受到损害。对此，新公司法主要设立了五项风险防范制度：第一，对一人公司实行严格的资本确定原则，一人有限责任公司的注册资本不得低于 10 万元，并且必须一次缴足；第二，一人公司必须在公司营业执照中载明自然人独资或者法人独资，予以公示；第三，一个自然人只能设立一个一人公司，该一人公司不能再设立新的一个公司；第四，一人公司应当在每一会计年度编制财务会计报告，并经依法设立的会计师事务所审计；第五，在发生债务纠纷时，一人公司的股东有责任证明公司的财产与股东自己财产是相互独立的，如果股东不能证明公司的财产独立于股东个人的财产，股东即丧失只以其对公司的出资承担有限责任的权利。上述规定比其他国家关于一人公司的法律规定更为严格。但也有争论认为，一人有限责任公司的最低注册资本金的规定与有限公司的规定不均衡，会导致对该规定的规避，挂名股东仍将大量存在，从而使得一人有限责任公司的规定失去意义。

（二）关于公司资本

第一，新公司法规定有限责任公司及股份有限公司均采折中授权资本制：公司全体股东的首次出资额不得低于注册资本的百分之二十，其余部分由股东自公司成立之日起两年内缴足，其中，投资公司可以在五年内缴足。这一规定在于既保证启动资金的投入，又避免资金闲置。

第二，取消转投资限制。新公司法第十五条规定，公司可以向其他企业投资；但是，除法律另有规定外，不得成为对所投资企业的债务承担连带责任的出资人。现行公司法中有关累计投资额不得超过本公司净资产百分之五十的规定被取消。

第三，完善股份转让制度。新公司法第七十二条至七十六条规定了有限责任公司的股份转让，包括优先购买权的行使方式、对公司决议持反对意见的股东可要求公司回购股份、股东资格的继承。第一百四十二条放宽了对股份有限公司发起人、董事、监事及高级管理人员转让股份的限制，如发起人的禁止转让期缩短为一年，而现行公司法规定股份有限公司发起人的股份三年内不得转让。

第四，扩大了公司回购自己股份的情形。包括减少公司注册资本；与持有本公司股份的其他公司合并；将股份奖励给本公司职工；股东因对股东大会作出的公司合并、分立决议持异议，要求公司收购其股份的。而现行公司法第一百四十九条规定，公司只能在减资或与持有本公司股票的其他公司合并时收购本公司的股票。

（三）增加"公司法人人格否认"或称为"揭开公司面纱"制度的规定

修订后的新公司法在为公司的设立和经营活动提供较为宽松条件的同时，为防范滥用公司制度的风险，增加了"公司法人人格否认"制度的规定。即当公司股东滥用公司法人独立地位和股东有限责任、逃避债务、严重损害公司债权人利益时，该股东即丧失依法享有的仅以其对公司的出资为限对公司承担有限责任的权利，而应对公司的全部债务承担连带责任。这也就是说，若作为债务人的公司存在公司法人人格否认的情况，则债权人可不将该公司作为独立法人对待，直接要求其股东承担债务偿还的连带责任。因此，这一规定，为防范滥用公司制度的风险，保证交易安全，保障公司债权人的利益，维护社会经济秩序，提供了必要的制度安排。

第二部分　公司治理

（一）关于完善公司法人治理结构

完善的公司组织机构是公司有效运营的前提。公司组织机构机理，就其根本意义而言，应是分权制衡；公司组织机构的机制，应是法人治理机制——效率的实现与监督的有效。对此，虽然现行公司法都有规定，但规则的充分性不够。以监事会为例，它作为法定的监督机关，公司法虽规定了它拥有财务监督、合法性监督和妥当性监督的职权，但缺少实现其监督职能的充分条件。新公司法完善公司法人治理结构的努力体现在：

第一，完善股东会和董事会制度，充实股东会、董事会召集和议事程序的规定；突出董事会集体决策作用，制约董事长专权。并且，简化有限责任公司组织机构，使之与股份有限公司加大区别：新法第五十条对有限责任公司是否设经理不作强制性规定。第三十八条规定，对于股东会决议事项，股东以书面形式一致表示同意的，可以不召开股东会会议，直接作出决定，并由全体股东在决定文件上签名、盖章。

第二，强化监事职权，完善监事会制度。

新法规定，监事会应当包括股东代表和适当比例的公司职工代表，其中职工代表的比例不得低于三分之一。有限责任公司监事会每年度至少召开一次会议，股份有限公司监事会每六个月至少召开一次会议。监事会或不设监事会的公司的监事的职权扩张及：对违反法律、行政法规、公司章程或者股东会决议的董事、高级管理人员提出罢免的建议；在董事会不履行本法规定的召集和主持股东会会议职责时召集和主持股东会会议；向股东会会议提出提案；依照本法第一百五十二条的规定，对董事、高级管理人员提起诉讼；监事可以列席董事会会议，并对董事会决议事项提出质询或者建议；监事会、不设监事会的公司的监事发现公司经营情况异常，可以进行调查；必要时，可以聘请会计师事务所等协助其工作，费用由公司承担。

监事会、不设监事会的公司的监事行使职权所必需的费用，由公司承担。

第三，强化董事及高管责任：新法第一百四十八条至一百五十三条对公司董事和高级管理人员对公司的忠实和勤勉义务以及违反义务的责任，作出了更为明确具体的规定。

第一百一十六条规定，股份有限公司不得直接或者通过子公司向董事、监事、高级管理人员提供借款。第一百一十七条规定，股份有限公司应当定期向股东披露董事、监事、高级管理人员从公司获得报酬的情况。

第四，对上市公司组织机构作专门规定，包括上市公司设立独立董事；设董事会秘书，负责公司股东大会和董事会会议的筹备、文件保管以及公司股东资料的管理，办理信息披露事务等事宜；限制有关联关系董事的表决权。并规定，上市公司在一年内购买、出售重大资产或者担保金额超过公司资产总额百分之三十的，应当由股东大会作出决议，并经出席会议的股东所持表决权的三分之二以上通过。

（二）关于加强公司自治

公司法属私法领域，应突出任意性规范的地位。新法将现行公司法的一些强制性规范修改为任意性规范，减少法律的强制性干预，增强公司章程的法律效力，并在更大程度上赋予股东自由决定收益分配和业务执行等公司事务的权利，并借助公司章程予以"法律化"。

比如，股东之间的利润分配，可以按照章程规定，不一定要按照出资比例分配。新法第三十五条规定，"股东按照实缴的出资比例分取红利；公司新增资本时，股东有权优先按照实缴的出资比例认缴出资。但是，全体股东约定不按照出资比例分取红利或者不按照出资比例优先认缴出资的除外。"第一百六十七条规定，公司弥补亏损和提取公积金后所余税后利润，有限责任公司依照本法第三十五条的规定分配；股份有限公司按照股东持有的股份比例分配，但股份有限公司章程规定不按持股比例分配的除外。

按照新公司法，公司的法定代表人将不一定由公司的董事长来担任。因为，很多公司当中，董事长更多的是名誉职务，本身对业务的介入程度很浅。新法第十三条规定，公司法定代表人依照公司章程的规定，由董事长、执行董事或者经理担任，并依法登记。

股东会、董事会、经理、法定代表人的权限分别是多大，可以在章程里约定，特别是，对于经理的权限，可以在章程中扩大，或者减少，而不是由法律来规定。这样一来，企业内部的治理结构就将更加灵活。

公司章程还可对股东会、董事会、监事会的议事方式和表决程序做出规定。新法第四十三条还规定，（有限责任公司）股东会会议由股东按照出资比例行使表决权；但是，公司章程另有规定的除外。此外，股权转让、股东资格的继承等事项均可在章程中做出规定。

新法第一百八十二条规定，当公司章程规定的营业期限届满或者公司章程规定的其他解散事由出现，可以通过修改公司章程而存续。

（三）健全对股东尤其是中小股东利益的保护机制

1. 新公司法赋予少数股东召开股东大会的请求权、召集权和主持权，规定董事会或者执行董事不能履行或者不履行召集股东会会议职责、且监事会或者监事不召集和主持的，有限责任公司代表十分之一以上表决权的股东、股份有限公司连续九十日以上单独或者合计持有公司百分之十以上股份的股东可以自行召集和主持。

新法第一百零三条规定了股东提案制度：股份有限公司单独或者合计持有公司百分之三以上股份的股东，可以在股东大会召开十日前提出临时提案并书面提交董事会；董事会应当在收到提案后二日内通知其他股东，并将该临时提案提交股东大会审议。而现行公司法对此尚无明确规定。

此外，新法第二十二条还规定，股东会或者股东大会、董事会的会议召集程序、表决方式违反法律、行政法规或者公司章程，或者决议内容违反公司章程的，股东可以自决议作出之日起六十日内，请求人民法院撤销。但为了防止股东滥用诉权造成公司损失，故该条第三款又规定，"股东依照前款规定提起诉讼的，人民法院可以应公司的请求，要求股东提供相应担保。"

2. 允许股份有限公司实行累积投票制。

新法第一百零六条规定，"股东大会选举董事、监事，可以依照公司章程的规定或者股东大会的决议，实行累积投票制。本法所称累积投票制，是指股东大会选举董事或者监事时，每一股份拥有与应选董事或者监事人数相同的表决权，股东拥有的表决权可以集中使用。"累计投票制的直接目的，就在于防止大股东利用表决权优势操纵董事、监事的选举，矫正"一股一票"表决制度存在的弊端。按照这种投票制度，股东在选举董事时拥有的表决权总数，等于其所持有的股份数与待选人数的乘积。投票时，股东可以将其表决权集中投给一个或几个候选人，通过这种局部集中的投票方法，能够使中小股东选出代表自己利益的董事、监事，避免大股东垄断全部董事、监事的选任，增强小股东在公司治理中的话语权。

3. 落实股东的知情权。

例如，新法第三十四条授予有限责任公司股东要求查阅公司会计账簿的权利。但规定公司有合理根据认为股东查阅会计账簿有不正当目的，可能损害公司合法利益的，可以拒绝提供查阅，并应当自股东提出书面请求之日起十五日内书面答复股东并说明理由。公司拒绝提供查阅的,股东可以请求人民法院要求公司提供查阅。第九十八条规定,股份有限公司股东有权查阅公司章程、股东名册、公司债券存根、股东大会会议记录、董事会会议决议、监事会会议决议、财务会计报告,对公司的经营提出建议或者质询。需要注意的是,新公司法基于股份有限公司股东人数众多的特点,未授予股份有限公司股东要求查阅公司会计账簿的权利。

4. 确立有限责任公司股东退出机制。

新法第七十五条规定,"有下列情形之一的,对股东会该项决议投反对票的股东可以请求公司按照合理的价格收购其股权:①公司连续五年不向股东分配利润,而公司该五年连续盈利,并且符合本法规定的分配利润条件的;②公司合并、分立、转让主要财产的;③公司章程规定的营业期限届满或者章程规定的其他解散事由出现,股东会会议通过决议修改章程使公司存续的。

自股东会会议决议通过之日起六十日内,股东与公司不能达成股权收购协议的,股东可以自股东会会议决议通过之日起九十日内向人民法院提起诉讼。"

现实生活中,有些有限责任公司的大股东利用其对公司的控制权,长期不向股东分配利润,也不允许中小股东查阅公司财务状况,权益受到损害的中小股东又无法像股份有限公司股东那样可以通过转让股份退出公司,致使中小股东的利益受到严重损害。而根据新法的上述规定,有限责任公司故意不分红将可能被起诉。

5. 明确公司陷于僵局时股东具有解散公司的请求权。

新法第一百八十三条规定,公司经营管理发生严重困难,继续存续会使股东利益受到重大损失,通过其他途径不能解决的,持有公司全部股东表决权百分之十以上的股东,可以请求人民法院解散公司。

6. 规定股东代表诉讼等诉讼权利。

新法第一百五十二条规定,董事、监事、高级管理人员执行公司职务时违反法律、行政法规或者公司章程的规定,给公司造成损失的,"有限责任公司的股东、股份有限公司连续一百八十日以上单独或者合计持有公司百分之一以上股份的股东,可以书面请求监事会或者不设监事会的有限责任公司的监事向人民法院提起诉讼;监事有本法第一百五十条规定的情形的,前述股东可以书面请求董事会或者不设董事会的有限责任公司的执行董事向人民法院提起诉讼。

监事会、不设监事会的有限责任公司的监事,或者董事会、执行董事收到前款规定的股东书面请求后拒绝提起诉讼,或者自收到请求之日起三十日内未提起诉讼,或者情况紧急、不立即提起诉讼将会使公司利益受到难以弥补的损害的,前款规定的股东有权为了公司的利益以自己的名义直接向人民法院提起诉讼。

他人侵犯公司合法权益,给公司造成损失的,本条第一款规定的股东可以依照前两款的规定向人民法院提起诉讼。"

第一百五十三条规定,"董事、高级管理人员违反法律、行政法规或者公司章程的规定,损害股东利益的,股东可以向人民法院提起诉讼。"

7. 限制关联股东及实际控制人的表决权及交易行为。

新公司法第十六条规定,公司为公司股东或者实际控制人提供担保的,必须经股东会或者股东大会决议。前款规定的股东或者受前款规定的实际控制人支配的股东，不得参加前款规定事项的表决。该项表决由出席会议的其他股东所持表决权的过半数通过。

第二十一条规定，公司的控股股东、实际控制人、董事、监事、高级管理人员不得利用其关联关系损害公司利益。违反前款规定，给公司造成损失的，应当承担赔偿责任。

第三部分　关于其他修订

1. 进一步明确公司享有法人财产权。

新公司法第三条规定，公司是企业法人，有独立的法人财产，享有法人财产权。公司以其全部财产对公司的债务承担责任。第四条规定，公司股东依法享有资产收益、参与重大决策和选择管理者等权利。

现行公司法中同时规定"公司股东作为出资者按投入公司的资本额享有所有者的资产受益、重大决策和选择管理者等权利"及"公司享有由股东投资形成的全部法人财产权"的做法有违反"一物一权"之嫌。

2. 对公司担保行为加以规范。

公司为他人提供担保，可能给公司财产带来较大风险，需要慎重。新公司法第十六条规定，"公司向其他企业投资或者为他人提供担保，依照公司章程的规定，由董事会或者股东会、股东大会决议；公司章程对投资或者担保的总额及单项投资或者担保的数额有限额规定的，不得超过规定的限额。

公司为公司股东或者实际控制人提供担保的，必须经股东会或者股东大会决议。

前款规定的股东或者受前款规定的实际控制人支配的股东，不得参加前款规定事项的表决。该项表决由出席会议的其他股东所持表决权的过半数通过。"

3. 强化了对劳动者利益的保护和职工对公司管理的参与，规定了三分之一的职工监事的最低比例和职工董事的自愿设置；加强工会制度。

4. 确立了有限公司股权变动时以股东名册记载为生效要件、以变更登记为对抗要件的股权认定标准（新法第三十三条）。

5. 上市公司门槛降低，如发行新股不再要求公司在最近三年内连续盈利。但该部分相关内容转至新《证券法》中加以规定。

6. 公司债券发行条件改由新《证券法》调整。公司债券募集办法中应当载明的主要事项增加债券募集资金的用途及债券担保情况两项。公司可以实物券方式发行公司债券，也可依法以其他方式发行。新增第一百五十九条：记名公司债券的登记结算机构应当建立债券登记、存管、付息、兑付等相关制度。

7. 从制度上保障会计师事务所的独立性，真正发挥外部审计的监督作用。

新法第一百六十五条规定，公司应当在每一会计年度终了时编制财务会计报告，并依法经会计师事务所审计。第一百七十条规定，公司聘用、解聘承办公司审计业务的会计师事务所，依照公司章程的规定，由股东会、股东大会或者董事会决定。公司股东会、股东大会或者董事会就解聘会计师事务所进行表决时，应当允许会计师事务所陈述意见。第一百七十一条规定，公司应当向聘用的会计师事务所提供真实、完整的会计凭证、会计账簿、财务会计报告及其他会计资料，不得拒绝、隐匿、谎报。第五十五条规定，监事会、不设监事会的公司的监事发现公司经营情况异常，可以进行调查；必要时，可以聘请会计师事务所等协助其工作，费用由公司承担。

8. 删除关于法定公益金的规定。公司提取公益金主要是用于购建职工住房。住房分配制度改革以后，按照财政部的有关规定，企业已经不得再为职工住房筹集资金，公益金失去了原有用途。实践中出现了大笔公益金长期挂账闲置、无法使用的问题。

9. 几个程序上的精简，包括股东会召开通知的期限被缩短、公司合并、分立、减资时公告的期限和次数以及债权人要求清偿或提供担保的期限均有精简。

10. 清算组的公告及债权人申报债权的程序方面，同样减少次数、缩短期限。清算财产的支付顺序中增加"社会保险费用和法定补偿金"一项，修订后的顺序为"公司财产在分别支付清算费用、职工的工资、社会保险费用和法定补偿金，缴纳所欠税款，清偿公司债务后的剩余财产，有限责任公司按照股东的出资比例分配，股份有限公司按照股东持有的股份比例分配。"

11. 明确中介机构的赔偿责任。

新法规定，承担资产评估、验资或者验证的机构提供虚假材料的、因过失提供有重大遗漏的报告的，最高可处吊销营业执照的处罚；因其出具评估结果、验资或者验证证明不实，给公司债权人造成损失的，除能够证明自己没有过错的外，在其评估或者证明不实的金额范围内承担赔偿责任。

中介机构出具虚假的验资证明、评估报告等材料，会使公司债权人对公司资本的真实情况产生误解，给债权人造成损失的。在双管齐下的新法面前，今后，注册一个公司相对容易，而"做假"将会付出很大代价。

此外，法律责任一章中，多处调高处罚标准。

第四部分　结语

本次公司法修订，在原来总共 229 个条文中，删除条款 46 条，增加条款达 41 条，修改的条款达 137 条；并利用公司法与证券法两部法律同时修改的难得机遇，科学地划分了两者的合理分工，消除了原有的立法冲突和交叉。新公司法在公司资本及公司治理两大支柱制度方面均有很大突破，总体来说，以促进投资为宗旨，以保护投资者利益为目标，充分借鉴国际通行做法及理论争鸣，既突出公司自治，又增强了公司法的可诉性，对于规范和推动市场经济有积极意义。

二、《中华人民共和国担保法》及解读

中华人民共和国担保法

(1995 年 6 月 30 日第八届全国人民代表大会常务委员会第十四次会议通过)

第一章　总则

第一条　为促进资金融通和商品流通，保障债权的实现，发展社会主义市场经济，制定本法。

第二条　在借贷、买卖、货物运输、加工承揽等经济活动中，债权人需要以担保方式保障其债权实现的，可以依照本法规定设定担保。本法规定的担保方式为保证、

抵押、质押、留置和定金。

第三条　担保活动应当遵循平等、自愿、公平、诚实信用的原则。

第四条　第三人为债务人向债权人提供担保时，可以要求债务人提供反担保。反担保适用本法担保的规定。

第五条　担保合同是主合同的从合同，主合同无效，担保合同无效。担保合同另有约定的，按照约定。

担保合同被确认无效后，债务人、担保人、债权人有过错的，应当根据其过错各自承担相应的民事责任。

第二章　保证

第一节　保证和保证人

第六条　本法所称保证，是指保证人和债权人约定，当债务人不履行债务时，保证人按照约定履行债务或者承担责任的行为。

第七条　具有代为清偿债务能力的法人、其他组织或者公民，可以作保证人。

第八条　国家机关不得为保证人，但经国务院批准为使用外国政府或者国际经济组织贷款进行转贷的除外。

第九条　学校、幼儿园、医院等以公益为目的的事业单位、社会团体不得为保证人。

第十条　企业法人的分支机构、职能部门不得为保证人。企业法人的分支机构有法人书面授权的，可以在授权范围内提供保证。

第十一条　任何单位和个人不得强令银行等金融机构或者企业为他人提供保证；银行等金融机构或者企业对强令其为他人提供保证的行为，有权拒绝。

第十二条　同一债务有两个以上保证人的，保证人应当按照保证合同约定的保证份额，承担保证责任。没有约定保证份额的，保证人承担连带责任，债权人可以要求任何一个保证人承担全部保证责任，保证人都负有担保全部债权实现的义务。已经承担保证责任的保证人，有权向债务人追偿，或者要求承担连带责任的其他保证人清偿其应当承担的份额。

第二节　保证合同和保证方式

第十三条　保证人与债权人应当以书面形式订立保证合同。

第十四条　保证人与债权人可以就单个主合同分别订立保证合同，也可以协议在最高债权额限度内就一定期间连续发生的借款合同或者某项商品交易合同订立一个保证合同。

第十五条　保证合同应当包括以下内容：

（一）被保证的主债权种类、数额；

（二）债务人履行债务的期限；

（三）保证的方式；

（四）保证担保的范围；

（五）保证的期间；

（六）双方认为需要约定的其他事项。

保证合同不完全具备前款规定内容的，可以补正。

第十六条　保证的方式有：

（一）一般保证；

（二）连带责任保证。

第十七条　当事人在保证合同中约定，债务人不能履行债务时，由保证人承担保证责任的，为一般保证。一般保证的保证人在主合同纠纷未经审判或者仲裁，并就债务人财产依法强制执行仍不能履行债务前，对债权人可以拒绝承担保证责任。有下列情形之一的，保证人不得行使前款规定的权利：

（一）债务人住所变更，致使债权人要求其履行债务发生重大困难的；

（二）人民法院受理债务人破产案件，中止执行程序的；

（三）保证人以书面形式放弃前款规定的权利的。

第十八条　当事人在保证合同中约定保证人与债务人对债务承担连带责任的，为连带责任保证。连带责任保证的债务人在主合同规定的债务履行期届满没有履行债务的，债权人可以要求债务人履行债务，也可以要求保证人在其保证范围内承担保证责任。

第十九条　当事人对保证方式没有约定或者约定不明确的，按照连带责任保证承担保证责任。

第二十条　一般保证和连带责任保证的保证人享有债务人的抗辩权。债务人放弃对债务的抗辩权的，保证人仍有权抗辩。抗辩权是指债权人行使债权时，债务人根据法定事由，对抗债权人行使请求权的权利。

第三节　保证责任

第二十一条　保证担保的范围包括主债权及利息、违约金、损害赔偿金和实现债权的费用。保证合同另有约定的，按照约定。当事人对保证担保的范围没有约定或者约定不明确的，保证人应当对全部债务承担责任。

第二十二条　保证期间，债权人依法将主债权转让给第三人的，保证人在原保证担保的范围内继续承担保证责任。保证合同另有约定的，按照约定。

第二十三条　保证期间，债权人许可债务人转让债务的，应当取得保证人书面同意，保证人对未经其同意转让的债务，不再承担保证责任。

第二十四条　债权人与债务人协议变更主合同的，应当取得保证人书面同意，未经保证人书面同意的，保证人不再承担保证责任。保证合同另有约定的，按照约定。

第二十五条　一般保证的保证人与债权人未约定保证期间的，保证期间为主债务履行期届满之日起六个月。在合同约定的保证期间和前款规定的保证期间，债权人未对债务人提起诉讼或者申请仲裁的，保证人免除保证责任；债权人已提起诉讼或者申请仲裁的，保证期间适用诉讼时效中断的规定。

第二十六条　连带责任保证的保证人与债权人未约定保证期间的，债权人有权自主债务履行期届满之日起六个月内要求保证人承担保证责任。在合同约定的保证期间和前款规定的保证期间，债权人未要求保证人承担保证责任的，保证人免除保证责任。

第二十七条　保证人依照本法第十四条规定就连续发生的债权作保证，未约定保证期间的，保证人可以随时书面通知债权人终止保证合同，但保证人对于通知到债权人前所发生的债权，承担保证责任。

第二十八条　同一债权既有保证又有物的担保的，保证人对物的担保以外的债权承担保证责任。债权人放弃物的担保的，保证人在债权人放弃权利的范围内免除保证责任。

第二十九条　企业法人的分支机构未经法人书面授权或者超出授权范围与债权人订立保证合同的，该合同无效或者超出授权范围的部分无效，债权人和企业法人有过错的，应当根据其过错各自承担相应的民事责任；债权人无过错的，由企业法人承担民事责任。

第三十条　有下列情形之一的，保证人不承担民事责任：

（一）主合同当事人双方串通，骗取保证人提供保证的；

（二）主合同债权人采取欺诈、胁迫等手段，使保证人在违背真实意思的情况下提供保证的。

第三十一条　保证人承担保证责任后，有权向债务人追偿。

第三十二条　人民法院受理债务人破产案件后，债权人未申报债权的，保证人可以参加破产财产分配，预先行使追偿权。

第三章　抵押
第一节　抵押和抵押物

第三十三条　本法所称抵押，是指债务人或者第三人不转移对本法第三十四条所列财产的占有，将该财产作为债权的担保。债务人不履行债务时，债权人有权依照本法规定以该财产折价或者以拍卖、变卖该财产的价款优先受偿。前款规定的债务人或者第三人为抵押人，债权人为抵押权人，提供担保的财产为抵押物。

第三十四条　下列财产可以抵押：

（一）抵押人所有的房屋和其他地上定着物；

（二）抵押人所有的机器、交通运输工具和其他财产；

（三）抵押人依法有权处分的国有的土地使用权、房屋和其他地上定着物；

（四）抵押人依法有权处分的国有的机器、交通运输工具和其他财产；

（五）抵押人依法承包并经发包方同意抵押的荒山、荒沟、荒丘、荒滩等荒地的土地使用权；

（六）依法可以抵押的其他财产。抵押人可以将前款所列财产一并抵押。

第三十五条　抵押人所担保的债权不得超出其抵押物的价值。

财产抵押后，该财产的价值大于所担保债权的余额部分，可以再次抵押，但不得超出其余额部分。

第三十六条　以依法取得的国有土地上的房屋抵押的，该房屋占用范围内的国有土地使用权同时抵押。以出让方式取得的国有土地使用权抵押的，应当将抵押时该国有土地上的房屋同时抵押。乡（镇）、村企业的土地使用权不得单独抵押。以乡（镇）、村企业的厂房等建筑物抵押的，其占用范围内的土地使用权同时抵押。

第三十七条　下列财产不得抵押：

（一）土地所有权；

（二）耕地、宅基地、自留地、自留山等集体所有的土地使用权，但本法第三十四条第（五）项、第三十六条第三款规定的除外；

（三）学校、幼儿园、医院等以公益为目的的事业单位、社会团体的教育设施、医疗卫生设施和其他社会公益设施；

（四）所有权、使用权不明或者有争议的财产；

（五）依法被查封、扣押、监管的财产；

（六）依法不得抵押的其他财产。

第二节 抵押合同和抵押物登记

第三十八条 抵押人和抵押权人应当以书面形式订立抵押合同。

第三十九条 抵押合同应当包括以下内容：

（一）被担保的主债权种类、数额；

（二）债务人履行债务的期限；

（三）抵押物的名称、数量、质量、状况、所在地、所有权权属或者使用权权属；

（四）抵押担保的范围；

（五）当事人认为需要约定的其他事项。

抵押合同不完全具备前款规定内容的，可以补正。

第四十条 订立抵押合同时，抵押权人和抵押人在合同中不得约定在债务履行期届满抵押权人未受清偿时，抵押物的所有权转移为债权人所有。

第四十一条 当事人以本法第四十二条规定的财产抵押的，应当办理抵押物登记，抵押合同自登记之日起生效。

第四十二条 办理抵押物登记的部门如下：

（一）以无地上定着物的土地使用权抵押的，为核发土地使用权证书的土地管理部门；

（二）以城市房地产或者乡（镇）、村企业的厂房等建筑物抵押的，为县级以上地方人民政府规定的部门；

（三）以林木抵押的，为县级以上林木主管部门；

（四）以航空器、船舶、车辆抵押的，为运输工具的登记部门；

（五）以企业的设备和其他动产抵押的，为财产所在地的工商行政管理部门。

第四十三条 当事人以其他财产抵押的，可以自愿办理抵押物登记，抵押合同自签订之日起生效。当事人未办理抵押物登记的，不得对抗第三人。当事人办理抵押物登记的，登记部门为抵押人所在地的公证部门。

第四十四条 办理抵押物登记，应当向登记部门提供下列文件或者其复印件：

（一）主合同和抵押合同；

（二）抵押物的所有权或者使用权证书。

第四十五条 登记部门登记的资料，应当允许查阅、抄录或者复印。

第三节 抵押的效力

第四十六条 抵押担保的范围包括主债权及利息、违约金、损害赔偿金和实现抵押权的费用。抵押合同另有约定的，按照约定。

第四十七条　债务履行期届满，债务人不履行债务致使抵押物被人民法院依法扣押的，自扣押之日起抵押权人有权收取由抵押物分离的天然利息以及抵押人就抵押物可以收取的法定利息。抵押权人未将扣押抵押物的事实通知应当清偿法定利息的义务人的，抵押权的效力不及于该利息。

前款利息应当先充抵收取利息的费用。

第四十八条　抵押人将已出租的财产抵押的，应当书面告知承租人，原租赁合同继续有效。

第四十九条　抵押期间，抵押人转让已办理登记的抵押物的，应当通知抵押权人并告知受让人转让物已经抵押的情况；抵押人未通知抵押权人或者未告知受让人的，转让行为无效。

转让抵押物的价款明显低于其价值的，抵押权人可以要求抵押人提供相应的担保；抵押人不提供的，不得转让抵押物。抵押人转让抵押物所得的价款，应当向抵押权人提前清偿所担保的债权或者向与抵押权人约定的第三人提存。超过债权数额的部分，归抵押人所有，不足部分由债务人清偿。

第五十条　抵押权不得与债权分离而单独转让或者作为其他债权的担保。

第五十一条　抵押人的行为足以使抵押物价值减少的，抵押权人有权要求抵押人停止其行为。抵押物价值减少时，抵押权人有权要求抵押人恢复抵押物的价值，或者提供与减少的价值相当的担保。抵押人对抵押物价值减少无过错的，抵押权人只能在抵押人因损害而得到的赔偿范围内要求提供担保。抵押物价值未减少的部分，仍作为债权的担保。

第五十二条　抵押权与其担保的债权同时存在，债权消灭的，抵押权也消灭。

第四节　抵押权的实现

第五十三条　债务履行期届满抵押权人未受清偿的，可以与抵押人协议以抵押物折价或者以拍卖、变卖该抵押物所得的价款受偿；协议不成的，抵押权人可以向人民法院提起诉讼。抵押物折价或者拍卖、变卖后，其价款超过债权数额的部分归抵押人所有，不足部分由债务人清偿。

第五十四条　同一财产向两个以上债权人抵押的，拍卖、变卖抵押物所得的价款按照以下规定清偿：

（一）抵押合同以登记生效的，按照抵押物登记的先后顺序清偿；顺序相同的，按照债权比例清偿；

（二）抵押合同自签订之日起生效的，该抵押物已登记的，按照本条第（一）项规定清偿；未登记的，按照合同生效时间的先后顺序清偿，顺序相同的，按照债权比例清偿。抵押物已登记的先于未登记的受偿。

第五十五条　城市房地产抵押合同签订后，土地上新增的房屋不属于抵押物。需要拍卖该抵押的房地产时，可以依法将该土地上新增的房屋与抵押物一同拍卖，但对拍卖新增房屋所得，抵押权人无权优先受偿。

依照本法规定以承包的荒地的土地使用权抵押的，或者以乡（镇）、村企业的厂房等建筑物占用范围内的土地使用权抵押的，在实现抵押权后，未经法定程序不得改变土地集体所有和土地用途。

第五十六条　拍卖划拨的国有土地使用权所得的价款，在依法缴纳相当于应缴纳的土地使用权出让金的款额后，抵押权人有优先受偿权。

第五十七条　为债务人抵押担保的第三人，在抵押权人实现抵押权后，有权向债务人追偿。

第五十八条　抵押权因抵押物灭失而消灭。因灭失所得的赔偿金，应当作为抵押财产。

第五节　最高额抵押

第五十九条　本法所称最高额抵押，是指抵押人与抵押权人协议，在最高债权额限度内，以抵押物对一定期间内连续发生的债权作担保。

第六十条　借款合同可以附最高额抵押合同。债权人与债务人就某项商品在一定期间内连续发生交易而签订的合同，可以附最高额抵押合同。

第六十一条　最高额抵押的主合同债权不得转让。

第六十二条　最高额抵押除适用本节规定外，适用本章其他规定。

第四章　质押

第一节　动产质押

第六十三条　本法所称动产质押，是指债务人或者第三人将其动产移交债权人占有，将该动产作为债权的担保。债务人不履行债务时，债权人有权依照本法规定以该动产折价或者以拍卖、变卖该动产的价款优先受偿。

前款规定的债务人或者第三人为出质人，债权人为质权人，移交的动产为质物。

第六十四条　出质人和质权人应当以书面形式订立质押合同。质押合同自质物移交于质权人占有时生效。

第六十五条　质押合同应当包括以下内容：

（一）被担保的主债权种类、数额；

（二）债务人履行债务的期限；

（三）质物的名称、数量、质量、状况；

（四）质押担保的范围；

（五）质物移交的时间；

（六）当事人认为需要约定的其他事项。

质押合同不完全具备前款规定内容的，可以补正。

第六十六条　出质人和质权人在合同中不得约定在债务履行期届满质权人未受清偿时，质物的所有权转移为质权人所有。

第六十七条　质押担保的范围包括主债权及利息、违约金、损害赔偿金、质物保管费用和实现质权的费用。质押合同另有约定的，按照约定。

第六十八条　质权人有权收取质物所生的利息。质押合同另有约定的，按照约定。前款利息应当先充抵收取利息的费用。

第六十九条　质权人负有妥善保管质物的义务。因保管不善致使质物灭失或者毁损的，质权人应当承担民事责任。

质权人不能妥善保管质物可能致使其灭失或者毁损的，出质人可以要求质权人将质物提存，或者要求提前清偿债权而返还质物。

第七十条　质物有损坏或者价值明显减少的可能，足以危害质权人权利的，质权人可以要求出质人提供相应的担保。出质人不提供的，质权人可以拍卖或者变卖质物，并与出质人协议将拍卖或者变卖所得的价款用于提前清偿所担保的债权或者向与出质人约定的第三人提存。

第七十一条　债务履行期届满债务人履行债务的，或者出质人提前清偿所担保的债权的，质权人应当返还质物。债务履行期届满质权人未受清偿的，可以与出质人协议以质物折价，也可以依法拍卖、变卖质物。质物折价或者拍卖、变卖后，其价款超过债权数额的部分归出质人所有，不足部分由债务人清偿。

第七十二条　为债务人质押担保的第三人，在质权人实现质权后，有权向债务人追偿。

第七十三条　质权因质物灭失而消灭。因灭失所得的赔偿金，应当作为出质财产。

第七十四条　质权与其担保的债权同时存在，债权消灭的，质权也消灭。

第二节　权利质押

第七十五条　下列权利可以质押：

（一）汇票、支票、本票、债券、存款单、仓单、提单；

（二）依法可以转让的股份、股票；

（三）依法可以转让的商标专用权，专利权、著作权中的财产权；

（四）依法可以质押的其他权利。

第七十六条　以汇票、支票、本票、债券、存款单、仓单、提单出质的，应当在合同约定的期限内将权利凭证交付质权人。质押合同自权利凭证交付之日起生效。

第七十七条　以载明兑现或者提货日期的汇票、支票、本票、债券、存款单、仓单、提单出质的，汇票、支票、本票、债券、存款单、仓单、提单兑现或者提货日期先于债务履行期的，质权人可以在债务履行期届满前兑现或者提货，并与出质人协议将兑现的价款或者提取的货物用于提前清偿所担保的债权或者向与出质人约定的第三人提存。

第七十八条　以依法可以转让的股票出质的，出质人与质权人应当订立书面合同，并向证券登记机构办理出质登记。质押合同自登记之日起生效。股票出质后，不得转让，但经出质人与质权人协商同意的可以转让。出质人转让股票所得的价款应当向质权人提前清偿所担保的债权或者向与质权人约定的第三人提存。以有限责任公司的股份出质的，适用公司法股份转让的有关规定。质押合同自股份出质记载于股东名册之日起生效。

第七十九条　以依法可以转让的商标专用权，专利权、著作权中的财产权出质的，出质人与质权人应当订立书面合同，并向其管理部门办理出质登记。质押合同自登记之日起生效。

第八十条　本法第七十九条规定的权利出质后，出质人不得转让或者许可他人使用，但经出质人与质权人协商同意的可以转让或者许可他人使用。出质人所得的转让费、许可费应当向质权人提前清偿所担保的债权或者向与质权人约定的第三人提存。

第八十一条 权利质押除适用本节规定外，适用本章第一节的规定。

第五章 留置

第八十二条 本法所称留置，是指依照本法第八十四条的规定，债权人按照合同约定占有债务人的动产，债务人不按照合同约定的期限履行债务的，债权人有权依照本法规定留置该财产，以该财产折价或者以拍卖、变卖该财产的价款优先受偿。

第八十三条 留置担保的范围包括主债权及利息、违约金、损害赔偿金，留置物保管费用和实现留置权的费用。

第八十四条 因保管合同、运输合同、加工承揽合同发生的债权，债务人不履行债务的，债权人有留置权。法律规定可以留置的其他合同，适用前款规定。当事人可以在合同中约定不得留置的物。

第八十五条 留置的财产为可分物的，留置物的价值应当相当于债务的金额。

第八十六条 留置权人负有妥善保管留置物的义务。因保管不善致使留置物灭失或者毁损的，留置权人应当承担民事责任。

第八十七条 债权人与债务人应当在合同中约定，债权人留置财产后，债务人应当在不少于两个月的期限内履行债务。债权人与债务人在合同中未约定的，债权人留置债务人财产后，应当确定两个月以上的期限，通知债务人在该期限内履行债务。债务人逾期仍不履行的，债权人可以与债务人协议以留置物折价，也可以依法拍卖、变卖留置物。留置物折价或者拍卖、变卖后，其价款超过债权数额的部分归债务人所有，不足部分由债务人清偿。

第八十八条 留置权因下列原因消灭：

（一）债权消灭的；

（二）债务人另行提供担保并被债权人接受的。

第六章 定金

第八十九条 当事人可以约定一方向对方给付定金作为债权的担保。债务人履行债务后，定金应当抵作价款或者收回。给付定金的一方不履行约定的债务的，无权要求返还定金；收受定金的一方不履行约定的债务的，应当双倍返还定金。

第九十条 定金应当以书面形式约定。当事人在定金合同中应当约定交付定金的期限。定金合同从实际交付定金之日起生效。

第九十一条 定金的数额由当事人约定，但不得超过主合同标的额的百分之二十。

第七章 附则

第九十二条 本法所称不动产是指土地以及房屋、林木等地上定着物。本法所称动产是指不动产以外的物。

第九十三条 本法所称保证合同、抵押合同、质押合同、定金合同可以是单独订立的书面合同，包括当事人之间的具有担保性质的信函、传真等，也可以是主合同中的担保条款。

第九十四条 抵押物、质物、留置物折价或者变卖，应当参照市场价格。

第九十五条　海商法等法律对担保有特别规定的，依照其规定。

第九十六条　本法自 1995 年 10 月 1 日起施行。

【解读】

（一）概述

担保是随着商品经济的发展而产生的一项重要民事法律制度。

担保是保障债权实现的重要手段。1987 年 1 月 1 日开始实施的《中华人民共和国民法通则》对担保制度作了基本规定，但是，非常简单，只规定了保证、抵押、定金和留置四种担保方式。由于缺乏完备的担保制度，我国许多银行发放无担保的贷款，造成大量呆账、坏账，增加了银行的风险。随着社会主义市场经济的发展，担保的作用越来越重要，民法通则的规定已不能适应经济生活的需要。为了进一步完善担保制度，促进资金融通和商品流通，制定担保法是十分必要的。

1995 年 6 月 30 日，第八届全国人大常委会第十四次会议通过了《中华人民共和国担保法》，自 1995 年 10 月 1 日起施行。担保法有以下主要内容：

1. 关于保证

保证是担保的一种方式，即由第三人作为保证人，当债务人不履行债务时，按照约定由保证人履行债务。目前，采取这种担保方式的主要问题是保证人的资格问题。作为保证人应当具备的必要条件是要具有代为清偿的能力。担保法规定，具有代为履行债务能力的法人，其他组织或者公民，可以做保证人。以下组织不得为保证人：①国家机关；②以公益为目的的事业单位、社会团体，如学校、医院等；③企业法人的分支机构、职能部门不得为保证人，但有法人书面授权的可以在授权范围内提供保证。

关于保证的责任方式，分为一般保证和连带保证。一般保证是债务人不履行债务，债权人应当首先要求债务人履行，经诉讼或者仲裁后债务人确实无法履行债务时，有保证人承担责任。连带保证是债务人期满不履行债务，债权人可以要求债务人履行，也可以要求保证人在保证范围内承担责任。

为了维护保证人的合法权益，担保法规定：

（1）任何单位和个人不得强行要求金融机构或者企业为他人提供保证；

（2）保证人向债权人履行债务后，有权向债务人追偿；

（3）债权人与债务人双方恶意串通，骗取保证人提供保证的；债权人采取欺诈、胁迫等手段，使保证人在违背真实意思的情况下提供保证的，保证人不承担民事责任；

（4）保证人享有债务人的抗辩权；

（5）债权人与债务人未经保证人书面同意而变更主合同的，在保证期间，债权人未经保证人书面同意，许可债务人转移债务的，保证人不再承担保证责任。

2. 关于抵押

抵押是指债务人或者第三人提供一定的财产作为抵押物，债务人不履行债务时，债权人有权依法以抵押物折价或者以拍卖抵押物的价款优先受偿。抵押担保对债权人比较安全可靠，同时财产抵押后，并不转移占有，不影响抵押人对抵押物的使用。

抵押担保的关键是抵押物的范围。作为抵押物必须是能够转让的财产，因为只有这样才能实现担保的目的。根据这个原则，可以抵押的财产必须具备以下几个条件：

（1）必须是抵押人有权处分的，因此规定，作为抵押的财产应当是抵押人所有的，如果是国有财产必须是抵押人依法有权处分的，同时规定，所有权、使用权不明或者有争议的财产，依法被查封、扣押或者监管的财产，不得抵押；

（2）必须是法律允许转让的，考虑到学校、医院、幼儿园等教育设施和其他社会公益设施，涉及公众利益，担保法规定不得抵押；

（3）抵押人所担保的债权不得超出其抵押物的价值；

（4）国有土地使用权，可以抵押。

为了保护农村土地资源，担保法规定，耕地、宅基地、自留地、自留山等集体所有的土地使用权，不得抵押。另外，以集体所有的土地上的乡（镇）、村企业厂房抵押的，在实现抵押权时，未经法定程序不得改变土地集体所有和用途。

担保法还规定了最高额抵押。即抵押人与抵押权人协议，在最高借款限额限度内，以抵押物对一定期间内连续发生的债权作担保。

为了保证抵押权的实现，担保法对抵押物的登记作了规定。

3. 关于质押

质押是指债务人或者第三人将出质的财产交由债权人占有，以该财产作为债权的担保，债务人不履行债务时，债权人有权依法以该财产折价或者拍卖、变卖所得价款优先受偿。

质押一般是以动产作为质物。担保法在规定动产质押的同时，根据实际需要，借鉴一些国家的规定，对权利质押也作了规定。下列权利可以设定质押：

（1）汇票、支票、本票、债券、存款单、仓单、提单；

（2）依法可以转让的股份、股票；

（3）依法可以转让的专利权、商标专用权、著作权中的财产权。

担保法还对质权人、出质人的权利和义务，质权的实现等，作了规定。

4. 关于留置和定金

关于留置，采取法定留置原则，即哪些行为可以留置财产由法律规定，只有保管、运输、加工承揽合同，当债务人不履行债务时，债权人有留置权。根据 2007 年出台的物权法的规定，留置权不再限于这些合同类型。

关于定金，担保法规定，定金的数额由当事人约定，但不得超过合同标的额的百分之二十。

（二）担保法重点法条

【重点法条 1】

第四条　第三人为债务人向债权人提供担保时，可以要求债务人提供反担保。反担保适用本法担保的规定。

【意思分解】

反担保是指被担保的债务人或第三人向担保债权人履行债务的担保人提供的担保。依本条规定，反担保只能也只会在第三人为债务人提供担保的情形下发生。至于反担保的提供人，则可以是债务人自己，也可以是债务人以外的其他人。反担保与担保的根本区别在于，担保所担保的是主债权，而反担保所担保的是担保人的追偿权即附延续条件的未来债权。反担保的订立程序、有效条件、当事人的权利义务、担保权的实现方式等，均与担保相同。

在反担保人中，反担保人与第一个担保中的债权人之间无法律利害关系，故债权人无权向反担保人主张权利。如：设甲欠乙的债，丙作为保证人为乙提供保证。而后丁作为反担保人为丙提供保证。后甲不能还债，丙并不能承担保证责任，问：乙可否要求丁承担还款责任？答案是否定的。

【重点法条2】

第六条　本法所称保证，是指保证人和债权人约定，当债务人不履行债务时，保证人按照约定履行债务或者承担责任的行为。

【意思分解】

考生应对保证概念有深入把握。

保证是人的保证，其不同于抵押权、质权等物的保证的最大特征即在于它是第三人以其个人信用担保债务人履行债务的。其特征在于：

1. 保证是一种双方的法律行为，双方是指保证人（第三人）与主债权的债权人。

2. 保证是担保债务人履行债务的行为。

3. 保证是于债务人不履行债务时保证人承担保证责任的行为。

4. 保证合同是无偿、单务合同。保证的无偿性是指保证人负担保证债务不以从债权人取得一定权利为代价，债权人也无需支付任何代价而对保证人享有权利。保证的单方性是指保证人在保证合同中仅负担义务而不享有权利的，无完全行为能力人不能有订立保证合同的资格。

5. 保证内容有两种情形：代为履行或承担债不履行的责任。至于保证人承担哪种责任，依合同约定而定。

保证合同当事人是保证人与主债权人，而非保证人与主债务人，故保证合同是单务、无偿合同。至于保证人与主债务人之间是否有偿，依二人内部自由约定，法律并未禁止保证人向主债务人收取保证费。但这种有偿性与保证合同法律关系无关。

【重点法条3】

第七条　具有代为清偿债务能力的法人、其他组织或者公民，可以作保证人。

第八条　国家机关不得为保证人，但经国务院批准为使用外国政府或者国际经济组织贷款进行转贷的除外。

第九条　学校、幼儿园、医院等以公益为目的的事业单位、社会团体不得为保证人。

第十条　企业法人的分支机构、职能部门不得为保证人。

企业法人的分支机构有法人书面授权的，可以在授权范围内提供保证。

【意思分解】

1. 可以担当保证人的范围：

依《担保法》第七条，下列三类人可为保证人：

（1）法人；

（2）其他组织（具体范围参见《担保法解释》第十五条）；

（3）自然人。

但有一问题：以上三类人担任保证人时，"具有完全代偿能力"是否为必要条件呢？对此，《担保法解释》第十四条作了否定回答。

2. 不可以担当保证人的有：

（1）国家机关（《担保法》第八条）。

①原则上不可以；

②例外：经国务院批准为使用外国政府、国际经济组织贷款而转贷的可以。

（2）事业单位、社会团体。

①公益类法人绝对不可以；

②例外：从事经营活动的事业单位、社会团体可以担当保证人。

（3）企业法人职能部门：绝对不可以担当保证人。

（4）企业法人之分支机构：

①在法人书面授权范围内，有效（《担保法》第十条第二款）；

②法人书面授权范围不明的，有效（《担保法解释》第十七条第二款）；

③无授权或超出授权范围的部分，无效（《担保法》第二十九条）。

3. 不得作保证人的人如果与主债权人签订了保证合同，则保证合同无效，保证人不承担保证责任，但有可能承担保证合同无效责任（参见第二十九条）。

4. 应特别注意《担保法解释》第十六至十八条的规定，事业单位、社会团体及分支机构、职能部门订立的保证合同的效力，依不同情形而有所不同。

5. 注意分公司与总公司之间不能互为保证人，子公司也不能为母公司提供保证，但母公司可为子公司提供保证。

【重点法条4】

第十二条 同一债务有两个以上保证人的，保证人应当按照保证合同约定的保证份额，承担保证责任。没有约定保证份额的，保证人承担连带责任，债权人可以要求任何一个保证人承担全部保证责任，保证人都负有担保全部债权实现的义务。已经承担保证责任的保证人，有权向债务人追偿，或者要求承担连带责任的其他保证人清偿其应当承担的份额。

【意思分解】

1. 同保证是数个保证人就同一债务所为的保证，因而应由每个保证人与债权人订立保证合同。其订立方式可以由数个保证人一同与债权人订立一个保证合同，也可以由各个保证人与债权人分别订立保证合同，而且各个保证合同可以同时订立，也可以先后订立。

2. 如果共同保证的各个保证人与主债权人约定了保证份额，则各个保证人对主债权人的保证之债是按份之债；如果没有约定保证份额，则保证人之间承担法定的连带之债。当然，在连带保证责任之下，各个保证人内部之间还是有份额的。他们之间后来达成份额承担协议的则依协议，达不成协议的应推定为等份承担。这是对债权人承担了保证之债后的保证人向其他保证人行使追偿权的份额确定规则。

3. 简言之，共同保证中的两个分类关系是：

（1）按份共同保证

按份共同保证指各保证人与债权人订立合同时约定了各自的保证份额，约定方式有二：

①与债权人共同约定；

②与债权人分别约定。

（2）连带共同保证

连带共同保证指债务人不能到期清偿时，各保证人就保证责任承担连带责任。连带共同保证的产生方式亦有二：

①保证人明确约定连带责任的；

②各保证人未约定保证份额的，其中，未约定方式又包括：

其一，各保证人同时与债权人订约时未约定份额的；

其二，各保证人分别与债权人订约时未约定份额的。

司法考试中出现的连带共同保证几乎均以第②项情形的面目出现。还应注意：连带共同保证人之中一人承担保证责任后，取得两个权利：一是对债务人之追偿权；二是对其他保证人的追偿权。这两个追偿权之间的关系是：由履行了责任的保证人向主债务人追偿，对于未满足的部分，再向其他保证人作相应的追偿。

应注意共同保证人之间的连带责任是不同于连带责任保证的。共同保证人之间的连带保证责任是保证人在承担保证责任上的连带关系，保证人对债务的保证方式既可为一般保证，也可为连带保证，保证人仍应依其保证的方式享有相应的权利。换而言之，共同保证的连带责任关系是发生在各个保证人之间的，而连带保证的连带责任关系是发生在保证人与主债务人之间的。

【重点法条5】

第十四条　保证人与债权人可以就单个主合同分别订立保证合同，也可以协议在最高债权额限度内就一定期间连续发生的借款合同或者某项商品交易合同订立一个保证合同。

第二十七条　保证人依照本法第十四条规定就连续发生的债权作保证，未约定保证期间的，保证人可以随时书面通知债权人终止保证合同，但保证人对于通知到达债权人前所发生的债权，承担保证责任。

【意思分解】

最高额保证，是指在最高债权额度内对一定期间连续发生的不特定债权所为的保证。依上述两条规定，其特征在于：

1. 保证所担保的债权是未来的，不特定的。

2. 被担保的主合同是每个而非一个。

3. 最高额保证所担保的债权额是在一定期间发生的，并且在约定的最高额限度内。

4. 最高额保证的保证人享有随时单方终止合同权，此时的保证责任以解除合同的通知到达主债权人前所发生的债权为限。

5. 注意最高额保证的保证期间确定：

（1）有约定的从约定。

（2）无约定或约定不明的，如最高额保证合同约定有保证人清偿债务期限，保证期间自清偿期届满之日起6个月。

（3）无约定债务清偿期限的，保证期间自最高额保证终止之日或债权人收到保证人终止保证合同的书面通知到达之日起6个月。

【重点法条6】

第十六条 保证的方式有：

（一）一般保证；

（二）连带责任保证。

第十七条 当事人在保证合同中约定，债务人不能履行债务时，由保证人承担保证责任的，为一般保证。

一般保证的保证人在主合同纠纷未经审判或者仲裁，并就债务人财产依法强制执行仍不能履行债务前，对债权人可以拒绝承担保证责任。有下列情形之一的，保证人不得行使前款规定的权利：

（一）债务人住所变更，致使债权人要求其履行债务发生重大困难的；

（二）人民法院受理债务人破产案件，中止执行程序的；

（三）保证人以书面形式放弃前款规定的权利的。

第十八条 当事人在保证合同中约定保证人与债务人对债务承担连带责任的，为连带责任保证。

连带责任保证的债务人在主合同规定的债务履行期届满没有履行债务的，债权人可以要求债务人履行债务，也可以要求保证人在其保证范围内承担保证责任。

第十九条 当事人对保证方式没有约定或者约定不明确的，按照连带责任保证承担保证责任。

第二十条 一般保证和连带责任保证的保证人享有债务人的抗辩权。债务人放弃对债务的抗辩权的，保证人仍有权抗辩。

抗辩权是指债权人行使债权时，债务人根据法定事由，对抗债权人行使请求权的权利。

【意思分解】

关于保证的方式，是保证制度的核心内容，也是司法考试必考内容。应掌握：

1. 判断某一保证是一般保证还是连带责任保证的标准：

（1）保证合同中有"是债务人不能履行债务时，由保证人承担保证责任的"字样的，即为一般保证；有"连带责任"字样的，即为连带责任保证（第十七和第十八条）。

（2）若对保证方式无约定或约定不明的，则推定为连带责任保证（第十九条）。

2. 一般保证与连带责任保证共同点在于第二十条，一般保证人与连带责任保证人均享有的一般抗辩权；其区别在于连带责任保证人不享有第十七条第二款的规定的先诉抗辩权（延期抗辩权）。这一区别是以上几个条文的关键所在。

3. 先诉抗辩权是指保证人于债权人未就主债务人的财产强制执行而无效果前，对于债权人得拒绝清偿保证债务。它有以下含义：

（1）先诉抗辩权是保证人对抗债权人请求的权利。

（2）先诉抗辩权是保证人在主合同纠纷未经审判或者仲裁，并就债务人财产依法强制执行仍不能履行债务前，对债权人拒绝承担保证责任的权利。从性质上说，它属于延期性的抗辩。

4. 应注意第十七条第三款所规定的一般保证人不能行使先诉抗辩权的情形。

【重点法条7】

第二十一条　保证担保的范围包括主债权及利息、违约金、损害赔偿金和实现债权的费用。

保证合同另有约定的，按照约定。

当事人对保证担保的范围没有约定或者约定不明确的，保证人应当对全部债务承担责任。

【意思分解】

不论是保证，还是抵押、质押、留置，其担保范围都是一样的：

（1）有约定的，按照约定；

（2）无约定或约定不明确的，应推定为对"全部债务"承担责任，而"全部债务"即指第二十一条第一款所列项目之和。

【重点法条8】

第二十二条　保证期间，债权人依法将主债权转让给第三人的，保证人在原保证担保的范围内继续承担保证责任。保证合同另有约定的，按照约定。

第二十三条　保证期间，债权人许可债务人转让债务的，应当取得保证人书面同意，保证人对未经其同意转让的债务，不再承担保证责任。

第二十四条　债权人与债务人协议变更主合同的，应当取得保证人书面同意，未经保证人书面同意的，保证人不再承担保证责任。保证合同另有约定的，按照约定。

【意思分解】

1. 主债权转让的

依《担保法》第二十二条，保证期间内，主债权依法转让的，保证人继续承担原保证责任。但有两个例外（参见《担保法解释》第二十八条）。

2. 主债务转让的

依《担保法》第二十三条，主债务转让，保证人继续承担保证责任的条件是：

（1）经债权人许可；

（2）经保证人书面同意。

实践中，保证人非为书面同意的形式有：

①明确拒绝；

②不置可否；

③点头同意；

④口头同意。

3. 主合同内容变更的（《担保法》第二十四条）

原则上，主合同内容发生变更的，应经保证人的书面同意，否则，保证人"不再承担保证责任"。此原则究为何意，详见下面分解。

（1）债权数额变更的（《担保法解释》第三十条第一款）。

其一，未经保证人书面同意，加重其负担的，保证人对加重部分不承担责任。

其二，虽未经保证人书面同意，减轻其负担的，依变更后的合同承担责任。

（2）主债权期限发生变更的。

4. 新贷偿还旧贷的，若后一贷款合同之订立，第一个贷款合同的保证人不知情的，其保证责任全部免除（《担保法解释》第三十九条）。

第二十三和二十四条的"不再承担保证责任"中的"不再"应作何解？保证人是对主债务移转前后或主合同变更后的一段期间的保证责任不再承担？还是对该主债务或主合同的任何期间的保证责任均不再承担？

对第二十四条的问题，最高人民法院作了规定："债权人与被保证人未经保证人同意，变更主合同履行期限的，如保证合同中约定有保证责任期限，保证人仍在原保证责任期限内承担保证责任；如保证合同未约定保证责任期限，保证人仍在被保证人原来承担责任的期限内承担保证责任。债权人未经保证人同意，在主合同履行期限内变更合同其他内容而使被保证人债务增加的，保证人对增加的债务不承担保证责任。"因此，不能认为债权人与债务人对主合同的任何变化都使保证人不再承担保证责任。只有在合同的变更构成合同更新即形成新的法律关系时，才能解除保证人的保证责任。同理，第二十三条主债务移转情形下，虽未经保证人书面同意，保证人对移转前的期间的保证责任仍不得免除，免除只是主债务移转后的保证责任。《担保法解释》第二十八至三十条又坚持了这一原则，值得注意。

【重点法条9】

第二十五条　一般保证的保证人与债权人未约定保证期间的，保证期间为主债务履行期届满之日起六个月。

在合同约定的保证期间和前款规定的保证期间，债权人未对债务人提起诉讼或者申请仲裁的，保证人免除保证责任；债权人已提起诉讼或者申请仲裁的，保证期间适用诉讼时效中断的规定。

第二十六条　连带责任保证的保证人与债权人未约定保证期间的，债权人有权自主债务履行期届满之日起六个月内要求保证人承担保证责任。

在合同约定的保证期间和前款规定的保证期间，债权人未要求保证人承担保证责任的，保证人免除保证责任。

【意思分解】

1. 不论是一般保证还是连带保证，其保证期间确定规则是一样的：

（1）有约定的，从约定；

（2）无约定的，为主债务履行届满之日起六个月。

2. 由于先诉抗辩权的缘故，一般保证与连带保证的责任免除规则不一样：

（1）保证期间内债权人未对债务人起诉（申请仲裁）的，一般保证人免责；

（2）保证期间内债权人未要求保证人承担责任的，连带保证人免责。

3. 保证期间是除斥期间。

4. 注意保证期间的具体计算规则。

5. 了解保证合同诉讼时效的计算，特别掌握主债务诉讼时效与保证债务诉讼时效的关系。

不要混淆以下内容：

1. 与保证债务诉讼时效期间的关系

（1）唯保证期间未经过，才有保证债务诉讼时效期间适用的机会（必要）；否则，保证债务（责任）不存在，其诉讼时效期间也就不存在了。

（2）保证期间未经过，不意味着保证责任最终能实现。实现与否，在以后岁月里还要看其诉讼时效期间的经过与否：诉讼时效期间经过，胜诉权丧失，不受法律保护；诉讼时效期间未经过，受法律保护。

2. 保证债务诉讼时效期间与主债务诉讼时效期间的关系

（1）主债务诉讼时效中断，一般保证债务之诉讼时效随之中断，但连带保证债务不随之中断；

（2）主债务诉讼时效中止，保证债务均随之中止；

（3）保证债务诉讼时效的中止、中断，对主债务诉讼时效无反作用。

【重点法条 10】

第三十条　有下列情形之一的，保证人不承担民事责任：

（一）主合同当事人双方串通，骗取保证人提供保证的；

（二）主合同债权人采取欺诈、胁迫等手段，使保证人在违背真实意思的情况下提供保证的。

【意思分解】

以上是无效保证的两种情形，应注意《担保法解释》第三十九至四十一条扩张解释的几类情形：

1. 主合同当事人以新贷还旧贷，不知情的保证人免责。

2. 主债务人以胁迫、欺诈手段使保证人提供保证，且主债权人知情的，保证无效。

3. 主债务人、保证人共同欺骗债权人以订立合同的，主债务人与保证人对债权人承担连带赔偿责任。

【重点法条 11】

第三十一条　保证人承担保证责任后，有权向债务人追偿。

第三十二条　人民法院受理债务人破产案件后，债权人未申报债权的，保证人可以参加破产财产分配，预先行使追偿权。

【意思分解】

1. 第三十一条规定了保证人的追偿权。所谓保证人的追偿权是指保证人履行保证债务后，得向主债务人请求偿还的权利。追偿权是保证的外部关系表现。保证一经成立，即在保证人与主债务人之间产生一种附条件的权利义务关系，保证人一旦履行了保证债务即成为债权人，有权请求主债务人向其偿还。追偿权的成立要件为：

（1）保证人已向债权人承担了保证责任；

（2）用保证人的履行而使主债务人免责；

（3）保证人的履行行为无过错。

2. 第三十二条规定了追偿权的事先行使。

3. 保证人的追偿权同抵押人、出质人的求偿权相同（本法第五十七和七十二条）。

【重点法条12】

第三十三条　本法所称抵押，是指债务人或者第三人不转移对本法第三十四条所列财产的占有，将该财产作为债权的担保。债务人不履行债务时，债权人有权依照本法规定以该财产折价或者以拍卖、变卖该财产的价款优先受偿。

前款规定的债务人或者第三人为抵押人，债权人为抵押权人，提供担保的财产为抵押物。

【意思分解】

以下有关抵押权特性的叙述：

1. 抵押权是不转移标的物占有的担保物权，这是与质押相区别的关键点。

2. 抵押权具有从属性。从属性表现在三个方面：

（1）存在上的从属性。抵押权的成立以主债权的存在为前提，主债权不成立或归属于无效时，抵押权也就不能成立或随之无效。但最高额抵押是个例外。

（2）处分上的从属性。即抵押权不能与所担保的债权相分离而单独转让或者供作其他债权担保，只能随同债权一同转让或者在债权转让时消灭。

（3）消灭上的从属性。抵押权同主债权共命运，主债权如因受清偿、提存、抵销、免除等原因而全部消灭时，则抵押权也随之消灭。但主债权部分消灭时，抵押权仍存在而不能部分消灭。

3. 抵押权具有不可分性

不可分性是指抵押权的效力不可分，即抵押权担保主债权的全部并及于抵押财产的全部。从抵押物与被担保的债权的关系上说，抵押物的全部担保债权的全部；从抵押权与抵押物的关系上说，抵押权的全部存在于抵押物的全部上，也存在于抵押物的各部上；从抵押权与主债权的关系上说，被担保的债权分，抵押权仍不分。不可分性主要体现在以下几方面：

（1）抵押权设定后，原则上抵押人的权利义务不因抵押物价格的增减而受影响。

（2）抵押财产的一部分经分割或者让与第三人时，抵押权不受影响，抵押权人仍得对全部抵押财产行使抵押权。

（3）抵押物部分灭失时，未灭失的抵押物部分仍担保着全部债权，其担保的债权额并未因此而减少。同时，抵押权也仅存在于未灭失的抵押物部分上，抵押人不负有补充担保物的义务。但是，若因抵押物的灭失而又有代位物时，则抵押权人可于代位物上行使抵押权（本法第五十八条；《中华人民共和国海商法》第十六条第二款）。

（4）主债权部分受偿时，抵押权人仍得就其未受偿的部分债权对抵押物的全部行使抵押权。

（5）主债权经分割或部分转让时，抵押权也不受影响，各债权人仍将就其享有的债权份额行使全部抵押权。

4. 抵押权具有特定性

特定性是与抵押权的公示联系在一起的。因为抵押权的设定不转移抵押物的占有，抵押权必须以占有以外的其他方式公示。其特定性表现在两个方面：

（1）抵押物的特定。抵押物必须是现存的，特定的，而不能是未来的不确定财产。

（2）抵押权担保的债权的特定。

5. 抵押权具有物上代位性

物上代位性是指物权的效力及于标的物的代位物上。抵押权的物上代位性表现在：于抵押物毁损灭失时，抵押权将就抵押人因此而发生的保险金或赔偿金请求权行使物上代位权（本法第五十八条；《中华人民共和国海商法》第二十条）。

6. 抵押权具有顺序性

顺序性是指在同一财产上设定数个抵押权时，各个抵押权之间有一定的顺序（本法第五十四条）。

7. 抵押权具有追及性

追及性是指物权的标的物不论落入何人之手，物权人都可以追及该物，向实际的占有人主张权利。抵押权的追及性主要体现在以下两点：

第一，抵押人未经抵押权人同意，擅自将抵押物转让给他人时，抵押权不受影响，抵押权人仍得追及抵押物对之行使抵押权。

第二，在抵押物受到他人的不法侵害时，抵押权人得基于抵押权请求排除妨害。

【重点法条 13】

第三十五条　抵押人所担保的债权不得超出其抵押物的价值。

财产抵押后，该财产的价值大于所担保债权的余额部分，可以再次抵押，但不得超出其余额部分。

【意思分解】

1. 原则上，抵押物价值应大于抵押所担保的债权额。这就意味着在抵押物价值范围内，是可以设定再抵押的。

2. 但若数次抵押所担保的债权总额高出了抵押物价值，是否就绝对无效呢？例如，甲有商业房产一幢，估价为 2 000 万元，分别向工商、建设和农业银行提供抵押，担保债权的额度分别为 1 000 万元、500 万元和 700 万元。是否绝对不可以呢？答案是否定的。因为虽然抵押物的估价为 2 000 万元，但完全有可能在实现抵押权时（拍卖、变卖等），拍卖出 2 200 万元，界时，三个抵押权都可以顺利实现。

3. 如果上例情况在实现抵押权时，只能得到金额 2 000 万元的款项，则要根据三个银行的抵押权登记的先后顺序来决定三者实现的状况。工行、建行、农行分别在 6 月 1 日、6 月 2 日、6 月 3 日完成的登记手续。那么这三个抵押权的实现情形是：工行、建行各拿去 1 000 万元和 500 万元（实现优先受偿权），但农行只能拿去 500 万元，余下的 200 万元作为普通债权而存在（《担保法解释》第五十一条）。

4. 依上述原理，抵押权的效力只及于设定抵押权的抵押物本身。所以若以国有土地使用权设定抵押，设定抵押后在该土地上新增的房屋自然不属于抵押物。若其后实现抵押权时需一同拍卖的，就新增房屋拍卖所得款项，是不得用于优先受偿的。

5. 更重要的是，在划拨而取得的国有土地使用权的房地产上设定的抵押，在实现抵押权时，抵押权人的优先受偿权要劣后于国家在这块土地上享有的利益（土地出让金），所以应先缴纳相当于土地出让金后，抵押权人才得优先受偿。

【重点法条 14】

第三十六条　以依法取得的国有土地上的房屋抵押的，该房屋占有范围内的国有土地使用权同时抵押。

以出让方式取得的国有土地使用权抵押的，应当将抵押时该国有土地上的房屋同时抵押。

乡（镇）、村企业的土地使用权不得单独抵押。以乡（镇）、村企业的厂房等建筑物抵押的，其占用范围内的土地使用权同时抵押。

第三十七条　下列财产不得抵押：

（一）土地所有权；

（二）耕地、宅基地、自留地、自留山等集体所有的土地使用权，但本法第三十四条第（五）项、第三十六条第三款规定的除外；

（三）学校、幼儿园、医院等以公益为目的的事业单位、社会团体的教育设施、医疗卫生设施和其他社会公益设施；

（四）所有权、使用权不明或者有争议的财产；

（五）依法被查封、扣押、监管的财产；

（六）依法不得抵押的其他财产。

【意思分解】

1. 第三十四条从正面规定了可用于抵押的财产，而第三十七条，则从反面规定了不可用作抵押财产的范围。

（1）原则上，集体土地使用权不可抵押；

（2）但有两个例外：①抵押人依法承包并经发包方同意抵押的荒山、荒沟、荒丘、荒滩等荒地的土地使用权；②以乡（镇）、村企业厂房等建筑物抵押的，其占用范围内的土地使用权。

2. 我国法采房地一体主义（《城市房地产管理法》第三十一条），故将国有土地上的房屋作抵押的，其效力自然及于房屋占用范围内的国有土地使用权（第三十六条第一款）；反之亦然（第二款）。

但应注意集体土地使用权情形不同于国有土地使用权（第三款），不能"反之亦然"。

此外，应注意的是：

①农作物可以抵押，但此时与其未分离的集体土地使用权是不可抵押的。

②公益法人的非公益财产虽然可用于抵押，但仅在为抵押人自身债务设定时方为无效。换而言之，在其他场合下是不得抵押的。

【重点法条 15】

第四十条　订立抵押合同时，抵押权人和抵押人在合同中不得约定在债务履行期届满抵押权人未受清偿时，抵押物的所有权转移为债权人所有。

【意思分解】

1. 无论是抵押权还是质押权，均禁止"流质"。抵押权与质押权都是对标的物的优先受偿权，其权利核心在于价值权的实现，故规定有径直取得标的物所有权的"流质"条款无效。

2. 依《担保法解释》第五十七条，抵押权人与抵押人在债务履行期届满后协议以抵押物折价给抵押权人取得时，只要不损害后序其他债权人的利益，是允许的，该情形不属于"流质"。

应注意，流质的核心特征在于实现抵押权时，未经市场定价即将抵押物所有权归抵押权人所有，故有别于抵押权实现的一种常见方式——折价。比如甲有汽车一辆抵押给乙，作为 10 万元的债权的担保。到期时，甲不能还债，经协商，把该汽车给乙，抵消掉 10 万元的债务，可否？当然可以。

【重点法条 16】

第四十一条 当事人以本法第四十二条规定的财产抵押的，应当办理抵押物登记，抵押合同自登记之日起生效。

第四十三条 当事人以其他财产抵押的，可以自愿办理抵押物登记，抵押合同自签订之日起生效。

当事人未办理抵押物登记的，不得对抗第三人。当事人办理抵押物登记的，登记部门为抵押人所在地的公证部门。

【意思分解】

以上两条是理解我国抵押权制度的最关键法条。

1. 我国《担保法》对抵押物登记效力区分了两种情况：

（1）必须办理抵押物登记，抵押登记是抵押合同的生效要件。第四十一条用了"应当"一词，即如不进行登记，抵押合同就不生效，抵押权也就当然不能成立。因而，登记实际上是抵押权成立的条件，换而言之，登记是抵押权设立的必须程序和必要条件。

（2）可以办理登记，登记是抵押权对抗第三人的条件。当事人以第四十二条以外的财产抵押的，可以办理抵押登记，也可以不办理抵押登记。是否办理抵押登记完全由当事人自愿决定，抵押登记也不是抵押合同生效的条件，抵押合同自签订之日起生效。但是，当事人未办理抵押登记的，不得对抗第三人。换而言之，抵押登记具有对抗第三人的效力。

2. 我国其他一些法律对抵押登记的效力作了不同于《担保法》第四十一条的规定，如《中华人民共和国海商法》第十三条规定："设立船舶抵押权，由抵押权人和抵押人共同向船舶登记机关办理抵押权登记；未经登记的，不得对抗第三人。"《中华人民共和国民用航空法》第十六条也有类似规定。依《担保法》第九十五条之规定，对船舶抵押权、民用航空器材抵押权的登记效力的认定上，应依《中华人民共和国海商法》和《中华人民共和国民用航空法》的特别法规定。

3. 对于第四十一条规定，学界多认为缺乏科学性。依物权法原理，抵押物登记不同于抵押合同登记，抵押物登记应为抵押权的公示要件而非成立要件。第四十一条将抵押物登记作为抵押合同的生效要件严重不妥。因为办理抵押物登记时，当事人必须提交抵押合同，而此时的抵押合同依第四十一条尚未生效，以一个尚未生效的合同作为登记的依据之一，于逻辑不通。因此学者多主张，以抵押物登记为抵押权的对抗要件，而非成立要件。依这种观点，抵押登记与否不应影响抵押合同的效力，抵押合同应自当事人签字盖章之日起成立生效，抵押物登记属于物权登记之一种，具有公示的作用，未经登记的抵押权只在当事人之间发生效力，而不具有对抗第三人的效力，而已经登记的抵押权则具有对抗第三人的效力。

【重点法条 17】

第四十七条　债务履行期届满，债务人不履行债务致使抵押物被人民法院依法扣押的，自扣押之日起抵押权人有权收取由抵押物分离的天然孳息以及抵押人就抵押物可以收取的法定孳息。抵押权人未将扣押抵押物的事实通知应当清偿法定孳息的义务人的，抵押权的效力不及于该孳息。前款孳息应当先充抵收取孳息的费用。

【意思分解】

1. 抵押权人自抵押物被扣押之日起享有孳息收取权。依本法第六十八条，质权人也有孳息收取权。

2. 孳息首先应用作收取孳息的费用，其次是主债权的利息，最后是主债权。

3. 由于抵押权之设定并不移转物的占有，所以抵押权人收取孳息时有义务通知应当清偿法定孳息的义务人。否则，抵押权的效力并不及于该孳息。换而言之，此时应当清偿法定孳息的义务人并无义务主动将孳息交付给抵押权人。由于动产质权之设定转移物的占有，所以质权人收取孳息时并不存在这个问题。

4. 抵押物发生添附行为时的处理。

5. 抵押权及于从物与不及于从物的情形。

应注意的是：

1. 第四十七和六十八条规定的抵押权人、质权人对孳息的收取权是一种对孳息的占有权，而非所有权，孳息所有权在抵押权人、质权人实现优先受偿权之前应仍属于抵押人或出质人的。

2. 抵押权人享有孳息收取权的期限是在抵押物被扣押之日起，而质权人的孳息收取权无此限制。

【重点法条 18】

第四十八条　抵押人将已出租的财产抵押的，应当书面告知承租人，原租赁合同继续有效。

【意思分解】

本条之法理同《中华人民共和国合同法》第二百二十九条规定的"买卖不破租赁"法则是相通的：

1. 抵押人抵押已出租财产的，有书面告知承租人的义务。

2. 抵押权之设定，不影响原租赁合同之效力。

3. 将来实现抵押权时，若在租赁合同尚未期满，承租人在同等条件下有优先购买权。

【重点法条 19】

第四十九条　抵押期间，抵押人转让已办理登记的抵押物的，应当通知抵押权人并告知受让人转让物已经抵押的情况；抵押人未通知抵押权人或者未告知受让人的，转让行为无效。

转让抵押物的价款明显低于其价值的，抵押权人可以要求抵押人提供相应的担保；抵押人不提供的，不得转让抵押物。

抵押人转让抵押物所得的价款，应当向抵押权人提前清偿所担保的债权或者向与抵押权人约定的第三人提存。超过债权数额的部分，归抵押人所有，不足部分由债务人清偿。

第五十一条　抵押人的行为足以使抵押物价值减少的，抵押权人有权要求抵押人停止其行为。抵押物价值减少时，抵押权人有权要求抵押人恢复抵押物的价值，或者提供与减少的价值相当的担保。

抵押人对抵押物价值减少无过错的，抵押权人只能在抵押人因损害而得到的赔偿范围内要求提供担保。抵押物价值未减少的部分，仍作为债权的担保。

【意思分解】

1. 第四十九条关于抵押物转让规则的规定，涉及抵押人的权利问题。对抵押人的权利理论，应有所了解。

（1）抵押物的处分权

抵押物的处分权包括事实上的处分与法律上的处分。抵押权是以抵押物的价值来担保债权的，抵押权人于实现抵押权时得于抵押物的价值优先受偿。因此，抵押人在抵押权设定后不得对抵押物为事实上的处分，否则会构成对抵押权的侵害。

抵押人于抵押设定后，可否对抵押物为法律上的处分，即转让抵押物呢？依第四十九条，我国的法律一方面承认抵押人有转让权，另一方面又加以限制。这些限制是：

第一，应当通知抵押权人。

通知抵押权人，并非须经其同意。依第二款，转让抵押物价款明显低于其价值的，抵押权人可以要求抵押人提供相应的担保（即补充担保），抵押人不提供的，不得转让抵押物。换而言之，如果转让抵押物的价款适当，并非明显过低，抵押权人不得禁止转让抵押物；如果抵押物的转让价格明显低于其价值，抵押权人可以要求抵押人补充担保，也可以不要求，但抵押权人一旦要求，抵押人应提供担保。如抵押人不提供补充担保，即不得转让抵押物。如果抵押人转让的，抵押权人应得追及该抵押物行使权利。抵押人转让抵押物未通知抵押权人的，转让行为无效。这里的无效，应是指受让第三人不能因价款的支付而使抵押物免责，抵押权人得追及抵押物行使抵押权。

第二，向受让人告知抵押物已经抵押的情况。这一限制实际上是为保护受让第三人而设，对抵押权人利益并无影响。依第一款，抵押人未告知受让人的，转让行为无效。读者应注意，这里的无效是指抵押物的受让人得主张无效而解除转让合同。如果抵押物的受让人不愿意解除转让行为，则实在没有必要由他人主张无效。

第三，抵押人转让抵押物所得价款，应向抵押权人提前清偿债权或由第三人提存。

（2）抵押物的出租权

在抵押期间，抵押人对抵押物仍有使用收益的权利，所以抵押人得在抵押物上设定租赁权。

抵押人将抵押物出租的，在同一抵押物上就存在抵押权与租赁权的竞合。此时租赁权与抵押权关系如何？在前面第四十八条的分解时，我们提到租赁权成立在前，抵押权成立在后的情形下，租赁关系应对抵押权发生能力，抵押权不得对抗租赁权。在抵押权成立在前，租赁权成立在后的情形下，租赁权则不得对抗抵押权。于抵押权实现时，租赁关系应自行终止。

（3）抵押物用益物权的设定权

用益物权是对他人之物的实体加以支配的权利，因而用益物权与作为价值权的抵押权之间并不冲突。在抵押权设定后设定用益物权，并不为我国法律所禁止，自然得以为之。在抵押权设定后设定的用益物权，应与抵押权设定后设定的租赁关系一样，不能对抗抵押权。于抵押权实现时，后设定的用益物权应消灭。

（4）抵押物的出抵权

抵押物的出抵权，是指抵押人得于抵押物设定抵押后再为担保其他债权而设定抵押权的权利。

抵押权有排他性，但此种排他性并非绝对，并非指在一物之上不可成立两个或两个以上的抵押权，抵押人在抵押物价值高于担保债权的数额时，得就其剩余价值再设定抵押权。我国《担保法》第三十五条第二款也规定，财产抵押后，该财产的价值大于所担保的债权的余额部分，可以再次抵押，但不得超出其余额部分。换而言之，抵押人就抵押物剩余价值部分可以再设抵押，但不得就相同价值重复抵押。

（5）抵押物的占有权

于抵押设定后，抵押人仍得占有抵押物，这是抵押与质押的根本区别。抵押人占有抵押物同时也意味着有义务保管抵押物。那么，抵押人对抵押物的保管应为何种？其对抵押物的毁损灭失应负何种责任呢？我国《担保法》第五十一条对之区分了两种情况：

①抵押人对抵押物的毁损灭失有过错的，抵押权人有权要求抵押人停止该行为，并要求抵押人负担恢复抵押物价值或补充担保的责任。

②抵押人对抵押物的毁损灭失并无过错的，抵押人并无法律责任，抵押权人仅得行使物上代位权。

2. 第五十一条的规定牵涉到抵押权人的权利。

（1）抵押权的保全权

抵押权人对抵押权的保全权集中体现在第五十一条第一款上，包括①停止侵害请求权；②恢复原状请求权；③提供补充担保请求权；④损害赔偿请求权。

（2）抵押权的处分权

抵押权的处分权包括①抵押权人可以抛弃抵押权；②抵押权人转让主债权时可一并转让抵押权；③抵押权人可将抵押权随同担保的主债权一并作为其他债权的担保。

（3）抵押权的实现权

抵押权的实现权是指抵押权人实现抵押权以抵押物的价值优先受偿的权利。这种优先受偿权体现在以下几方面：①在一般情况下，抵押权人优先于普通债权人受偿而不与债权人平等受偿；②在抵押物被查封、被执行时，抵押权优先于执行权；③在抵押人宣布破产时，抵押权优先于一切债权，抵押财产不列入破产财产；④顺序在先的抵押权优先于顺序在后的抵押权。关于这一点，详见下述第五十四条的分解评述。

【重点法条20】

第五十三条　债务履行期届满抵押权人未受清偿的，可以与抵押人协议以抵押物折价或者以拍卖、变卖该抵押物所得的价款受偿；协议不成的，抵押权人可以向人民法院提起诉讼。

抵押物折价或者拍卖、变卖后，其价款超过债权数额的部分归抵押人所有，不足部分由债务人清偿。

【意思分解】

1. 本条规定了抵押权实现的条件和方式，其原理亦适用质权的实现。

（1）抵押权实现的条件：

①须抵押权有效存在；②须债务人债务履行期届满；③须债权人未受清偿；④须债务未清偿非因债权人方面的事由造成的。

（2）抵押权实现的方式：

①协议折价；②拍卖；③变卖。

2. 抵押权实现时，抵押物变现的价值少于约定的价值的，以变现价值清偿；不足部分转为一般债权由债务人清偿。

3. 抵押物变现款和清偿顺序：

（1）实现抵押权费用；

（2）主债权利息；

（3）主债权。

【重点法条21】

第五十四条　同一财产向两个以上债权人抵押的，拍卖、变卖抵押物所得的价款按照以下规定清偿：

（一）抵押合同以登记生效的，按照抵押物登记的先后顺序清偿；顺序相同的，按照债权比例清偿；

（二）抵押合同自签订之日起生效的，该抵押物已登记的，按照本条第（一）项规定清偿；未登记的，按照合同生效时间的先后顺序清偿，顺序相同的，按照债权比例清偿。抵押物已登记的先于未登记的受偿。

【意思分解】

抵押权实现的顺序亦是抵押制度的基本原理之一，应联系第四十一和四十三条及《担保法解释》第七十五至七十九条。准确理解第五十四条的含义：

1. 属于第四十二条强制登记的抵押物种类，依第四十一条抵押合同以办理抵押物登记始生效的，其抵押权实现顺序以完成抵押物登记先后顺序为准。

2. 属于第四十三条自愿登记情形的，其实现顺序规则为：

（1）登记的优先于未登记的；

（2）都已登记的，其抵押权实现顺序以完成抵押物登记先后顺序为准；

（3）都未登记的，不分合同生效时间的先后，一律按同一顺序，按债权比例受偿。

3. 不同担保物权并存时，其实现的法定顺序是：

留置权 > 登记的抵押权 > 质押权 > 未登记的抵押权

4.《担保法解释》第七十五条规定的同一债权数个抵押权并存的清偿顺序，应予掌握：①同一债权并存数个抵押时，债权人放弃债务人的抵押担保的，其他抵押人免除相应的担保责任；②数个抵押无先后顺序的，债权人可向任何一个抵押人行使抵押权；③抵押人承担责任后，对债务人有追偿权，对其他抵押人有相应份额的追偿权。

5. 特别注意《担保法解释》第七十六条对《担保法》第五十四条第（二）项的修正：动产抵押都未登记的，不是依合同生效时间定实现的先后顺序，而是视为处于同一顺序，故应依债权比例受偿。

【重点法条22】

第五十五条　城市房地产抵押合同签订后，土地上新增的房屋不属于抵押物。需要拍卖该抵押的房地产时，可以依法将该土地上新增的房屋与抵押物一同拍卖，但对拍卖新增房屋所得，抵押权人无权优先受偿。

依照本法规定以承包的荒地的土地使用权抵押的，或者以乡（镇）、村企业的厂房等建筑物占用范围内的土地使用权抵押的，在实现抵押权后，未经法定程序不得改变土地集体所有和土地用途。

第五十六条　拍卖划拨的国有土地使用权所得的价款，在依法缴纳相当于应缴纳的土地使用权出让金的款额后，抵押权人有优先受偿权。

【意思分解】

以上两个条文是关于抵押权实现中的特殊问题，应予留意：

1. 抵押合同签订后新增房屋不属于抵押物，但可以与抵押物一同拍卖，新增房屋拍卖款不属于抵押权的标的（第五十五条第一款）。

2. 第五十五条第二款集体土地使用权的抵押权实现后，土地用途及所有权属关系不变。

3. 第五十六条划拨的国有土地使用权的抵押权实现中，缴纳土地出让金先于债权人的优先受偿权。

【重点法条23】

第五十八条　抵押权因抵押物灭失而消灭。因灭失所得的赔偿金，应当作为抵押财产。

【意思分解】

本条及《担保法解释》第八十条即体现了我们在前面详细分析的抵押权的物上代位性。

第四章　质押

【重点法条 24】

第六十三条　本法所称动产质押，是指债务人或者第三人将其动产移交债权人占有，将该动产作为债权的担保。债务人不履行债务时，债权人有权依照本法规定以该动产折价或者以拍卖、变卖该动产的价款优先受偿。

前款规定的债务人或者第三人为出质人，债权人为质权人，移交的动产为质物。

第六十四条　出质人和质权人应当以书面形式订立质押合同。

质押合同自质物移交于质权人占有时生效。

【意思分解】

通过以上两个条文，考生应对质押、质权及动产质押设定规则有较深入地理解。

1. 质押的主要特征：

（1）质押是于债务人或者第三人移交债权人占有的财产上设定担保物权。质押以移交物的占有为要件，这是质押与抵押的主要区别。

（2）质权人对质押的财产于债务人履行债务前有留置的权利。在动产抵押，质权人须直接占有质物；在权利质押，质权标的有权利证书的，质权人须有有关的权利证书。在动产质押，于债权清偿前，质权人得留置原物而拒绝质物所有人的返还请求；在权利质押，质权人可以禁止出质人为已出质的权利的行使。

2. 质权的法律特征

质权具有从属性、不可分性、物上代位性、优先受偿性等特征，同抵押权的法律特征、法理相通，考生可参考前面有关抵押权法律特征的论述。

3. 动产质权的设定

出质人（债务人或第三人）与质权人订立书面的质押合同，该合同自原物移交于质权人占有时即为生效。

【重点法条 25】

第六十九条　质权人负有妥善保管质物的义务。因保管不善致使质物灭失或者毁损的，质权人应当承担民事责任。

质权人不能妥善保管质物可能致使其灭失或者毁损的，出质人可以要求质权人将质物提存，或者要求提前清偿债权而返还质物。

第七十条　质物有损坏或者价值明显减少的可能，足以危害质权人权利的，质权人可以要求出质人提供相应的担保。出质人不提供的，质权人可以拍卖或者变卖质物，并与出质人协议将拍卖或者变卖所得的价款用于提前清偿所担保的债权或者向与出质人约定的第三人提存。

【意思分解】

这两个条文实际上涉及出质人与质权人的权利义务问题。

1. 出质人的权利

（1）质物的处分权

出质人可以转让质物，也可以将质物再设定抵押。当然，出质人对质物的转让权要受到一定限制，不能因此影响质权人的质权。因此，出质人转让质物的，不能于质权实现前交付，而且能以返还请求权的让与而代交付。

（2）对质权人的抗辩权

质押合同存在无效或可撤销的原因时，出质人可抗辩质权人实现质权的权利。

（3）除去权利侵害和返还质物的请求权。

2. 质权人的权利

（1）占有质物的权利

质权人在占有质物期间，并无使用质物的权利。

（2）留置质物的权利（《担保法解释》第九十五条）

前已述及，质权人于其债权未受清偿前，对其占有的质物有留置的权利。不论债务人的债务是否已逾清偿期，只要质权人未受完全清偿，质权人就得拒绝出质人返还质物的请求。即使出质人将质物转让给第三人，质权人的留置质物的权利也不受影响，质权人同样得拒绝第三人请求交付质物的要求。

（3）收取质物孳息权利

（4）费用偿还请求权

质权人对于因保管质物所支出的必要费用得请求出质人予以偿还的权利（第六十七条）。

（5）转质权

质权人为提供自己债务人担保，将质物移交于自己的债权人占有而设定新质权。

（6）质物的变价权

又称物上代位权，指在质物有损坏或价值明显减少，足以危害质权人的权利时，质权人可以出卖质物，以其价金代充质物（第七十条）。但依第七十条，质权人行使这一权利必须以出质人拒不提供相应的担保为前提。

（7）因质权受侵害的请求权

出质人因过错毁损质物的，质权人得以质权受侵害为由，请求出质人恢复质物原状或提供补充担保。第三人因过错毁损原物的，质权人得以质权受侵害为由而请求第三人赔偿。

3. 质权人的义务

（1）质物的保管义务

保管期间，质权人对质物的毁损灭失承担过错赔偿责任（第六十九条第一款、《担保法解释》第九十三条）。

（2）返还质物的义务（第七十一条）

依《担保法解释》第九十四条，转质又分为两种情况：一种叫承诺转质，意指经过了原出质人同意的转质，有效；此时，转质权人的权利优先于质权人的权利。另一种叫责任转质，意指未经过原出质人同意，而由质权人作出的擅自转质行为，无效。

【重点法条26】

第七十五条　下列权利可以质押：

（一）汇票、支票、本票、债券、存款单、仓单、提单；

（二）依法可以转让的股份、股票；

（三）依法可以转让的商标专用权、专利权、著作权中的财产权；

（四）依法可以质押的其他权利。

第七十六条　以汇票、支票、本票、债券、存款单、仓单、提单出质的，应当在合同约定的期限内将权利凭证交付质权人。质押合同自权利凭证交付之日起生效。

第七十八条　以依法可以转让的股票出质的，出质人与质权人应当订立书面合同，并向证券登记机构办理出质登记。质押合同自登记之日起生效。股票出质后，不得转让，但经出质人与质权人协商同意的可以转让。出质人转让股票所得的价款应当向质权人提前清偿所担保的债权或者向与质权人约定的第三人提存。

以有限责任公司的股份出质的，适用公司法股份转让的有关规定。质押合同自股份出质记载于股东名册之日起生效。

第七十九条　以依法可以转让的商标专用权，专利权、著作权中的财产权出质的，出质人与质权人应当订立书面合同，并向其管理部门办理出质登记。质押合同自登记之日起生效。

【意思分解】

可以质押的权利共分为四大类：

1. 以票据（汇票、支票、本票）、债券、物权凭证（存款单、仓单、提单）出质的，应当交付权利凭证。质押合同自权利凭证交付之日起生效（第七十六条）。对于以上权利，质权人可以提前兑现或提货，所得价款或货物用于提前清偿或提存（第七十七条）。

2. 以股份有限公司的股票出质的，应办理出质登记，质押合同自登记之日起生效（第七十八条第一款）；以有限公司股份出质的，质押合同自股份出质记载于股东名册之日起生效（第三款、《担保法解释》第一百零三条）。股票出质后，原则上不得转让；双方同意转让的，所得价款用于提前清偿或提存。

3. 以知识产权中的财产权出质的，应办理出质登记，质押合同自登记之日起生效（第七十九条）。

4. 以不动产收益权出质的，也可成立权利质押（《担保法解释》第九十七条）。以上财产权出质后，原则上不得转让或许可他人使用；双方同意转让或许可他人使用的，所得价款用于提前清偿或提存（第八十条）。

【重点法条27】

第八十二条　本法所称留置，是指依照本法第八十四条的规定，债权人按照合同约定占有债务人的动产，债务人不按照合同约定的期限履行债务的，债权人有权依照本法规定留置该财产，以该财产折价或者以拍卖、变卖该财产的价款优先受偿。

第八十七条　债权人与债务人应当在合同中约定，债权人留置财产后，债务人应当在不少于两个月的期限内履行债务。债权人与债务人在合同中未约定的，债权人留置债务人财产后，应当确定两个月以上的期限，通知债务人在该期限内履行债务。

债务人逾期仍不履行的，债权人可以与债务人协议以留置物折价，也可以依法拍卖、变卖留置物。

留置物折价或者拍卖、变卖后，其价款超过债权数额的部分归债务人所有，不足部分由债务人清偿。

第八十八条　留置权因下列原因消灭：

（一）债权消灭的；

（二）债务人另行提供担保并被债权人接受的。

【意思分解】

《担保法》从第八十二到第八十八条共七个条文规范留置权制度，应掌握的知识背景是：

1. 留置权的法律特征

（1）留置权是法定担保物权

留置权是法定物权，使其区别于抵押权、质押权这两种约定担保物权。抵押权和质押权必须由双方当事人订立合同才能产生，而留置权则不同。首先，当事人不能约定留置权，事实上也不需当事人自己约定，当法定条件具备时，留置权会自动产生。其次，留置权的适用规范由法律规定。第八十四条仅规定了三种合同可以产生留置权。《合同法》则共规定了五种合同，即承揽合同（第二百六十四条）、货物运输合同（第三百一十五条）、保管合同（第三百八十条）、仓储合同（第三百九十五条）和行纪合同（第四百二十二条）。应注意，《担保法》第八十四条第三款以及上述《合同法》的五个条文均规定，当事人可以在以上合同中约定排除留置权的适用。

（2）留置权是第二次发生效力的权利

留置权产生以后，发生前后两次效力。第一次效力发生在留置权产生之时，留置权人得于其债权未受清偿前留置债务人的财产，对留置物享有占有权，并享有物上请求权，至债务人履行债务之时，该效力终止。第二次效力是第一次效力发生之后，留置权人于债务人超过法定的宽限期仍不履行其义务时，得依法以留置物折价拍卖或变卖而实现优先受偿权。

（3）留置权是不可分性物权

留置物的不可分性，表现在：一是留置权所担保的是债权的全部，而非可分割的债权的一部分；二是留置权人可以对留置物的全部行使权利，而非可分割的留置物的一部分。因此，债权的分割及部分清偿、留置物的分割等，均不影响留置权的效力。只要债权未受全部清偿，留置权人就可以对留置物的全部行使权利。但是，如果债权人占的动产为可分物，为公平起见，债权人留置占有的留置物的价值应当相当于债务的金额，而非占有物的全部。

2. 留置权成立的要件

可分为积极性与消极性要件两种。积极性要件包括：

（1）须债权人占有债务人的动产。这里的动产仅指狭义动产，不包括权利。不动产之上不得成立留置权，故《合同法》第二百八十六条关于承包人对于建设工程的权利是一般优先权而非留置权。

（2）须债权的发生与债权人占有动产之间有牵连关系。

（3）须债权已届清偿期。

消极性要件包括：

（1）经当事人事先无排除留置的约定；

（2）须留置债务人的财产不违反公序良俗；

（3）须留置财产与债权人所承担的义务不相抵触；

（4）须留置财产与对方交付财产前或交付财产时所为的指示不相抵触；

（5）对动产的占有须非因侵权行为而取得。

3. 留置权人的权利

（1）留置物占有权；

（2）留置物的孳息收取权；

（3）留置物的必要使用权；

（4）必要费用偿还请求权；

（5）留置物变价权；

（6）优先受偿权。

4. 留置权人的义务

（1）留置物的保管义务。因保管不善致留置物毁损灭失的，留置权人承担赔偿责任。

（2）不得擅自使用、利用留置物的义务。

（3）返还留置物的义务。

5. 留置权的实现

特别注意第八十七条第一款：留置权人实现留置权时必须给予被留置人不少于两个月的宽限期。

只有在宽限期届满后债务人仍不履行的，才可将留置物变价从中优先受偿。

6. 留置权的消灭

注意第八十八条规定的两种情形是留置权消灭的主要原因，而非全部原因。其全部消灭的原因可分为以下三类：

（1）因物权消灭的共同原因而消灭

①标的物灭失；②标的物被征用；③留置权与所有权混同；④留置权被抛弃。

（2）因担保物权消灭的共同原因而消灭

①担保物权所担保的债权消灭；②担保物权实现。

（3）留置权消灭的特别（特有）原因

①被留置人另行提供担保并被留置权人接受；②留置权人对留置物占有的丧失；③债权清偿期的延缓。

债权清偿期延缓以后，留置权消灭。因债权清偿期延缓而消灭留置权的效力是相对的效力，这种已消灭的留置权还可以再生。债权清偿期延缓以后，当延缓后的清偿期又届满时，具备留置权成立条件的，留置权再生。这种再生的留置权与已消灭的那一个留置权无关。

【重点法条 28】

第八十九条　当事人可以约定一方向对方给付定金作为债权的担保。债务人履行债务后，定金应当抵作价款或者收回。给付定金的一方不履行约定的债务的，无权要求返还定金；收受定金的一方不履行约定的债务的，应当双倍返还定金。

第九十条　定金应当以书面形式约定。当事人在定金合同中应当约定交付定金的期限。定金合同从实际交付定金之日起生效。

第九十一条　定金的数额由当事人约定，但不得超过主合同标的额的百分之二十。

【意思分解】

1. 定金依法律性质不同可以有多种分类，如证约定金、成约定金、违约定金、解约定金、立约定金等。我国定金在《担保法》上是债的一种担保方式，在《合同法》上是违约责任形式之一，其基本法律性质是违约定金，并兼具证约定金的性质。

2. 定金的担保作用不同于担保物权之处在于，后者是一方当事人对另一方当事人的担保，而定金则具有双方担保的功用。定金罚则是对双方都适用的。

3. 定金的作用有两种情形：

（1）合同正常履行时，定金可由当事人协议充作价款或由交付方原价收回；

（2）合同不能正常履行时，适用定金罚则：交付方违约的，无权收回；接受方违约的，双倍返还。

4. 依第九十条，定金合同是：

（1）要式合同：书面合同；

（2）实践性合同：实际交付定金时成立；

（3）从合同。

5. 特别注意第九十一条的定金最高限额。

应特别注意的是：

1. 定金合同（定金条款）是一实践性合同，定金合同自当事人实际交付定金时始成立。但定金交付与否对主合同的成立与否并无任何关联。定金合同（条款）之订立纯粹是当事人意思自治的产物，有无定金合同（条款）并不影响主合同的成立。

2. 如果定金数额超过了主合同标的额的百分之二十，其效力如何？一种意见认为该定金合同（条款）全部无效；另一种意见认为超过百分之二十的部分无效，即此种情形下应推定为定金为主合同标的额的百分之二十，超过的部分视作不当得利，由收受方予以原价返还。应以第二种意见为正确。

3. 定金罚则的具体适用规则：

（1）部分履行的，按相应比例适用之。

（2）因不可抗力、意外事件而致违约的，不适用之。

（3）因第三人原因而致违约金的，适用之（《担保法解释》第一百二十二条）。

4. 定金种类：

（1）订约（立约）定金

以定金交付为订立主合同之担保，若其后一方拒绝订立主合同，应承受定金罚则（《担保法解释》第一百一十五条）。此种定金在商品房买卖中常见。

（2）成约定金

以定金交付作为主合同成立或生效要件，不交付定金，主合同即不成立（或不生效）。此种定金往往适用于收受定金方处于优势之场合。

关于成约定金，还有以下两点特别值得注意：

①虽未交付，但主合同已履行或已履行主要部分的，主合同照样成立（生效）。

②唯成约定金之交付与主合同成立有关系，其他定金之交付与主合同成立与否并无干系，所以不要将定金合同之实践性与成约定金交付对主合同成立之影响混为一谈。

(3) 解约定金

定金交付后，一方解除主合同时，须以承担定金罚则为代价。简而言之，此种定金情形下，双方均可随时行使单方约定解除权，但必须承担定金罚则（《担保法解释》第一百一十七条）。此种定金只要适用于双方都怀有精诚合作以达双赢的愿望，但又互不信任（如第一次打交道）之场合。

(4) 违约定金（《担保法》第八十九条、《合同法》第一百一十五条、《担保法解释》第一百一十五条）

违约定金即一方当事人不履行或履行不符合约定，致使双方丧失合同目的时，应承担定金罚则。

违约定金是最常见的定金种类，也是《担保法解释》颁布前，我国立法（《担保法》、《合同法》）上明文承认的定金类型。本书中，若无特别指明，也是指违约定金，而上述前三种定金乃《担保法解释》最新确立的定金类型。

(5) 证约定金

证约定金指以定金交付作为订立主合同的证据。此种定金并非一种独立的定金类型，而是解约、违约定金兼具的一种证据功能。

5. 定金与类似概念的区别

依《担保法解释》第一百一十八条的规定，区别如下：

(1) 与预付款的区别

预付款是合同一方当事人预先支付给对方的一部分货款，目的在于帮助对方履行合同。若收受预付款方将来违约，则应返还预付款及同期银行利息给对方。若收受方依约履行合同，则交付方履行其余的付款义务即可。可见两者区别是：①预付款不适用双倍返还或丧失规则，并无惩罚性。②预付款本身乃主合同标的的一部分，而定金乃是于主合同款项外支付的现金、其他替代物。

(2) 与订金的区别

订金常用于承揽合同、服务合同场合。它指一方先交付一笔现金给对方，以作为己方履约之担保。交付后，可能产生三种后果：

①双方均依约履行的，订金返还给交付方或抵作交付方应付款项之一部分；

②交付方违约的，订金没收；

③收受方违约的，原价返还订金给对方。

换而言之，订金之担保功能(惩罚性)是单方的，仅对交付方适用，不对收受方适用。

(3) 如何区别适用

①若当事人交付上述订金、保证金等，但未约定定金性质的，当事人主张为定金的，不予支持。

②若当事人在合同使用了上述订约、保证金等字眼，同时规定有定金性质的，后当事人主张为定金的，人民法院应予支持。

三、企业信用认证

(一) 企业信用认证标准

第一章 总则

第一条 为帮助企业树立诚信度，提高信用管理能力，预防来自组织内外部的失信风险，实现可持续发展，促进社会诚信和降低交易成本，国际信用标准化组织〔E-315〕（以下简称E-315）制定本标准。

第二条 依法成立的企业及其他营利组织，均可依据本标准申请E-315：9000国际信用管理体系企业信用认证。

第一款所称其他营利组织是指国家立法、行政、司法机关和非营利性组织以外的各类事业单位法人及其他非企业法人。

第三条 企业信用认证遵循公正、公开、公平、独立、中立、监督、互助、共赢、开放、自愿的原则。

第四条 E-315用收入的一部分建立诚信基金，主要用于维护认证企业合法权益和整体利益，诚信基金的管理参见《E-315：9000国际信用管理体系诚信基金管理标准》。

第五条 《E-315：9000国际信用管理体系国际信用管理体系要求》属于本标准第三章信用管理制度要求的另一种书写形式，与本标准第三章相关内容等同。

第二章 认证程序

第六条 普通信用认证程序：

第一步，提出认证申请，申请单位成立认证工作领导小组，指定工作代表。

第二步，调查核实申请单位的真实性和法定代表人等重要工作人员身份资料的真实性。

第三步，咨询。信用执业人员为申请单位提供咨询，帮助申请单位达到本标准第三章所述认证标准的制度建设要求。

第四步，初步评定。负责认证的信用机构和信用执业人员对申请单位是否符合本标准第三章所述认证标准进行初步评定，通过初审的，发布初审公告，为申请单位建立信用档案，进入试运行期；未通过初审的，提出整改意见，并确定下次初审时间。

第五步，试运行。试运行期一般不低于六十日。

第六步，对申请单位以前年度的信用情况进行调查。调查分为申报、公示、调查三个环节，三个阶段，具体如下：

1. 申报。由申请单位对自己近一年的信用情况进行申报。

2. 公示，对申报情况进行公示，公示期为三十日。将申报情况在相关媒体进行公示，公示内容主要是申请单位的信用申报情况，并欢迎各界人士在某年某月某日之前提供与其信用相关的调查线索，信用机构严格为线索提供人保密。

3. 调查，形成调查报告。对申报情况进行抽样调查，对公示期内的异议进行调查核实，并写出调查报告。

第七步，综合信用评定。负责认证的信用机构和信用执业人员结合试运行的情况对申请单位是否符合本标准第三章所述认证标准进行综合评定，同时评定出申请单位的信用级别。

第八步，根据综合信用评定的结果，分别作出如下决定：

1. 符合条件的，发信用认证证书和信用等级证书并公告。

2. 不符合条件的，发出整改意见，并确定下次综合评定日期，需要延期公告的，延期公告。延期公告是指不符合"申请认证前十二个月无重大失信行为"的条件，但其他条件都已符合，延期到符合该条件时再颁发证书并公告。无论申请单位是否通过认证，认证费用均不退还。

第七条　星级信用认证程序，适用《E－315：9000 国际信用管理体系星级信用认证标准》及其他相关标准。

第三章　企业信用认证的标准

第八条　申请单位真实合法，法定代表人等重要工作人员身份资料真实。

对于普通信用认证，申请单位及其法定代表人等重要工作人员在认证通过公告前十二个月的信用状况良好，货币资产等财务数据变化无异常。

对于星级信用认证，申请单位及其法定代表人等重要工作人员在认证通过公告前十二个月的信用状况良好，货币资产等财务数据变化无异常。

第九条　法定代表人及决策层具有诚信经营、造福社会和持续发展的经营理念。

符合第十条要求，视同达到本条第一款的要求。

第十条　签订《诚信承诺书》，书面做出遵守法律、法规和 E－315：9000 国际信用管理体系标准的诚信承诺。

第十一条　积极补救。认证企业因故不能履行承诺时，应积极补救，尽可能使利益关系人损失最低，争取利益关系人的谅解与支持。

第十二条　积极配合调查。为维护全体认证企业的荣誉，对被投诉或涉嫌违约的认证企业，信用机构可以对失信事实是否存在进行调查，被调查的认证企业应积极配合调查人员的工作，提供有关证明资料等，否则视同违规或违约。

第十三条　建立明确承诺制度。认证企业应结合自身实际对利益关系人作出明确的承诺，并将承诺对外明确公示。

第十四条　建立失信风险识别与预防制度，以最大限度地预见和预防各类失信风险。

第十五条　设立专门的信用管理部门（该部门可以称为信用委员会或信用管理委员会等），并专设一个投诉建议电话，该部门的职责一般包括：

1. 处理客户对产品质量、服务的投诉与争议；

2. 接收客户、内部员工及社会其他人士对本单位的批评、意见、建议，并定期向总经理或董事长或董事会汇报；

3. 确定对客户的赊销额度和还款期限；

4. 审核合同和具有广告宣传性质资料的合法性和合理性，并对履行风险发表意见；

5. 追讨各类应收账款；

6. 建立与完善信用管理体系，协调和监督信用管理体系各项管理制度的执行。信用管理人员或信用管理部门直接对总经理或法定代表人或董事会负责并汇报工作。信用管理部门的负责人和专职工作人员应具备国际信用执业人员资格，并进行执业注册与登记。

第十六条　建立外部信用管理制度、投诉建议信息快速反馈制度、危机处理制度。认证企业应向客户和其他利益关系人发送由信用机构签署的信用监督卡，通过信用监督卡明确告知客户和其他利益关系人：如何投诉及解决争议，如何提出意见和建议，认证企业失信违约后应承担的责任。信用监督卡的样式由认证企业自行设计，报经信用机构批准和备案后，认证企业自行印制。信用监督卡的发送方式应报信用机构批准和备案。信用监督卡的样式或发送方式发生变更时，应于变更前报请信用机构批准和备案。信用监督卡的主要内容可以包括以下部分：

①某单位已通过 E-315：9000 国际信用管理体系（初审）认证，信用档案查询请登录：www. * * * * *网（注：E-315 指定信用服务平台）；

②如果您认为该单位有什么问题或对该单位有什么建议，请拨打该单位投诉建议电话 * * * * *；

③如果您认为该单位处理结果仍不能符合您的合法权益，有权按照《E-315：9000 国际信用管理体系公开投诉标准》，在 * * * * *网（注：E-315 指定信用服务平台）和其他媒体上进行公开投诉；也有权按照《E-315：9000 国际信用管理体系的永久曝光标准》，将失信违约事实在 * * * * *网（注：E-315 指定信用服务平台）和其他媒体上永久曝光。（本条具体内容根据诚信承诺书确定。）；

④公开投诉的程序与方法；

⑤永久曝光的程序与方法；

⑥异议处理的程序与方法；

⑦滥用公开投诉权、永久曝光权、异议权应承担的责任。

第十七条　建立应收账款管理制度。一般情况下，认证企业的信用、财务、销售三个部门，对应收账款的管理应按以下要求明确分工、各司其职：

1. 单位财务部门每年底根据财务状况，确定下年度的应收账款总规模。

2. 采用赊销或分期付款的方式销售货物时，信用额度的确定由信用部门负责，信用部门应根据实际情况对对方的资信情况进行调查和分析，然后确定信用额度，并为赊销客户建立信用档案。信用额度总量不能超过应收账款总规模。

3. 单位销售部门负责应收账款未到期时的提示付款和逾期一定时间内（具体时间由本单位制定）的欠款催收，并制作催收记录，催收未果的应收账款应连同催收记录立即移交给信用部门。

第十八条　建立广告与合同管理制度。一般情况下，认证企业对外发布广告和签订合同前，应将相关文书送交信用部门审核，信用部门对广告或合同的合法性、有效性、合理性及履行风险提出意见。

第十九条　建立文件管理制度。认证企业应确保信用管理体系的所有要求文件化、可操作、可查询、可审核；确保所有文件在执行前被批准；确保已作废的文件不被误用；确保信用制度文件及其相关的协作文件、作业指导书科学、实用，定期或不定期地被评价与完善，职责分工明确并有明确的奖惩措施；确保信用制度文件及其相关的协作文件、作业指导书充分考虑并避免道德风险；确保对文件的评价与完善情况定期或不定期地向信用机构反馈。

第二十条 建立记录管理制度，确保信用管理体系的运行记录被及时保存。

第二十一条 积极建设诚信文化，确保信用管理体系的自觉运行。认证企业应确立符合社会公共利益、公共道德或推动社会进步的核心价值观与社会使命，并应按照已确立的核心价值观与社会使命处理各类问题。认证企业应积极营造诚信、正直、开拓创新、学习、勇于承担责任、相互尊重、公平竞争、机会均等、明确承诺与反馈的组织文化。

第二十二条 全体工作人员应建立个人信用档案。全体工作人员的信用级别应在 b 级以上（含 b 级）。

第四章 认证企业的失信责任

第二十三条 公开投诉。认证企业失信或违约后，另一方有权按《E－315：9000 国际信用管理体系公开投诉标准》进行公开投诉。

第二十四条 永久曝光。认证企业失信或违约后，另一方有权按《E－315：9000 国际信用管理体系永久曝光标准》将失信违约事实永久曝光。认证企业被曝光后，其信用档案和黑名单信息将被永久保存，所有记录（除联系方式外）都对公众开放查询。

第二十五条 联合曝光。对违约或违规性质、情节严重的认证企业，由 E－315 联同报纸等媒体按《E－315：9000 国际信用管理体系联合曝光标准》联合曝光。

第二十六条 未按规定印制和发送信用监督卡的，给予公开警告、永久曝光或联合曝光的处罚。

第二十七条 在认证过程中，提供虚假材料的，为重大失信行为，将给予永久曝光、联合曝光的处罚。

第二十八条 彻底曝光。为了防止个别单位和个人通过变换机构名称逃避信用惩罚，影响认证企业的整体信誉，所以：认证企业提供的法定代表人的身份证号码，虽然是保密的，但是如果认证企业被黑名单曝光，该部分信息将成为黑名单信息的查询关键字。

第二十九条 扣罚信用积分。每被公开投诉一次扣 2 分，黑名单曝光一次扣 360 分，曝光后积极补救的扣 180 分，积极补救后对方没有受实质损失的扣 100 分；滥用曝光权、滥用异议权、骗取信用积分或不按约定积极配合调查的以及其他严重的违约行为扣 1 080 分；实施了其他违约行为的按相关标准规定扣分。

第三十条 承担因违约和违规而产生的一切法律责任，同时，E－315 诚信基金将支持另一方追究其法律责任。

第三十一条 出现下述情况之一的，将取消 E－315：9000 认证企业的称号，并予以公告：

1. 屡次发生公开投诉事件并不积极补救的；

2. 一年内出现两次黑名单曝光的；

3. 发生滥用曝光权事件的；

4. 发生重大失信事件，或发生在社会上引起重大影响的失信事件的；

5. 不参加年审或年审不合格的；

6. 不按规定缴费的。

第三十二条　责令公开道歉。失信性质或情节严重的，E-315可责令其向利益关系人公开道歉，道歉的内容、范围、频次由E-315决定。

第三十三条　对认证企业的信用惩罚，将同时适用于认证企业的法定代表人和有过错的直接责任人。

第五章　缓冲、保留、例外与免责

第三十四条　认证企业在没有一名专业的信用管理人员（指具有国际信用执业资格的人员）的情况下，为直接曝光缓冲期。除非合同另有约定，在直接曝光缓冲期内，认证企业没有直接永久曝光权，也不被直接永久曝光。

第三十五条　认证企业在签订《诚信承诺书》时，可以对本标准的失信责任条款提出保留，但应同时提出保留时限，保留条款对应的权利将受到对等限制。认证过程中的责任条款不受保留条款的约束。认证企业不能对全部责任条款提出保留。

第三十六条　认证企业在被公开投诉后，将有七日的缓冲期，七日内认证企业无异议时，公开投诉记录按《E-315：9000 国际信用管理体系公开投诉标准》对外公开；提出异议的，按《E-315：9000 国际信用管理体系争议信息处理标准》处理。

第三十七条　认证企业在被曝光时，将有七日的缓冲期，七日内被曝光单位未提出异议的，曝光信息按《E-315：9000 国际信用管理体系永久曝光标准》对外公开；提出异议的，按《E-315：9000 国际信用管理体系争议信息处理标准》处理。

第三十八条　国际信用标准化组织［E-315］理事单位在被公开投诉和曝光时，可以要求E-315对投诉与曝光材料进行审查，E-315认为必要的，可以委托信用机构对违约与失信事实的存在进行调查核实。

第三十九条　符合下列条件之一的，被曝光单位可以向E-315提出曝光延期：

1. 曝光所依据的法院判决或其他文书明显与国际通行法律原则或国际惯例不一致的；

2. 有证据证明曝光材料存在虚构或其他不真实嫌疑的。

延期一般不得超过三个月，有特殊情况的，可以延期六个月至十二个月。延期过后，有证据证明曝光材料不真实或违反国际通行法律原则或国际惯例的，曝光无效，否则曝光材料公开。

第四十条　认证企业的失信违约事实符合以下任一条件的，将不承担被曝光的责任：

1. 失信违约是由于不可抗力或紧急避险引起的；

2. 有充分的证据或公认的理由证明，该单位对失信违约事实在主观上没有过错。

第六章　信用管理级别评定与信用级别评定

第四十一条　对于本标准第三十四条规定的直接曝光缓冲期内企业，不进行信用管理级别的评定或取消已评定的信用管理级别，公示为直接曝光缓冲期内 E－315：9000 认证企业。

第四十二条　企业信用管理级别评定分为三个部分，三个部分按顺序进行综合为其信用管理级别。

第一部分，信用部门在单位内的所处的管理层次，主要判断与区分信用部门的能力度。管理层次分为三个级别，对应如下：

信用部门在单位内所处的管理层次：

1. 信用部门直接对董事会负责，并定期汇报工作，信用工作简报与建议材料定期送达到每一个董事。对于未设立董事会的企业，信用部门对任命法定代表人的组织负责。

2. 信用部门直接对法定代表人负责，并定期汇报工作，信用工作简报与建议材料定期送达到法定代表人。

3. 信用部门直接对总经理负责，并定期汇报工作，信用工作简报与建议材料定期送达到总经理。

第二部分，信用监督卡的发放范围和发放强度，主要判断和区分单位的诚信意愿。该项目分为三个级别，对应如下：

1. 积极主动地向每一个利益关系人都发放了信用监督卡。

2. 积极主动地向部分利益关系人发放信用监督卡。

3. 对信用监督卡的发放积极主动性不高。

第三部分，信用管理人员的专业能力和对 E－315 条款的利用程度，主要判断和区分单位的信用管理能力和水平。本部分也分为三个级别，对应如下：

1. 信用工作人员中，有两名以上（包括两名）的国际信用执业人员，企业签订的每一个合同都约定 E－315 条款。

2. 信用工作人员中，有两名以上（包括两名）的国际信用执业人员。只对重要的合同约定 E－315 条款。

3. 信用工作人员中，有一名国际信用执业人员。只对重要的合同约定 E－315 条款。

第四十三条　认证企业的信用级别评定，参照《E－315：9000 国际信用管理体系单位信用级别评定标准》执行。

第七章　附则

第四十四条　认证企业通过认证后，奖励信用积分 360 分，并可申请成为国际信用标准化组织［E－315］会员。

第四十五条　信用机构对认证企业是否符合认证标准进行年度审验。

第四十六条　本标准涉及术语的定义见《E－315：9000 国际信用管理体系国际信用行业术语》。

第四十七条 除 E-315 另有承诺，认证企业独立承担因自己行为所引起的一切法律责任。

第四十八条 E-315 及信用机构对认证企业的商业机密保密，国家法律、法规另有规定的除外。

第四十九条 本标准会被修订，使用本标准的各方应充分注意本标准的修订，并使用本标准的最新版本。

第五十条 本标准由国际信用标准化组织［E-315］负责解释。

（二）企业信用评级认证实施细则

1 总 则

1.1 为有序、有效地对受信组织实施信用认证工作，依据国际信用标准化组织《E-315：9000 信用管理体系标准》和中华人民共和国商务部《商贸企业信用管理技术规范》，制定本细则。

1.1.1 信 用（Credit）：建立在信任基础上，不用立即付款或担保就可获得资金、物资或服务的能力。这种能力以在约定期限内偿还的承诺为条件。注：广义的信用指诚信原则在社会上的广泛应用，即诚实守信。

1.1.2 信用管理（Credit Management）：防范、控制和转移信用风险的管理技术、业务操作及相关的制度安排。注：信用管理活动，通常包括信用政策制定、信用目标建立，信用策划、信用信息采集、授信决策，债权保障、账款催收、债务管理、信用改进等工作。

1.1.3 组织信用（Organizations Credit）：细分为"社会信用"和"经济信用"，据此对组织提出了不同的信用管理要求。

1.1.4 社会信用（Social Credit）：管理要求组织不断完善信用文化建设，增强组织的核心凝聚力和社会责任感，获取社会和公众的认可。组织接受授信，通过授信方审核获得信用评价报告和认可证书。

1.1.5 经济信用（Economical Credit）：管理要求企业在经济信用活动中规范企业信用行为，增强融资能力和防范信用风险能力，在提高企业竞争力的同时全面规避信用风险。组织接受授信，通过授信方企划分析获得信用评估报告，不存在认可证书。

1.1.6 授 信（Credit Granting）：组织机构提供信用工具的经济活动或行为。

1.1.7 受 信（Credit Receiving）：组织机构或自然人接受信用工具的经济活动或行为。

1.1.8 授信方（Credit Grantor；Credit Provider）：提供信用工具的组织机构。

1.1.9 受信方（Credit Receiver）：接受信用工具的组织机构或自然人。

1.1.10 信用认证（Credit Certification）：授信方运用 E-315：9000 信用管理体系技术规范，对受信方社会信用（社会责任、无形资产、质量、服务、合同等）进行考量，出具信用认证报告、达到信用管理体系技术规范规定要求的颁发认可证书的经济活动或行为。

1.2　我国信用认证的主要依据

1.2.1　2009 年 3 月 3 日，商务部、财政部、人民银行等五部委发布《关于推动信用销售健康发展的意见》：积极发展信用销售，鼓励企业购买信用服务和产品，鼓励信用服务机构开发信用产品，满足企业信用管理需求。各地商务、财政、人民银行分支机构、银监、保监等部门，要高度重视信用销售工作。

1.2.2　2008 年 8 月 12 日，国务院批准的《国家质量监督检验检疫总局主要职责内设机构和人员编制规定》规定：国家质检总局不再直接办理与企业和产品有关的名牌评选活动。

1.2.3　2008 年 5 月 1 日起施行的《中华人民共和国政府信息公开条例》将政府收集起来的、占公共信息 80% 的信息资源向社会开发。信息公开对经济社会活动、人民群众的生产生活有着非常重要的参考价值和指导作用。

1.2.4　2008 年 5 月 1 日起施行的商务部《商贸企业信用管理技术规范》将企业信用细分为"社会信用"和"经济信用"，据此对企业提出了信用管理要求。

1.2.5　2008 年 4 月 2 日，国务院纠风办《关于 2008 年纠风工作的实施意见》：严格清理规范，坚决纠正评比达标表彰和节庆活动过多过滥问题。

1.2.6　2007 年 3 月 23 日，国务院办公厅发布的《关于社会信用体系建设的若干意见》规定：要加大诚实守信的宣传教育力度，培育全社会的信用意识，树立良好的社会信用风尚。要鼓励扩大信用产品使用范围，培育信用服务市场需求，支持信用服务市场发展。要坚持以市场为导向，培育和发展种类齐全、功能互补、依法经营、有市场公信力的信用服务机构，依法自主收集、整理、加工、提供信用信息，鼓励信用产品的开发和创新，满足全社会多层次、多样化、专业化的信用服务需求。

1.2.7　2007 年 3 月 19 日，国务院发布《国务院关于加快发展服务业的若干意见》规定：大力优化服务业发展结构，规范发展信用评估等商务服务业。

1.2.8　2006 年 12 月 24 日，国务院办公厅发布的《国务院办公厅转发监察部等部门关于清理评比达标表彰活动意见的通知》规定：清理政府行政组织、新闻媒体、社团组织的评比达标表彰活动。信用机构按市场规则进行的评价活动不在清理之列。凡以政府、商会协会名义收会费搞变相评比是违法乱纪行为。

1.2.9　2005 年 2 月 19 日，《国务院关于鼓励支持和引导个体私营等非公有制经济发展的若干意见》：各级政府要加大对中介服务机构的支持力度，坚持社会化、专业化、市场化原则。支持发展创业辅导、筹资融资、市场开拓、技术支持、认证认可、信息服务、管理咨询、人才培训等各类社会中介服务机构。

1.2.10　十六届三中全会通过的《中共中央关于完善社会主义市场经济体制若干问题的决定》特别指出：发展独立公正、规范运作的第三方信用服务机构，按照独立性、中立性、公正性和科学的标准对各类组织进行评价，由市场验证，社会监督。

1.2.11　《中华人民共和国行政许可法》、《中华人民共和国行政诉讼法》和《中华人民共和国反垄断法》为信用认证市场化发展清理了障碍。

1.2.12　整规办及国资委发布的《商会协会行业信用建设工作指导意见》规定：商会协会开展信用评价是行业内部的评价。仅限于会员内部，且自愿参加，不得公开宣传，不得以任何名义收取评价赞助费，借信用之名牟利。

1.2.13　2006 年 5 月 7 日，国务院国资委制定《中央企业综合绩效评价管理暂行办法》。

1.2.14　信用认证标准、行业规范与引索：

1.2.14.1　信用认证标准

2.2.1　IB/T E－315：9002 国际信用管理体系标准（国际信用标准）

2.2.2　GB/T CCA9002 企业信用评价标准（国家级行业标准）

2.2.3　GB/T CCA9002 个人信用评价标准（国家级行业标准）

2.2.4　GB/T CCA9002 品牌名牌信用评价标准（国家级行业标准）

2.2.5　GB/T CCA9002：315 标志产品认证标准（国家级行业标准）

2.2.6　GB/T CCA9002 信用风险等级评估标准（国家级行业标准）

2.2.7　GB/T CCA9002 信用安全等级评估标准（国家级行业标准）

1.2.14.2　行业规范与引索

2.3.1　IB/T E－315：9002 国际信用管理体系证书和标识管理办法

2.3.2　IB/T E－315：9002 国际信用管理体系认证实施程序规则

2.3.3　IB/T E－315：9002 国际信用管理体系认证审核原则

2.3.4　IB/T E－315：9002 国际信用管理体系标准

2.3.5　IB/T ISO：9002 国际质量管理体系标准

2.3.6　GB/T CCA9002 企业信用评价标准

2.3.7　GB/T CCA9002 个人信用评价标准

2.3.8　GB/T CCA9002 品牌名牌信用评价标准

2.3.9　GB/T CCA9002：315 标志产品认证标准

2.3.9　GB/T CCA9002 信用风险等级评估标准

2.3.10　GB/T CCA9002 信用安全等级评估标准

2.3.11　GB/T CCA9002 企业信用评级技术指标

2.3.12　GB/T CCA9002 个人信用评级技术指标

2.3.13　GB/T CCA－001－2009 企业信用信息数据规范

2.3.14　GB/T CCA－002－2009 个人信用信息数据规范

2.3.15　GB/T CCA－003－2009 商业征信准则

2.3.16　GB/T CCA－004－2009 信用服务行业自律公约

2.3.17　GB/T CCA－005－2009 个人信用评价行业标准

2.3.18　GB/T CCA－006－2009 企业信用报告内容与格式规范

2.3.19　GB/T CCA－007－2009 个人信用报告内容与格式规范

2.3.20　GB/T CCA－008－2009 单位信用等级评定规范

2.3.21　GB/T CCA－009－2009 个人信用等级评定规范

2.3.22　GB/T CCA－010－2009 合同信用等级评定规范

2.3.23　GB/T CCA－011－2009 质量信用等级评定规范

2.3.24　GB/T CCA－012－2009 服务信用等级评定规范

2.3.25　GB/T CCA－013－2009 诚信经营示范单位评定规范

2.3.26　GB/T CCA－014－2009 诚信企业家/诚信经理人/诚信之星信用评定规范

2.3.27　GB/T CCA－015－2009 单位网站信用等级评定规范

2.3.28　GB/T CCA－016－2009 个人网站信用等级评定规范

2.3.29　GB/T CCA－017－2009 广告发布信用等级评定规范

2.3.30　GB/T CCA－018－2009 行政机关信用等级评定规范

2.3.31　GB/T CCA－019－2009 社会团体信用等级评定规范

2.3.32　GB/T CCA－020－2009 金融机构信用等级评定规范

2.3.33　GB/T CCA－021－2009 征信机构信用等级评定规范

2.3.34　GB/T CCA－022－2009 认证机构信用等级评定规范

2.3.35　GB/T CCA－023－2009 人才信用等级评估规范

2.3.36　GB/T CCA－024－2009 信用风险等级评估标准

2.3.37　GB/T CCA－025－2009 信用安全等级评估标准

2.3.38　GB/T CCA－024－2009 企业信用评价合同文本规范

2.3.39　GB/T CCA－025－2009 个人信用评价合同文本规范

2.3.40　GB/T CCA－026－2009 信用证书内容与格式规范

2.3.41　GB/T CCA－027－2009 信用铭牌内容与格式规范

2.3.42　GB/T CCA－028－2009 社会信用服务机构管理办法

2.3.43　GB/T CCA－029－2009 信用证书认可备案管理办法

2.3.44　GB/T CCA－030－2009 国际信用体系多边互认协议

2.3.45　GB/T CCA－031－2009 企业联合征信系统管理办法

2.3.46　GB/T CCA－032－2009 个人联合征信系统管理办法

2.3.47　GB/T CCA－033－2009 信用服务机构合作框架协议

2.3.48　GB/T CCA－034－2009 信用服务机构规范服务倡议书

1.3　信用认证基本准则

信用认证是授信组织对受信组织的社会信用综合评价和评估的结果，出示信用报告；合格的，核发相应的信用证书。

信用认证（服务）按类别分为：信用管理体系认证和信用产品认证（组织信用等级认证、组织信用品牌认证、组织分类信用认证）、其他信用服务。

1.3.1　信用管理体系认证

依据 E－315：9000 信用管理体系标准或其他国际公认的信用管理体系规范实施认证。

1.3.2　组织信用等级认证

依据 E－315：9000 信用管理体系标准或其他国际公认的信用管理体系规范，也可以依据国务院标准化行政主营部门确认的规范实施认证。

1.3.3 组织信用品牌认证

受信组织须通过信用等级认证,才可以申请组织信用品牌认证;组织信用品牌认证按类别分为:315 标志产品合格认证、315 标志产品安全认证、315 标志商业品牌认证。

1.3.3.1 315 标志产品合格认证

依据国家标准、行业标准,参照国际先进的产品标准和技术要求。现行标准内容不能满足认证需要的,由 315 标志认证委员会审定认可补充技术要求。我国的名、特、优产品,可以依据国务院标准化行政主营部门确认的标准实施认证。

1.3.3.2 315 标志产品安全认证

实行安全认证的产品,必须符合《中华人民共和国标准化法》中有关强制性标准的要求,《中华人民共和国食品卫生法及食品安全法》的要求,并符合安全标准。

1.3.3.3 315 标志商业品牌认证

依据国家标准、行业标准,参照国际先进的产品标准和技术要求;现行标准内容不能满足认证需要的,由 315 标志认证委员会审定认可补充技术要求。我国的驰名、著名、知名品牌,可以依据国务院标准化行政主营部门确认的标准实施认证。

1.3.4 行业信用认证

受信组织须通过信用等级认证,才可以申请行业信用认证:重合同守信用企业认证、重质量守信用单位认证、重服务守信用单位认证、质量、服务诚信单位认证等。

1.3.4.1 重合同守信用单位认证

依据《中华人民共和国合同法》国务院标准化行政主营部门确认的规范或其他国际公认的合同管理规范,E-315:9000 信用管理体系标准关于合同信用规范实施认证。

1.3.4.2 重质量守信用单位认证

依据:

(a) 产品符合中国国家标准,行业标准及其补充技术要求,或者符合国务院标准化行政主管部门确认的标准;

(b) 产品质量稳定,能正常批量生产,并提供有关证明材料;

(c) 企业质量体系符合 GB/T19000 或其他国际公认的质量管理体系规范及其补充要求;

(d) E-315:9000 信用管理体系标准关于质量信用规范;实施认证。

1.3.4.3 重服务守信用单位认证

依据:

(a) 国务院标准化行政主管部门确认的标准,行业标准及其补充技术要求;

(b) E-315:9000 信用管理体系标准关于服务信用规范;实施认证。

1.3.4.4 质量、服务守信单位认证

依据 1.3.4.2 和 1.3.4.3 实施认证。

1.3.5　其他信用服务

1.3.5.1　诚实守信经营（服务）单位认定

依据：

（a）国务院标准化行政主管部门确认的标准，行业标准及其补充技术要求；

（b）E-315：9000 信用管理体系标准关于诚实守信经营（服务）单位信用规范；实施认证。

1.3.5.2　＊＊行业诚实单位认定

依据：

（a）行业标准及其补充技术要求；

（b）E-315：9000 信用管理体系标准关于行业守信单位信用规范；实施认证。

1.3.5.3　诚实守信承诺单位认定

依据：

（a）国务院标准化行政主管部门确认的标准，行业标准及其补充技术要求；

（b）E-315：9000 信用管理体系标准关于诚实守信承诺单位信用规范；实施认定。

1.3.5.4　诚信之星、诚信企业家认定

依据：

（a）企业通过等级和分类认证；

（b）行业标准及其补充技术要求；

（c）E-315：9000 信用管理体系标准关于诚信之星、诚信企业家信用规范；实施认定。

1.3.5.5　中国工商企业信用信息数据库单位（315 组织身份验证单位）认定

中国企业持有工商行政管理部门颁发的《企业法人营业执照》；外国企业持有有关机构的登记注册证明；具有三证或其他行政许可证，且每年通过年审。

1.3.5.6　其他

1.4　本程序规则由 E-315 信用管理体系标准化组织认证委员会中国信用评价中心主任批准发布，以适用于所有组织的信用产品认证和信用管理体系认证工作。

本程序规则也适用于提供产品的研究单位以及提供服务（即第三产业）的各类单位的信用管理体系认证工作。

2　认证程序

2.1　申请应具备的条件

（a）中国企业持有工商行政管理部门颁发的《营业执照》；外国企业持有有关机构的登记注册证明；证照出具已六个月后，满一年以上的应有工商年检章；

（b）具有中华人民共和国组织机构代码证，证件出具已六个月后，满一年以上的应有质检年检章；

（c）具有税务登记证；

（d）行业前置许可的，需提供各类行政许可证及行业许可证，证件出具已六个月后，满一年以上的应有相关年检章；

（e）法定代表人身份证；

（f）其他相关法定文件。

2.1.1 信用产品认证

（a）生产行业：产品符合中国国家标准，行业标准及其补充技术要求，或者符合国务院标准化行政主管部门确认的标准；或者企业质量体系符合 GB/T19000 标准或其他国际公认的质量管理体系标准或者外国申请人所在国等同采用国际公认的质量体系规范及其补充要求；产品质量稳定，能正常批量生产，并提供有关证明材料；

（b）其他行业：符合中国国家标准，行业标准及其补充技术要求，或者符合国务院标准化行政主管部门确认的标准；

（c）企业管理其中采用 E-315：9000 信用管理体系标准或其他国际公认的信用管理体系规范，也可以依据国务院标准化行政主营部门确认的规范；

（d）企业有完善的信贷、纳税、合同履约、产品质量的执行文件；

（e）企业一个财政年度以上未受到行政管理部门处罚的、行业协会处罚的、公安司法干预或执行的、媒体或消费者投诉曝光的、银行或其他金融机构里无不良记录的；

（f）企业负责人无任何违法违纪或不良记录的。

2.1.2 信用管理体系认证

（a）按照 2.1.1 执行；

（b）已按 E-315：9000 信用管理体系标准或其他国际公认的信用管理体系规范建立了文件化的信用管理体系；

（c）已按 GB/T19000 或其他国际公认的质量体系规范建立了文件化的质量体系；

（e）企业管理已按国内或国际公认的管理体系规范建立了文件化的相应体系。

2.2 申请登记

受信方（客户）网上或书面申请认证，授信方（信用机构）第一时间与受信方（客户）建立联系：

（a）为了使认证申请意向书面化，授信方（信用机构）与受信方（客户）签定委托协议书、且向受信方（客户）提供《征信文件》；

（b）授信方（信用机构）在收到受信方（客户）的《征信文件》后，向其发出《文件资料报送通知单》。报送的文件资料包括：申请条件规定的证照、许可证复印件加盖单位公章，法人身份证复印件；企业概况；企业管理、信用管理和质量管理手册（包括程序性文件目录）；信用管理保证体系所覆盖的范围；产品合格认证的产品型号、规格及其标准；产品安全认证的产品型号、规模及其标准。

（c）授信方（信用机构）收到受信方（客户）报送的文件资料和委托协议书规定要求后：即予立卷归档，并在中国工商企业信用信息数据库建立电子档案，且进行认证申请登记。

2.3 受理的文件评审

根据授信方（信用机构）所作的申请登记以及提供的文件资料，由中心主任负责进行是否受理的文件评审工作。评审内容包括：

（a）受信方（客户）是否符合认证应具备条件的要求；

（b）申请认证的信用管理保证模式包括企业所应覆盖的内容，所选定的保证模式是否适宜；

（c）本中心审核业务范围是否满足受信方（客户）受审核范围的专业特点的要求；

（d）受信方（客户）方期望的审核时间是否可被列入计划安排。为了合同评审需要，必要时，可由授信方（信用机构）派审核员对受信方（客户）进行初访。评审结束应填写《申请意向受理评审单》。自授信方（信用机构）接到报送的文件资料到作出受理决定的时限不超过五个工作日。

2.4　受理申请

2.4.1　授信方（信用机构）根据中心主任签发的《申请意向受理评审单》的结论，向受信方（客户）发出《同意受理认证申请的通知》；对于评审结果不能受理的申请，授信方（信用机构）应及时向受信方（客户）致公函，说明不能受理的理由并表示给予谅解。公函以挂号寄回受信方（客户）。

2.4.2　受信方（客户）接到《同意受理认证申请通知》后，授信方（信用机构）与其签订《受理认证协议书》。

2.4.3　文件审查

2.4.3.1　授信方（信用机构）在接到正式签订的《受理认证协议书》后，立即作受理登记，并把文件资料立卷提交审核部。

2.4.3.2　授信方（信用机构）在接到受信方（客户）的认证费用后，通知审核部开始文件审查。

2.4.3.3　审核部在五个工作日内完成文件审查，以确定其完整性及是否符合信用体系认证或其他信用产品认证的要求。

若提供的资料文件不齐全，审核部经由授信方（信用机构）向受信方（客户）方要求补充有关资料。当审核部确认文件资料开会并符合要求时，授信方（信用机构）在中国信用联盟网站上进行公示。

2.5　确认审核

2.5.1　公示十个工作后，社会上没有异议，授信方（信用机构）指导受信方（客户）填写委托书及附件。

2.5.2　授信方（信用机构）收到受信方（客户）的委托书及附件、企业管理和质量管理手册后，即予立卷归档，并进行正式审核登记。

2.6　信用认证用标准的确认

申请信用认证的受信方（客户）在办理正式申请手续的同时，信用认证机构应与中国信用评价中心密切配合办理产品认证用标准确认申请手续，填写《信用认证用标准确认申请书》。

2.7　现场审核准备

2.7.1　授信方（信用机构）将正式申请后的认证资料立卷移交审核部。审核部开始受审核方体系文件审核。

2.7.2　在完全尊重受信方（客户）自愿原则的前提下，受信方（客户）为保证正式认证效果需要进行预审核时，授信方（信用机构）与受信方（客户）签订《信用产品认证预审核协议》。

2.7.3 在受信方（客户）没有要求预审核的情况下，必要时，审核部可派员对受信方（客户）进行初次访问。

2.7.4 现场审核组由审核部组建，审核组长由各省审核中心主任批准。审核组的正式成员应为注册审核员，注册实习审核员作为注册审核员的助手参加。必要时可以聘请有关的技术专家协助审核工作。审核组至少应有一名注册主任审核员。

2.7.5 审核部应将审核组名单通知申请认证受信方（客户），申请认证受信方（客户）如有异议可以提出，由审核部和受信方（客户）协商调换。

2.7.6 审核组应根据提交的文件资料及审核方信用管理体系、信用产品结构特点制订现场审核计划。现场审核计划内容包括：

（a）申请方全称及受审核方名称、地址；

（b）走访相关行政部门检审证照；

（c）现场审核日期；

（d）审核日程及路线。

2.8 现场审核

2.8.1 首次会议

审核开始，由审核组长召开首次会议，向受审核方及其有关部门负责人说明审核计划、程序及日程安排，并再次确认。

审核组长再次强调审核目的、范围、依据、方法和可能出现的风险。

2.8.2 审核组应根据审核计划，采取提问、交谈、查阅资料文件、现场观察等方法，取得确实的证据，对受审核方的信用管理保证体系进行审核评定，并记录评定情况。

2.8.3 在审核期间，受审核方应予以协助、配合并保证：

（a）审核组能够查阅与信用管理体系及其质量体系审核有关的资料文件和记录，包括原始记录；

（b）审核组能够进入与信用产品认证审核和质量体系认证审核有关的场所（若受审核方认为某一场所为本单位的机密场所，则应在确认现场审核计划时或在首次会议上说明，双方协商解决）；

（c）审核组能够访问与信用管理体系和质量体系有关的任何人员；

（d）受审核方应为审核组提供进行审核所必需的设施和条件，并指定联络人员。

2.8.4 末次会议

现场审核结束时，审核组召开末次会议，表明现场审核的结论。

2.9 现场核验

在现场审核基本通过情况下，对于产品质量信用认证，按规定由受信方（客户）提供法定最近一次的检验报告和自检报告；若没有，由审核组长指定审核组成员两人在受审核方生产现场或成品仓库对申请认证的产品进行随机抽样，封样及包装。并送当地的检验机构按认证标准进行检验，由受审核方承担检测费用。

2.10　信用管理体系审核报告

受审核方如对审核结论有不同看法，与审核组不能达成一致时，应将其记录在审核报告中。

2.10.1　现场审核发现不合格项，审核组可与受审核方商定在一个适当的时间内采取纠正措施。待受审核方在限定的时间内纠正不合格项以后，审核组可根据其采取的措施和问题解决的程度，确定跟踪审核的范围，进行跟踪审核，作出跟踪审核结论。也可以根据实际情况认可受审核方已采取纠正措施的声明，不进行再次现场审核，直接由审核组长做出跟踪审核结论。

2.10.2　现场审核全部结束后，审核组长同审核部提交现场审核报告及其全部审核资料文件。审核团负责审定审核报告。

2.11　产品质量检验报告

检测机构在完成检测工作，提供检验报告。检验报告复印件无效。

2.12　认证的审定与批准

审核报告经审核部审定后，送授信方（信用机构）报中国信用评价中心主任批准。授信方（信用机构）在整理完毕受审核方和审核组资料文件后，在中国信用认证网站上进行公告，同时办理报批手续；

（a）对于产品质量信用认证，应在接到《产品质量检验报告》后，将检验结论为合格的报告连同经中心主任批准合格的《质量信用体系审核报告》报送中国信用评价中心秘书处批准发证。

（b）对于体系认证，直接将经信用认证机构负责人批准的《信用管理体系审核报告》报送中国信用评价中心秘书处批准发证。中国信用评价中心秘书处批准审核报告和检验报告后，即办理证书注册并颁发认证证书。信用产品认证证书的有效期根据信用产品特点和企业特点，认证证书有效期分为一年、三年。体系认证证书的有效期为三年。如审核结果是受审核方的质量体系不符合质量保证体系标准要求，产品不符合认证规定产品标准及其补充技术要求，产品质量认证或质量体系认证不能通过。则办公室应即向申请方发出《认证不合格通知书》，并说明，六个月后方可重新提出申请。

3　获准信用认证后的监督管理

3.1　经批准获信用认证的，受信方（客户）与中国法定信用认证机构签订《信用认证合同》，即信用认证的《信用产品认证协议书》和体系认证的《信用管理体系认证协议书》。按协议书进行认证后监督管理。

3.2　信用认证证书持有者可在获证产品及其产品铭牌、出厂合格证、产品使用说明书和包装物上使用与证书内容一致的认证标志，以证明企业产品符合信用认证要求。

体系认证证书持有者可向顾客宣传其信用体系经过第三方——中国信用评价中心的公正审核，以显示企业自身的信用管理保证能力水平。同时，可以按照规定使用专有的标志。但是，这种标志不得标在产品上，并不得以任何可能误认为产品合格的方式使用。

3.3　认证证书和认证标志的使用应符合规定要求（详见 E - 315 认证证书和认证标志使用管理规定）。

3.4 监督决定的主要内容

（a）授信方（信用机构）收到客户报送的文件资料后，即予立卷归档，并进行网上公告；

（b）暂停使用认证证书和认证标志；（载入信用公示：主体进入限制、整顿或保留期）

（c）恢复使用认证证书和认证标志；（载入信用公告）

（d）撤销认证证书，停止使用认证标志；（载入信用预警或信用黑名单）

（e）注销认证证书，停止使用认证标志；（载入信用公示：企业注销、重组或放弃、终止）

（f）触犯法律，信用赔偿。（载入信用黑名单）

4 本规则由全国信用机构联席会负责解释。

第二节 金融机构相关信用法规

一、《商业银行小企业授信工作尽职指引（试行）》及解读

为进一步完善商业银行小企业授信工作机制，规范小企业授信管理，明确授信工作尽职要求，促进小企业授信业务可持续发展，中国银监会发布了《商业银行小企业授信工作尽职指引（试行）》（以下简称《指引》）。

《指引》以建立与小企业授信业务相适应的信贷文化为出发点，研究符合小企业信贷流程特点的授信尽职工作要求，尽可能体现前瞻性、专业性、可行性和合规性。一是前瞻性。着眼于小企业蓬勃发展的前景，在授信要求上体现合理压缩信贷层次、适当简化程序的导向，对现有的制度框架有所突破，以构建小企业独特的信贷文化，适应小企业多样化的需求。二是专业性。意在建立并完善专业化的小企业授信工作机制，在客户经理队伍、业务受理与调查、授信分析与评价、信用评级、授信决策、授信尽职评价等方面均突出了差别化和专业化。三是可行性。充分考虑小企业风险特征，突出各项条款的可操作性。原则上只界定开展小企业授信业务的最低尽职要求，为商业银行留出一定的操作空间。四是合规性。《指引》考虑了有关监管规定及商业银行的通行做法，依然充分体现合规性要求。

商业银行小企业授信工作尽职指引（试行）

第一章 总则

第一条 为进一步完善商业银行小企业授信工作机制，规范小企业授信管理，明确授信工作尽职要求，促进小企业授信业务可持续发展，依据《中华人民共和国商业银行法》、《中华人民共和国银行业监督管理法》、《银行开展小企业贷款业务指导意见》等法律法规和相关规定，制定本指引。

第二条 小企业授信工作尽职是指商业银行从事小企业授信业务调查、授信审查、授信审批、授信后管理等各项授信业务活动的工作人员履行了本指引规定的最基本的尽职要求。对微小企业的小额授信，商业银行可视情况简化上述授信环节，适当扩大客户经理授权。

第三条 商业银行应制定小企业授信政策，建立决策机制、管理信息系统和业务操作流程，并及时进行评估和完善。

第四条 商业银行制定的小企业授信政策应体现小企业经营规律、小企业授信业务风险特点，并实行差别化授信管理。

（一）应注重实地调查和信息收集，了解和掌握客户经营动态和资信状况。

（二）应在控制风险的前提下，合理设定对小企业授信的审批权限，简化审批流程，提高审批效率。

（三）应建立风险定价机制，对不同小企业或不同授信实行差别定价，并随风险变化及时调整。

（四）应对小企业授信业务单独核算。

（五）应建立激励约束机制，将小企业信贷人员的收入与业务量、贷款风险、贷款收益等指标挂钩。

（六）应积极开展产品创新，推出符合小企业需求的授信产品和金融服务。

（七）应以客户为导向，建立灵活适用的授信工作机制，在授信金额、利率、期限等方面满足小企业灵活、多样的信贷需求。

第五条 商业银行应建立小企业授信管理部门和专业队伍。小企业授信业务应实行客户经理制，坚持双人进行业务调查。

第六条 商业银行应鼓励客户经理在商业银行服务所在社区建立广泛的、经常性的社区关系，以收集信息，提高效率，监督贷款的使用情况。

第七条 商业银行应加强对小企业授信工作人员的培训，使其更新理念，掌握小企业授信业务特点和风险控制方法，提高营销和收集、整理、分析财务和非财务信息的能力，熟悉小企业授信工作职责和尽职要求，逐步形成良好的小企业信贷文化。

第八条 商业银行小企业授信工作人员及授信工作尽职评价人员应遵循客观、公正、诚信原则，独立履行职责，不受人为的外部因素干扰。小企业授信工作人员应在授信业务活动中声明是否为授信申请人的关系人。

第九条 商业银行应加强小企业授信档案管理，对银企双方的权利、义务、约定、各种形式的往来及违约纠正措施进行客观、全面的记录并存档。

第十条 商业银行应建立小企业授信工作尽职评价制度及相应的问责与免责制度，明确规定各授信部门、岗位的职责和尽职要求，对违法、违规造成的授信风险进行责任认定，并按规定对有关责任人进行处理。

第二章 授信调查尽职要求

第十一条 商业银行应根据本行发展战略和小企业业务特点，细分市场，研究各类目标客户群的经营规律和风险特征，明确客户的基本准入条件。

第十二条 客户经理应根据授信种类收集客户基本信息，包括客户身份证明、授信主体资格、财务信息等，具体参见《附录》中的"客户基本信息提示"。

第十三条　客户经理应关注并收集客户的非财务信息，包括业主或主要股东个人信息及家庭资信情况、企业经营管理、技术、行业状况及市场前景等，具体参见《附录》中的"非财务信息提示"。

第十四条　客户经理应对客户提供的资料以及所收集信息的合法性、真实性进行核实，核实的过程和结果应予以记载。核实应以实地调查为主。信息收集与核实可同时进行。

第十五条　客户经理应根据调查核实的信息，编制有关小企业或其业主或主要股东的资产负债表和现金流量表，作为分析客户财务状况和偿还能力的主要依据。

第十六条　客户经理应根据核实、分析结果，出具书面调查报告。调查报告应对客户借款事由、还款能力、现金流量、业主或主要股东个人信用情况进行分析，并对授信品种、金额、用途、利率、服务收费、期限、偿还方式、担保条件等提出建议。

调查报告内容还须包含对银监会等相关征信系统中有关小企业及其业主或主要股东个人的查询情况。

撰写调查报告应遵循适用、精炼和标准化，在九十天内向同一客户多次授信时，经确认客户资信未发生实质性变化，原有调查报告在补充有关情况后继续有效。

客户经理应对调查报告中所含信息的真实性及调查结论负责。

第十七条　商业银行可授予客户经理一定的授信权，经授信调查、核实后，两名客户经理可在权限内决定是否予以授信，并实行双签制。对微小企业的小额授信，客户经理可把客户生产经营货款回笼情况、缴纳各种税费情况、诚信记录等反映偿还能力和偿还意愿的基本信息作为授信与否的主要依据。

第十八条　发生影响客户履约能力的重大事项时，商业银行应实地调查核实，并在档案中予以记载。同时，授信工作人员应加强沟通，确保各方均能及时掌握相关信息。影响客户履约能力的重大事项包括：

（一）外部政策、经济环境发生重大变化；

（二）客户业主或主要股东或关联企业超能力对外担保，或抵（质）押物价值发生重大变化；

（三）客户业主或主要股东或关联企业财务状况发生重大变化；

（四）客户业主或主要股东或关联企业涉及诉讼；

（五）客户业主或主要股东或关联企业有重大违约行为；

（六）客户业主或主要股东，或关键管理人员，或技术人员发生变动；

（七）客户发生购并、重组或产权变更；

（八）其他。

第三章　授信审查尽职要求

第十九条　商业银行应根据不同客户、不同授信品种的风险特征，有针对性地制定授信审查要求。

对信誉良好的小企业客户实行相应的授信激励政策，可逐步提高授信金额、延长授信期限或提供其他授信优惠条件。

第二十条　授信审查人员应对授信材料的合规性、有效性和完整性进行审查。授信调查、授信审查环节可根据需要由不同人员同时进行。

第二十一条　授信审查人员应根据客户或其业主或主要股东个人的资产、负债、现金流状况等，对影响客户财务状况的各项主要因素进行分析评价。必要时可重新编制客户资产负债表和现金流量表。

第二十二条　授信审查人员应对客户经营状况、资信情况、抵（质）押物或保证情况及其他非财务信息等进行分析评价，审查或验证授信金额、授信期限和授信用途的合理性。

第二十三条　授信审查人员应根据审查与分析结果，出具书面审查意见。经审查同意的授信业务，审查意见应明确授信品种、金额、用途、利率、服务收费、期限、偿还方式、担保条件、授信条件等内容，并提示授信潜在风险。

授信审查人员应对审查意见负责。

第二十四条　商业银行可授权授信审查人员一定的授信权，经授信调查、审查后，授信审查人员和客户经理可在权限内决定是否予以授信，并实行双签制。

第二十五条　发生影响客户履约能力的重大事项时，商业银行应及时重新进行授信审查。

第四章　授信审批尽职要求

第二十六条　商业银行应在风险可控的前提下，建立差别化的小企业授信、授权机制。授信审批应在授权范围内进行，不得超越权限审批授信。

第二十七条　商业银行应制定明确的小企业授信审批程序。授信审批应依据程序进行。

第二十八条　商业银行小企业授信不得用于国家政策、法律法规禁止或限制的行业、项目和产品。

第二十九条　对关系人申请的授信业务，授信审批人员应申请回避。

第三十条　授信审批人员应出具审批意见。经审批同意的授信业务，审批意见应明确授信品种、金额、用途、利率、服务收费、期限、偿还方式、担保条件、授信条件等内容。

授信审批人员应对审批意见负责。

第三十一条　商业银行应按授信审批意见实施授信。授信条件发生变更的，商业银行应及时重新审批或变更授信。授信条件未落实或发生变更未重新审批的，商业银行不得实施授信。

第三十二条　商业银行在实施授信业务时应签署相应的法律文件，确保法律文件的合法性、合规性、有效性、可行性。

第五章　授信后管理尽职要求

第三十三条　商业银行应制定专门的小企业授信后管理监测制度，结合授信偿还方式，实施有效的授信后管理。发生影响客户履约能力的重大事项时，应及时形成书面报告。

第三十四条　商业银行应严格按照监管部门的监管要求及本行风险管理制度，对已实施授信进行风险分类。

第三十五条　商业银行应动态监测，及时发现授信客户的潜在风险并进行风险预警提示，具体参见《附录》中的"预警信号风险提示"。

第三十六条　商业银行应根据授信后监测结果和风险状况及时采取措施，调整风险分类结果，并视情况决定是否对授信进行调整，包括展期、缩减授信、要求借款人提前还款、终止授信等。

第三十七条　商业银行应设定科学、合理的小企业坏账容忍度；对出现逾期或欠息的授信要及时清收处置，对需用法律手段进行催收的授信，应指定专人管理。

第三十八条　商业银行应建立合理的小企业不良资产核销机制。对核销的损失类授信要做到"账销、案存、权在"。

第三十九条　商业银行应将客户违约信息及时录入本行信贷管理信息系统或在内部进行通报；应定期向银行业监管机构报告；应通过银行同业协会和新闻媒体，对恶意逃废银行债务的小企业予以通报、曝光、联合制裁。

第六章　授信工作尽职评价要求

第四十条　商业银行应建立授信工作尽职评价制度。根据本行小企业授信业务发展状况，配备相应的授信工作尽职评价人员。授信工作尽职评价人员应具备必要的授信专业知识。

第四十一条　商业银行须对授信业务流程的各个环节进行尽职评价，评价授信工作人员是否尽职，确定授信工作人员是否免责。评价可采取现场或非现场的方式进行。

授信工作尽职评价人员在评价中如发现重大违规行为，应立即报告。评价结束后应及时出具授信工作尽职评价报告。

第四十二条　商业银行对授信工作尽职评价人员发现的问题，应经过确认程序，责成相关授信部门或人员及时进行纠正。

第四十三条　商业银行应根据授信工作尽职评价人员的评价结果，对具有以下情节的授信工作人员依法、依规追究责任。

（一）进行虚假记载、误导性陈述或遗漏重大信息的；

（二）未对客户信息资料进行核实，对异常情况未作进一步调查的；

（三）隐瞒真实情况的，特别是隐瞒与借款人关系，或隐瞒借款人、担保人及其业主的不良信用记录等；

（四）未按照规定对抵（质）押物进行实地核查的；

（五）授信决策过程中超越权限、违反程序的；

（六）未按照规定实施授信后管理，致使授信风险未及时防范、控制的；

（七）发现授信客户发生重大变化和突发事件，未及时报告，未及时进行实地调查，未及时采取必要措施的；

（八）未将客户违约信息及时向银行业监管机构报告的；

（九）不配合授信工作尽职评价人员的工作或提供虚假信息，对授信尽职评价工作中发现的问题逾期不予纠正的；

（十）其他。

第四十四条　商业银行经检查监督和责任认定，有充分证据表明授信部门和授信工作人员按照有关法律、法规、规章和本指引以及商业银行相应的管理制度勤勉尽职地履行了职责，在授信出现风险时，应免除授信部门和相关授信工作人员的合规责任。

第七章　附则

第四十五条　在中华人民共和国境内依法设立的商业银行开展的对小企业、个体工商户提供的授信工作适用本指引。其他银行业金融机构可参照执行。

第四十六条　商业银行应根据本指引制定实施细则，并报告中国银行业监督管理委员会或其派出机构。

第四十七条　本指引由中国银行业监督管理委员会负责解释。

第四十八条　本指引自发布之日起实施。

附　录

一、客户基本信息提示

1. 营业执照、组织机构代码证书（副本及复印件）和年检证明；

2. 贷款卡、银行开户情况；

3. 客户业主或主要股东个人身份证明及必要的信息；

4. 能用于编制近两年或当期资产负债表、损益表、现金流量表的基本信息或已编制好的财务报表；

5. 客户业主或主要股东报告期存借款及对外担保情况；

6. 税务部门年检合格的税务登记证明和近一年税务部门纳税证明复印件；

7. 合同或章程（原件及复印件）；

8. 董事会成员和主要经营管理负责人、财务负责人、技术负责人名单和签字样本等；

9. 若为有限责任客户、合资合伙客户或承包、租赁客户，要求提供董事会或发包人同意申请授信业务的决议、文件或具有同等法律效力的文件或证明；

10. 授信业务由授权委托人办理的，需提供客户法定代表人授权委托书（原件）；

11. 其他必要的资料（如海关等部门出具的相关文件等）。

对于中长期授信，还须有各类合格、有效的相关批准文件，预计资金来源及使用情况、预计的资产负债情况、损益情况、项目建设进度及营运计划。

二、非财务信息提示

1. 客户关键人员如经营决策人员、主要执行人员和技术人员人员的个人职业经历、受教育背景、品行、健康状况等；

2. 客户业主或主要股东个人及其家庭其他投资、资产负债及或有负债情况；

3. 客户业主或主要股东家庭成员情况、家庭居住情况，婚姻状况，家庭大致日常收入、生活开支情况；

4. 客户业主或主要股东个人资信情况，信贷登记咨询系统和个人征信系统信息；客户在工商、税务、海关等部门的信用记录情况；

5. 客户近一年的水电费或其他公用事业收费清单；

6. 客户近一年的设备运转和开工率；主要生产设备的技术水平；

7. 客户成品仓库的入库、出库情况；

8. 客户的纳税清单；

9. 客户的资产、职工人数、收入情况；

10. 客户近一年的现金流情况；

11. 客户主要供应商和销售商情况；

12. 其他情况。

三、预警信号风险提示

（一）与客户品质有关的信号

1. 客户关键人员如经营决策人员、主要执行人员和技术人员失踪或无法联系；

2. 客户拒绝提供与信用审核有关的文件；

3. 客户隐瞒重要信息或提供虚假信息，如隐瞒资产、债务或抵（质）押品真实情况；

4. 客户无恰当理由突然改变会计政策或核算方法以及折旧计提方式、存货计价方式等；

5. 客户无正当理由撤回或延迟提供与财务、业务、税收或抵押担保有关的信息或要求提供的其他文件；

6. 客户的竞争者、供应商或其他客户对授信客户的负面评价，以及媒体的负面报道；

7. 客户改变主要授信银行，向许多银行借款或不断在这些银行之间借新还旧；

8. 客户频繁更换会计人员或主要管理人员；

9. 客户卷入法律纠纷；

10. 客户有破产和解或破产重整经历。

（二）小企业业主及主要股东个人的风险预警信息

1. 有赌博、涉毒、嫖娼等违法或违反社会公德的行为；

2. 持有外国护照或拥有外国永久居住权，或在国外开设分支机构；

3. 被公众媒体披露的其他不端行为；

4. 社会公众对客户法定代表人或经营者个人品质、行为反映不良；

5. 客户法定代表人或经营者个人纳税额大幅度下降。

（三）客户在银行账户变化的信号

1. 客户在银行的存款不断减少或出现异常变化；

2. 对授信的长期占用；

3. 缺乏财务计划，如总是突然向银行提出借款需求；

4. 短期授信和长期授信错配；

5. 经常接到供货商查询核实存款情况的电话；

6. 突然出现大额资金向新交易商转移。

（四）客户管理层或关键技术人员变化的信号

1. 关键管理人员或技术人员行为异常；

2. 财务计划和报告质量下降；

3. 主要业务频繁变化；

4. 对竞争变化或其他外部条件变化缺少对策；

5. 核心盈利业务削弱和偏离；

6. 以往的合作伙伴不再与其合作；

7. 不遵守授信承诺；

8. 管理层能力不足或构成缺乏代表性；

9. 缺乏技术工人、工资不能正常发放或有劳资争议。

（五）业务运营环境变化的信号

1. 存货异常变化；

2. 工厂维护或设备管理落后；

3. 主要业务发生变动；

4. 缺乏操作控制、程序、质量控制等；

5. 主要产品线上的供货商或客户流失；

6. 水电费或其他公用事业收费的支出显著减少。

（六）财务状况变化信号

1. 付息或还本拖延，经常申请延期支付，或申请实施新的授信，或不断透支；

2. 申请实施授信支付其他银行的债务，授信抵押品情况恶化或再次用于抵押；

3. 客户或其业主或其主要股东向其他企业或个人提供抵（质）押物担保或保证；

4. 客户主要股东向其他人转让或拟转让股权；

5. 客户财务比率指标恶化，包括：

（1）流动性比率如流动比率、速动比率等过低；

（2）杠杆比率如负债比率过高，经常用短期债务支付长期债务或作为长期资金使用；

（3）保障比率如利息保障倍数过低，现金流不足以支付利息；

（4）获利能力比率如资产收益率、资本收益率等大幅下降。

6. 应收、应付项目发生异常变化；

7. 支票收益人要求核实客户支票账户的余额；

8. 定期存款余额减少；

9. 授信需求增加，短期债务超常增加；

10. 客户自身的配套资金不到位或不充足；

11. 其他银行提高对同一客户的利率；

12. 客户申请无抵（质）押授信产品或申请特殊还款方式；

13. 银行无法控制抵押品和质押权；

14. 客户无形资产占比过高或者无形资产估价过高；

15. 客户或有负债大幅增加；

16. 客户关联交易增多。

（七）客户履约能力变化信号

1. 客户现金流出现问题；

2. 客户产品或服务的市场需求下降；

3. 客户还款记录不正常或未按合同还款；

4. 客户欺诈，如在对方付款后故意不提供相应的产品或服务；

5. 客户弄虚作假（如伪造或涂改各种批准文件或相关业务凭证）；

6. 客户主要业务或经营环境的重大变动。

【解读】

根据《商业银行小企业授信工作尽职指引（试行）》（简称《指引》）规定，银行对小企业授信时，应根据小企业经营特点和业务风险，实行有别于大客户的差别化管理，尤其对于小企业的小额授信，商业银行可视情况简化授信环节，并适当扩大客户经理授权。这意味着在小企业贷款业务中各家银行有了更大的操作空间。

（一）《指引》出台的背景

目前，解决小企业融资难问题已成为银行业金融机构的共识。部分银行建立了专门的小企业贷款审贷和管理队伍，简化小企业贷款业务审批流程，提高效率，尽量满足小企业贷款"短平快"的特点。但推进小企业金融服务是一项长期、复杂而艰巨的工作，更是一项系统性工程，目前还处于起步阶段，面临着很多困难和问题。比如，大部分的商业银行尚未建立针对小企业贷款的专门的监管措施；当前的监管考核制度主要适用于大中企业或集团企业，不能完全适应小企业金融服务的要求。

（二）《指引》的指导意义

制定《指引》的主要目的有 3 个方面：

1. 明确商业银行对小企业授信工作尽职规定，引导商业银行进一步贯彻落实《指引》和"六项机制"（即贷款风险定价、独立核算、贷款审批、激励约束、人员培训、违约信息通报），转变经营理念，创新体制机制，提高风险管理能力，为小企业提供更好的金融服务。

2. 构建独特的小企业信贷文化。小企业具有抗风险能力弱，财务信息不全，融资渠道单一，担保能力不足，资金需求急、频、小等特点。若商业银行以针对大中企业的授信服务方式拓展小企业业务，可能导致成本过高，影响积极性。而该《指引》通过设定小企业授信业务的基本要求，引导商业银行通过贷款流程改造和差别化授信管理，打造小企业授信工作平台。

3. 促进小企业授信业务可持续发展。《指引》通过促进商业银行完善小企业授信业务工作机制，规范授信管理，明确尽职工作的最低要求，合理界定免责范围，严格控制道德风险，引导商业银行在风险可控的前提下，积极、理性地拓展小企业授信业务，并通过有条件免责的方式，消除商业银行及信贷人员的顾虑，从根本上促进小企业授信业务的可持续发展。

二、《商业银行信息披露办法》及解读

为加强商业银行的市场约束，规范商业银行的信息披露行为，有效维护存款人和其他客户的合法权益，促进商业银行安全、稳健、高效运行，依据《中华人民共和国银行业监督管理法》、《中华人民共和国商业银行法》等法律法规，中国银行业监督管理委员会修订了《商业银行信息披露办法》（以下简称"办法"），并于公布之日（2007年7月3日）起施行。

商业银行信息披露办法

第一章　总则

第一条　为加强商业银行的市场约束，规范商业银行的信息披露行为，有效维护存款人和其他客户的合法权益，促进商业银行安全、稳健、高效运行，依据《中华人民共和国银行业监督管理法》、《中华人民共和国商业银行法》等法律法规，制定本办法。

第二条　本办法适用于在中华人民共和国境内依法设立的商业银行，包括中资商业银行、外资独资银行、中外合资银行、外国银行分行。

本办法对商业银行的规定适用于农村合作银行、农村信用社、村镇银行、贷款公司、城市信用社，本办法或银监会另有规定的除外。

本办法所称农村信用社包括农村信用合作社、县（市、区）农村信用合作联社、县（市、区）农村信用合作社联合社、地（市）农村信用合作联社、地（市）农村信用合作社联合社和省（自治区、直辖市）农村信用社联合社。

第三条　商业银行应按照本办法规定披露信息。本办法规定为商业银行信息披露的最低要求。商业银行可在遵守本办法规定基础上自行决定披露更多信息。

第四条　商业银行披露信息应当遵守法律法规、国家统一的会计制度和中国银行业监督管理委员会的有关规定。

第五条　商业银行应遵循真实性、准确性、完整性和可比性的原则，规范地披露信息。

第六条　商业银行披露的年度财务会计报告须经具有相应资质的会计师事务所审计。资产规模少于10亿元人民币的农村信用社可不经会计师事务所审计。

第七条　中国银行业监督管理委员会根据有关法律法规对商业银行的信息披露进行监督。

第二章　信息披露的内容

第八条　商业银行应按照本办法规定披露财务会计报告、各类风险管理状况、公司治理、年度重大事项等信息。

第九条　商业银行财务会计报告由会计报表、会计报表附注和财务情况说明书组成。

第十条　商业银行披露的会计报表应包括资产负债表、利润表（损益表）、现金流

量表、所有者权益变动表及其他有关附表。

第十一条 商业银行应在会计报表附注中说明会计报表编制基础不符合会计核算基本前提的情况。

第十二条 商业银行应在会计报表附注中说明本行的重要会计政策和会计估计，包括：会计报表编制所依据的会计准则、会计年度、记账本位币、记账基础和计价原则；贷款的种类和范围；投资核算方法；计提各项资产减值准备的范围和方法；收入确认原则和方法；衍生金融工具的计价方法；外币业务和报表折算方法；合并会计报表的编制方法；固定资产计价和折旧方法；无形资产计价及摊销政策；长期待摊费用的摊销政策；所得税的会计处理方法等。

第十三条 商业银行应在会计报表附注中说明重要会计政策和会计估计的变更；或有事项和资产负债表日后事项；重要资产转让及其出售。

第十四条 商业银行应在会计报表附注中披露关联方交易的总量及重大关联方交易的情况。

第十五条 商业银行应在会计报表附注中说明会计报表中重要项目的明细资料，包括：

（一）按存放境内、境外同业披露存放同业款项。

（二）按拆放境内、境外同业披露拆放同业款项。

（三）按信用贷款、保证贷款、抵押贷款、质押贷款分别披露贷款的期初数、期末数。

（四）按贷款风险分类的结果披露不良贷款的期初数、期末数。

（五）贷款损失准备的期初数、本期计提数、本期转回数、本期核销数、期末数；一般准备、专项准备和特种准备应分别披露。

（六）应收利息余额及变动情况。

（七）按种类披露投资的期初数、期末数。

（八）按境内、境外同业披露同业拆入款项。

（九）应付利息计提方法、余额及变动情况。

（十）银行承兑汇票、对外担保、融资保函、非融资保函、贷款承诺、开出即期信用证、开出远期信用证、金融期货、金融期权等表外项目，包括上述项目的年末余额及其他具体情况。

（十一）其他重要项目。

第十六条 商业银行应在会计报表附注中披露资本充足状况，包括风险资产总额、资本净额的数量和结构、核心资本充足率、资本充足率。

第十七条 商业银行应披露会计师事务所出具的审计报告。

商业银行在会计师事务所出具审计报告前，应与会计师事务所、银行业监督管理机构进行三方会谈。

第十八条 财务情况说明书应当对本行经营的基本情况、利润实现和分配情况以及对本行财务状况、经营成果有重大影响的其他事项进行说明。

第十九条 商业银行应披露下列各类风险和风险管理情况：

（一）信用风险状况。商业银行应披露信用风险管理、信用风险暴露、信贷质量和收益的情况，包括产生信用风险的业务活动、信用风险管理和控制政策、信用风险管理的组织结构和职责划分、资产风险分类的程序和方法、信用风险分布情况、信用风险集中程度、逾期贷款的账龄分析、贷款重组、资产收益率等情况。

（二）流动性风险状况。商业银行应披露能反映其流动性状况的有关指标，分析影响流动性的因素，说明本行流动性管理策略。

（三）市场风险状况。商业银行应披露其市场风险状况的定量和定性信息，包括所承担市场风险的类别、总体市场风险水平及不同类别市场风险的风险头寸和风险水平；有关市场价格的敏感性分析；市场风险管理的政策和程序；市场风险资本状况等。

（四）操作风险状况。商业银行应披露由于内部程序、人员、系统的不完善或失误，或外部事件造成的风险，并对本行内部控制制度的完整性、合理性和有效性作出说明。

（五）其他风险状况。其他可能对本行造成严重不利影响的风险因素。

第二十条　商业银行应从下列四个方面对各类风险进行说明：

（一）董事会、高级管理层对风险的监控能力。

（二）风险管理的政策和程序。

（三）风险计量、检测和管理信息系统。

（四）内部控制和全面审计情况。

第二十一条　商业银行应披露下列公司治理信息：

（一）年度内召开股东大会情况。

（二）董事会的构成及其工作情况。

（三）监事会的构成及其工作情况。

（四）高级管理层成员构成及其基本情况。

（五）银行部门与分支机构设置情况。

商业银行应对独立董事的工作情况单独披露。

第二十二条　商业银行披露的本行年度重要事项，至少应包括下列内容：

（一）最大 10 名股东名称及报告期内变动情况。

（二）增加或减少注册资本、分立合并事项。

（三）其他有必要让公众了解的重要信息。

第二十三条　外国银行分行的信息由主报告行汇总后披露。外国银行分行无须披露本办法规定的仅适用于法人机构的信息。外国银行分行应将其总行所披露信息摘要译成中文后披露。

第二十四条　商业银行应按本办法规定的内容进行信息披露。本办法没有规定的，但若遗漏或误报某个项目或信息会改变或影响信息使用者的评估或判断时，商业银行应将该项目视为关键性项目予以披露。

第三章　信息披露的管理

第二十五条　商业银行应将信息披露的内容以中文编制成年度报告，于每个会计年度终了后的 4 个月内披露。因特殊原因不能按时披露的，应至少提前 15 日向中国银行业监督管理委员会申请延迟。

第二十六条　商业银行应将年度报告在公布之日 5 日以前报送中国银行业监督管理委员会。

第二十七条　商业银行应确保股东及相关利益人能及时获取年度报告。

商业银行应将年度报告置放在商业银行的主要营业场所，并按银监会相关规定及时登载于互联网网络，确保公众能方便地查阅。中国银行业监督管理委员会鼓励商业银行通过媒体向公众披露年度报告的主要信息。

第二十八条　商业银行董事会负责本行的信息披露。未设立董事会的，由行长（单位主要负责人）负责。

商业银行的董事会、行长（单位主要负责人）应当保证所披露的信息真实、准确、完整，并就其保证承担相应的法律责任。

第二十九条　对在信息披露中提供虚假的或者隐瞒重要事实的财务会计报告的商业银行，由中国银行业监督管理委员会按照《中华人民共和国商业银行法》第七十五条给予行政处罚，对有关责任人按照《中华人民共和国银行业监督管理法》第四十八条采取相应措施。

对出具虚假审计报告的会计师事务所及有关责任人员，按照有关法律、法规采取相应措施。

第四章　附则

第三十条　资产总额低于 10 亿元人民币或存款余额低于 5 亿元人民币的商业银行，按照本办法规定进行信息披露确有困难的，经说明原因并制定未来信息披露计划，报中国银监会批准后，可免于信息披露。

第三十一条　本办法由中国银行业监督管理委员会负责解释。

第三十二条　本办法自公布之日起施行。本办法公布之前有关规定与本办法相抵触的，以本办法为准。

【解读】

修订后的办法适用于在中华人民共和国境内依法设立的商业银行，包括中资商业银行、外资独资银行、中外合资银行、外国银行分行。除另有规定外，办法对商业银行的规定适用于农村合作银行、农村信用社、村镇银行、贷款公司、城市信用社。这里的农村信用社包括农村信用合作社、县（市、区）农村信用合作联社、县（市、区）农村信用合作社联合社、地（市）农村信用合作联社、地（市）农村信用合作社联合社和省（自治区、直辖市）农村信用社联合社。办法已经涵盖了全部存款类金融机构。由于我国邮政储蓄机构已经全面改组为中国邮政储蓄银行，邮政储蓄银行属于商业银行的范畴，自然应遵守该办法。

在信息披露的内容方面，《办法》要求，商业银行应按规定披露财务会计报告、各类风险管理状况、公司治理、年度重大事项等信息。

（一）财务会计报告

商业银行财务会计报告由会计报表、会计报表附注和财务情况说明书组成。

1. 会计报表

商业银行披露的会计报表应包括资产负债表、利润表（损益表）、现金流量表、所有者权益变动表及其他有关附表。目前我国的商业银行，有的已经开始执行 2007 年 1 月 1 日开始实施的《企业会计准则》，有的商业银行还在实施《金融企业会计制度（2002）》，甚至有的商业银行还在执行 1993 年的会计制度，因此办法规定的会计报表兼顾了新旧会计准则、会计制度的要求。

2. 报表附注

第一，商业银行应在会计报表附注中说明会计报表编制基础不符合会计核算基本前提的情况。

第二，商业银行应在会计报表附注中说明本行的重要会计政策和会计估计，包括会计报表编制所依据的会计准则（比如是否执行 2007 年新会计准则）、会计年度、记账本位币、记账基础和计价原则；贷款的种类和范围；投资核算方法；计提各项资产减值准备的范围和方法；收入确认原则和方法；衍生金融工具的计价方法；外币业务和报表折算方法；合并会计报表的编制方法；固定资产计价和折旧方法；无形资产计价及摊销政策；长期待摊费用的摊销政策；所得税的会计处理方法等。

第三，商业银行应在会计报表附注中说明重要会计政策和会计估计的变更；或有事项和资产负债表日后事项；重要资产转让及其出售。

第四，商业银行应在会计报表附注中披露关联方交易的总量及重大关联方交易的情况。

第五，商业银行应在会计报表附注中说明会计报表中重要项目的明细资料，包括：按存放境内、境外同业披露存放同业款项；按拆放境内、境外同业披露拆放同业款项；按信用贷款、保证贷款、抵押贷款、质押贷款分别披露贷款的期初数、期末数；按贷款风险分类的结果披露不良贷款的期初数、期末数；贷款损失准备的期初数、本期计提数、本期转回数、本期核销数、期末数；一般准备、专项准备和特种准备应分别披露；应收利息余额及变动情况；按种类披露投资的期初数、期末数；按境内、境外同业披露同业拆入款项；应付利息计提方法、余额及变动情况；银行承兑汇票、对外担保、融资保函、非融资保函、贷款承诺、开出即期信用证、开出远期信用证、金融期货、金融期权等表外项目，包括上述项目的年末余额及其他具体情况；其他重要项目。

第六，商业银行应在会计报表附注中披露资本充足状况，包括风险资产总额、资本净额的数量和结构、核心资本充足率、资本充足率。

3. 财务情况说明书

财务情况说明书应当对本行经营的基本情况、利润实现和分配情况以及对本行财务状况、经营成果有重大影响的其他事项进行说明。我国 2007 年开始执行的新会计准则已经取消了财务情况说明书，因为财务情况说明书的内容完全可以包含在会计报表附注中，因此办法对商业银行披露财务情况说明书的规定与相关会计准则、证券市场信息披露规则不完全一致。

（二）风险管理信息

商业银行应披露下列各类风险和风险管理情况：

1. 信用风险状况。商业银行应披露信用风险管理、信用风险暴露、信贷质量和收益的情况，包括产生信用风险的业务活动、信用风险管理和控制政策、信用风险管理的组织结构和职责划分、资产风险分类的程序和方法、信用风险分布情况、信用风险集中程度、逾期贷款的账龄分析、贷款重组、资产收益率等情况。

2. 流动性风险状况。商业银行应披露能反映其流动性状况的有关指标，分析影响流动性的因素，说明本行流动性管理策略。

3. 市场风险状况。商业银行应披露其市场风险状况的定量和定性信息，包括所承担市场风险的类别、总体市场风险水平及不同类别市场风险的风险头寸和风险水平；有关市场价格的敏感性分析；市场风险管理的政策和程序；市场风险资本状况等。

4. 操作风险状况。商业银行应披露由于内部程序、人员、系统的不完善或失误，或外部事件造成的风险，并对本行内部控制制度的完整性、合理性和有效性作出说明。

5. 其他风险状况。其他可能对本行造成严重不利影响的风险因素。商业银行应从下列四个方面对各类风险进行说明：

（1）董事会、高级管理层对风险的监控能力。

（2）风险管理的政策和程序。

（3）风险计量、检测和管理信息系统。

（4）内部控制和全面审计情况。

（三）公司治理信息

商业银行应披露下列公司治理信息：

1. 年度内召开股东大会情况。

2. 董事会的构成及其工作情况。

3. 监事会的构成及其工作情况。

4. 高级管理层成员构成及其基本情况。

5. 银行部门与分支机构设置情况。商业银行应对独立董事的工作情况单独披露。

（四）年度重要事项

商业银行披露的本行年度重要事项，至少应包括下列内容：

1. 最大十名股东名称及报告期内变动情况。

2. 增加或减少注册资本、分立合并事项。

3. 其他有必要让公众了解的重要信息。

外国银行分行的信息由主报告行汇总后披露。外国银行分行无须披露本办法规定的仅适用于法人机构的信息。外国银行分行应将其总行所披露信息摘要译成中文后披露。

第四章附则里面，还要求商业银行应将信息披露的内容以中文编制成年度报告，于每个会计年度终了后的四个月内披露。因特殊原因不能按时披露的，应至少提前十五日向中国银行业监督管理委员会申请延迟。披露的年度财务会计报告须经具有相应资质的会计师事务所审计。商业银行应披露会计师事务所出具的审计报告。资产规模少于 10 亿元人民币的农村信用社可不经会计师事务所审计。

三、《商业银行实施统一授信制度指引》及解读

长期以来，由于受计划经济和资金分配体制的影响，我国商业银行对信贷资金的风险缺乏严密、科学的控制管理，没有建立和严格实施国际银行业普遍遵循的统一的授权授信制度，各部门、各分支机构对同一客户分头授信，对本外币分割授信，对贷款、贴现、承兑、担保、信用证等分散授信。结果造成信用证项下大量垫款和损失；银行不能了解和控制对单一法人客户的信用风险；风险过度集中；不良资产比例过高；使各商业银行蒙受重大损失；给银行自身及我国金融体系的安全带来严重威胁。在我国银行业推行统一授信刻不容缓。

为此，中国人民银行制定了《商业银行实施统一授信制度指引》（以下简称《指引》），各行应立即根据《指引》的要求，从本行实际情况出发，针对当前信贷管理体制中存在的缺陷，制定本行的统一授信制度及实施细则；同时要修改和制定有关业务规章，进一步完善内部控制制度，并对组织结构作出相应调整。各行在推行统一授信制度、深化信贷体制改革的过程中，应处理好加强内控与改善金融服务，注意安全与提高服务效率的关系，在加强对信用风险控制与管理的基础上，进一步改善金融服务。

各行应将根据《指引》制定的统一授信制度及实施办法，以及相关的业务规章制度报中国人民银行备案。中国人民银行将组织力量对各行制定和实施统一授信制度情况进行检查。城市商业银行实施统一授信制度问题，由人民银行各分行部署。

商业银行实施统一授信制度指引（试行）

第一条　为在商业银行推行统一授信制度，在加强对信用风险控制与管理的基础上，进一步改善金融服务，在我国建立审慎高效的现代银行制度，根据《商业银行法》和《商业银行授权、授信管理暂行办法》，特制定本指引。

第二条　统一授信是指商业银行对单一法人客户或地区统一确定最高综合授信额度，并加以集中统一控制的信用风险管理制度。包括贷款、贸易融资（如打包放款、进出口押汇等）、贴现、承兑、信用证、保函、担保等表内外信用发放形式的本外币统一综合授信。

第三条　最高综合授信额度是指商业银行在对单一法人客户的风险和财务状况进行综合评估的基础上，确定的能够和愿意承担的风险总量。银行对该客户提供的各类信用余额之和不得超过该客户的最高综合授信额度。

第四条　商业银行实施统一授信制度，要做到四个方面的统一：

（一）授信主体的统一。商业银行应确定一个管理部门或委员会统一审核批准对客户的授信，不能由不同部门分别对同一或不同客户，不同部门分别对同一或不同信贷品种进行授信。

（二）授信形式的统一。商业银行对同一客户不同形式的信用发放都应置于该客户的最高授信限额以内，即要做到表内业务授信与表外业务授信统一，对表内的贷款业务、打包放款、进出口押汇、贴现等业务和表外的信用证、保函、承兑等信用发放业

务进行一揽子授信。

（三）不同币种授信的统一，要做到本外币授信的统一，将对本币业务的授信和外币业务的授信置于同一授信额度之下。

（四）授信对象的统一。商业银行授信的对象是法人，不允许商业银行在一个营业机构或系统内对不具备法人资格的分支公司客户授信。

第五条　商业银行对每一个法人客户都应确定一个最高授信额度。商业银行在确定对法人客户的最高授信额度的同时，应根据风险程度获得相应的担保。

第六条　对由多个法人组成的集团公司客户、尤其是跨国集团公司客户，商业银行应确定一个对该集团客户的总体最高授信额度，银行全系统对该集团各个法人设定的最高授信额度之和不得超过总体最高授信额度。

第七条　商业银行应及时掌握最高授信额度的执行情况，对最高授信额度的执行情况进行集中控制和监测，不允许有擅自超越授信额度办理业务的情况。

第八条　商业银行应根据市场和客户经营情况，适时审慎调整最高风险控制限额。但额度一旦确定，在一定时间内，应相对稳定，银行不应随意向上调整额度。

第九条　商业银行应设计科学的风险分析评估模型或方法，以确定对某一客户的最高授信限额。风险分析、评估模型应定性与定量标准相结合。定性标准应至少包括以下四方面的内容：

（一）客户的风险状况。包括客户的财务状况、发展前景、信誉状况、授信项目的具体情况、提供的抵押担保情况。

（二）银行的风险状况。包括对银行的授权、目前的资产质量状况、资金来源或资本充足程度、银行当前的财务状况。对银行自身风险状况的分析在银团贷款或大型项目贷款时尤其重要。

（三）外部经济、金融环境。包括客户行业的发展现状和前景、市场所占份额、国家风险等。

（四）自然因素，包括地理位置、交通状况、资源条件等。

第十条　商业银行应根据统一授信管理制度的要求设置相应的组织机构和职能部门，有利于科学决策和风险控制。组织机构的设置应体现审贷分离原则，保证授信额度审批部门与执行部门相互独立，形成健全的内部制约机制。

第十一条　商业银行统一授信审核、批准部门与执行部门要分清责任、协调运作。最高授信额度确定后，各种具体授信形式的发放仍应由信贷管理部门逐笔审批，授信额度执行部门如国际业务部门，主要负责授信形式发放的业务操作和相应的风险防范及处置。

第十二条　商业银行应确定统一授信的审批程序，审批程序应规范、透明，包括信息收集、核实，授信审核、审批的全过程。

第十三条　商业银行应建立有效的信息管理系统，设置专门部门进行管理，保证内部管理信息的充分流动，保证管理层能够随时了解授信额度的执行情况、客户的风险状况，保证统一授信管理的有效性。

第十四条　商业银行应制定适当的信用授权制度。商业银行确定最高授信限额，应保证在规定的授权范围之内。

第十五条　商业银行应建立识别、监测、控制和管理信用风险的系统，以精确地确定授信的最高限额。

第十六条　商业银行董事会或高级管理层应重视统一授信的管理方式，严格监督客户最高授信额度的制定和执行情况，应对风险的发生负最终责任。

第十七条　商业银行应围绕统一授信制度，完善业务规章制度建设，制定统一授信管理办法及实施细则，以及相关的业务管理制度和风险管理办法。商业银行制定的统一授信管理办法和制度应报中国人民银行备案。

第十八条　商业银行内部应加强对最高授信额度和授权制定和执行情况的监督和检查，对超越授权和授信额度开展业务的行为，应进行严肃处理。

第十九条　中国人民银行应加强对商业银行统一授信管理方式的监督，重点审查商业银行内部控制机制的建设和执行情况。

第二十条　对没有实行统一授信管理方式的商业银行，中国人民银行将根据情况采取以下处理措施：

（一）停办部分现有业务；

（二）不予批准新的授信业务；

（三）根据风险状况对资本充足率作相应调整。

第二十一条　本指引由中国人民银行负责解释。

第二十二条　本指引自发布之日起实施。（1999 年 1 月 20 日）

【解读】

从《指引》条款中可看出，银行统一授信的对象主要包括对金融机构、法人客户、自然人的授信。本教材主要探讨对法人客户的统一授信：

1. 统一授信制度是商业银行授信业务风险控制的机制

商业银行统一授信的实际做法是将银行作为一个整体，同时将客户作为一个整体，按照统一的标准识别、评价客户的整体信用风险，核定客户最高综合授信额度，并据此控制单一客户的整体信用风险，通过控制所有客户的最高综合授信额度之和，来控制银行的整体信用风险。统一授信制度较好地解决了银行对客户的多头授信问题，弥补了多个分支机构分散管理信用的缺陷。

2. 统一授信的规模一定程度上由资本充足率决定

任何银行对法人客户的统一授信规模首先取决于银行自身的实力，即银行资本规模，其次取决于银行资产规模，特别是风险资产的总量。根据巴塞尔新资本协议的要求，中国银监会于 2004 年初制定了《商业银行资本充足率管理办法》，明确规定商业银行资本充足率不得低于 8%，要求商业银行在 2007 年 1 月 1 日前制定并实施切实可行的资本充足率分步达标规划。

严格规定银行的资本充足率，在资本总额一定的情况下，实际上锁定了风险加权资产的总量，这在一定程度上决定了作为风险加权资产部分的授信资产的总量，从而决定了统一授信的总体规模。

3. 信用等级评定是核定最高综合授信额度的决定因素

核定最高综合授信额度是统一授信制度的核心，最高综合授信额度也就是银行通过对法人客户的信用风险和财务状况的综合评价确定的、在一定期间内能够和愿意承担的风险总量，包括贷款额度和贸易融资额度等。银行对企业的信用等级评定是核定最高综合授信额度的主要依据，它是银行对企业所负各种债务能否如约还本付息的能力和可信任程度的评估，是对债务偿还风险的评价。银行对客户提供的各类授信余额风险限额之和，原则上不得超过该客户的最高综合授信额度。

第三节　个人信用相关法规

一、《个人信用信息基础数据库管理暂行办法》及解读

征信法规是规范征信活动主体权利义务关系的有关法律规范的总称。从各国经验看，征信法规的立法理念是保护数据主体的利益。个人征信立法的主要目的是通过立法对个人数据提供适当的保护；企业征信立法的主要目的是通过对企业征信公司的资质认证，确保调查和评价过程的客观、公开和公平。

对个人征信而言，法律规范的主要内容：一是合法采集数据；二是合法使用、提供数据；三是限制数据保存和使用时限；四是保证数据质量；五是征信公司必须采取必要手段，保证数据安全；六是违规处罚，即对征信机构的违法行为，必须给予适当处罚；七是掌握数据的机构必须执行公开透明的原则。

我国个人征信业立法呈现的是"边实践、边立法"的形式。2004年以来，在全国银行信贷登记咨询系统全国联网的基础上，加快了个人信用数据库的建设步伐。个人信用数据库继2004年12月在全国七城市试运行后，2005年8月基本实现全国商业银行联网试运行，2006年1月宣布正式运行。根据《中华人民共和国中国人民银行法》等有关法律规定，中国人民银行制定了《个人信用信息基础数据库管理暂行办法》（以下简称《暂行办法》），经2005年6月16日第11次行长办公会议通过，于2005年8月18日发布2005年第3号令，公布了《暂行办法》，自2005年10月1日起实施。《暂行办法》是我国第一部规范个人信用信息采集、使用的规章，是我国征信体系建设中的一件大事，它对保障个人信用信息基础数据库（以下简称个人信用数据库）的正常运行，促进我国征信业稳定健康发展将发挥重要作用。

个人信用信息基础数据库管理暂行办法

第一章　总则

第一条　为维护金融稳定，防范和降低商业银行的信用风险，促进个人信贷业务的发展，保障个人信用信息的安全和合法使用，根据《中华人民共和国中国人民银行法》等有关法律规定，制定本办法。

第二条　中国人民银行负责组织商业银行建立个人信用信息基础数据库（以下简

称个人信用数据库），并负责设立征信服务中心，承担个人信用数据库的日常运行和管理。

第三条　个人信用数据库采集、整理、保存个人信用信息，为商业银行和个人提供信用报告查询服务，为货币政策制定、金融监管和法律、法规规定的其他用途提供有关信息服务。

第四条　本办法所称个人信用信息包括个人基本信息、个人信贷交易信息以及反映个人信用状况的其他信息。

第五条　中国人民银行、商业银行及其工作人员应当为在工作中知悉的个人信用信息保密。

第二章　报送和整理

第六条　商业银行应当遵守中国人民银行发布的个人信用数据库标准及其有关要求，准确、完整、及时地向个人信用数据库报送个人信用信息。

第七条　商业银行不得向未经信贷征信主管部门批准建立或变相建立的个人信用信息基础数据库提供个人信用信息。

第八条　征信服务中心应当建立完善的规章制度和采取先进的技术手段确保个人信用信息安全。

第九条　征信服务中心根据生成信用报告的需要，对商业银行报送的个人信用信息进行客观整理、保存，不得擅自更改原始数据。

第十条　征信服务中心认为有关商业银行报送的信息可疑时，应当按有关规定的程序及时向该商业银行发出复核通知。商业银行应当在收到复核通知之日起5个工作日内给予答复。

第十一条　商业银行发现其所报送的个人信用信息不准确时，应当及时报告征信服务中心，征信服务中心收到纠错报告应当立即进行更正。

第三章　查询

第十二条　商业银行办理下列业务，可以向个人信用数据库查询个人信用报告：

（一）审核个人贷款申请的；

（二）审核个人贷记卡、准贷记卡申请的；

（三）审核个人作为担保人的；

（四）对已发放的个人信贷进行贷后风险管理的；

（五）受理法人或其他组织的贷款申请或其作为担保人，需要查询其法定代表人及出资人信用状况的。

第十三条　除本办法第十二条第（四）项规定之外，商业银行查询个人信用报告时应当取得被查询人的书面授权。书面授权可以通过在贷款、贷记卡、准贷记卡以及担保申请书中增加相应条款取得。

第十四条　商业银行应当制定贷后风险管理查询个人信用报告的内部授权制度和查询管理程序。

第十五条　征信服务中心可以根据个人申请有偿提供其本人信用报告。征信服务中心应当制定相应的处理程序，核实申请人身份。

第四章　异议处理

第十六条　个人认为本人信用报告中的信用信息存在错误（以下简称异议信息）时，可以通过所在地中国人民银行征信管理部门或直接向征信服务中心提出书面异议申请。中国人民银行征信管理部门应当在收到异议申请的 2 个工作日内将异议申请转交征信服务中心。

第十七条　征信服务中心应当在接到异议申请的 2 个工作日内进行内部核查。征信服务中心发现异议信息是由于个人信用数据库信息处理过程造成的，应当立即进行更正，并检查个人信用数据库处理程序和操作规程存在的问题。

第十八条　征信服务中心内部核查未发现个人信用数据库处理过程存在问题的，应当立即书面通知提供相关信息的商业银行进行核查。

第十九条　商业银行应当在接到核查通知的 10 个工作日内向征信服务中心作出核查情况的书面答复。异议信息确实有误的，商业银行应当采取以下措施：

（一）应当向征信服务中心报送更正信息；

（二）检查个人信用信息报送的程序；

（三）对后续报送的其他个人信用信息进行检查，发现错误的，应当重新报送。

第二十条　征信服务中心收到商业银行重新报送的更正信息后，应当在 2 个工作日内对异议信息进行更正。异议信息确实有误，但因技术原因暂时无法更正的，征信服务中心应当对该异议信息作特殊标注，以有别于其他异议信息。

第二十一条　经过核查，无法确认异议信息存在错误的，征信服务中心不得按照异议申请人要求更改相关个人信用信息。

第二十二条　征信服务中心应当在接受异议申请后 15 个工作日内，向异议申请人或转交异议申请的中国人民银行征信管理部门提供书面答复；异议信息得到更正的，征信服务中心同时提供更正后的信用报告。异议信息确实有误，但因技术原因暂时无法更正异议信息的，征信服务中心应当在书面答复中予以说明，待异议信息更正后，提供更正后的信用报告。

第二十三条　转交异议申请的中国人民银行征信管理部门应当自接到征信服务中心书面答复和更正后的信用报告之日起 2 个工作日内，向异议申请人转交。

第二十四条　对于无法核实的异议信息，征信服务中心应当允许异议申请人对有关异议信息附注 100 字以内的个人声明。个人声明不得包含与异议信息无关的内容，异议申请人应当对个人声明的真实性负责。征信服务中心应当妥善保存个人声明原始档案，并将个人声明载入异议人信用报告。

第二十五条　征信服务中心应当对处于异议处理期的信息予以标注。

第五章　安全管理

第二十六条　商业银行应当根据中国人民银行的有关规定，制定相关信用信息报送、查询、使用、异议处理、安全管理等方面的内部管理制度和操作规程，并报中国人民银行备案。

第二十七条　商业银行应当建立用户管理制度，明确管理员用户、数据上报用户和信息查询用户的职责及操作规程。商业银行管理员用户、数据上报用户和查询用户不得互相兼职。

第二十八条　商业银行管理员用户应当根据操作规程，为得到相关授权的人员创建相应用户。管理员用户不得直接查询个人信用信息。管理员用户应当加强对同级查询用户、数据上报用户与下一级管理员用户的日常管理。查询用户工作人员调离，该用户应当立即予以停用。

第二十九条　商业银行管理员用户、数据上报用户和查询用户须报中国人民银行征信管理部门和征信服务中心备案。前款用户工作人员发生变动，商业银行应当在2个工作日内向中国人民银行征信管理部门和征信服务中心变更备案。

第三十条　商业银行应当制定管理员用户和查询用户的口令控制制度，并定期检查口令控制执行情况。

第三十一条　商业银行应当建立保证个人信用信息安全的管理制度，确保只有得到内部授权的人员才能接触个人信用报告，不得将个人信用报告用于本办法第十二条规定以外的其他用途。

第三十二条　征信服务中心应当制定信用信息采集、整理、保存、查询、异议处理、用户管理、安全管理等方面的管理制度和操作规程，明确岗位职责，完善内控制度，保障个人信用数据库的正常运行和个人信用信息的安全。

第三十三条　征信服务中心及其工作人员不得违反法律、法规及本办法的规定，篡改、毁损、泄露或非法使用个人信用信息，不得与自然人、法人、其他组织恶意串通，提供虚假信用报告。

第三十四条　征信服务中心应当建立个人信用数据库内部运行和外部访问的监控制度，监督个人信用数据库用户和商业银行用户的操作，防范对个人信用数据库的非法入侵。

第三十五条　征信服务中心应当建立灾难备份系统，采取必要的安全保障措施，防止系统数据丢失。

第三十六条　征信服务中心应当对商业银行的所有查询进行记录，并及时向商业银行反馈。

第三十七条　商业银行应当经常对个人信用数据库的查询情况进行检查，确保所有查询符合本办法的规定，并定期向中国人民银行及征信服务中心报告查询检查结果。征信服务中心应当定期核查商业银行对个人信用数据库的查询情况。

第六章　罚则

第三十八条　商业银行未按照本办法规定建立相应管理制度及操作规程的，由中国人民银行责令改正，逾期不改正的，给予警告，并处以三万元罚款。

第三十九条　商业银行有下列情形之一的，由中国人民银行责令改正，并处一万元以上三万元以下罚款；涉嫌犯罪的，依法移交司法机关处理：

（一）违反本办法规定，未准确、完整、及时报送个人信用信息的；

（二）违反本办法第七条规定的；

（三）越权查询个人信用数据库的；

（四）将查询结果用于本办法规定之外的其他目的的；

（五）违反异议处理规定的；

（六）违反本办法安全管理要求的。

第四十条　商业银行有本办法第三十八条至第三十九条规定情形的，中国人民银行可以建议商业银行对直接负责的董事、高级管理人员和其他直接责任人员给予纪律处分；涉嫌犯罪的，依法移交司法机关处理。

第四十一条　征信服务中心工作人员有下列情形之一的，由中国人民银行依法给予行政处分；涉嫌犯罪的，依法移交司法机关处理：

（一）违反本办法规定，篡改、毁损、泄露或非法使用个人信用信息的；

（二）与自然人、法人、其他组织恶意串通，提供虚假信用报告的。

第四十二条　中国人民银行其他工作人员有违反本办法规定的行为，造成个人信用信息被泄露的，依法给予行政处分；涉嫌犯罪的，依法移交司法机关处理。

第七章　附则

第四十三条　本办法所称商业银行，是指在中华人民共和国境内设立的商业银行、城市信用合作社、农村信用合作社以及经国务院银行业监督管理机构批准的专门从事信贷业务的其他金融机构。

第四十四条　本办法由中国人民银行负责解释。

第四十五条　本办法自 2005 年 10 月 1 日起施行。

【解读】

（一）本办法的亮点

本法第一章总则的第四条明确了个人信用信息的主要内容，并且，明确了个人信用信息采集的基本原则，即信息保密原则。中国人民银行、商业银行及其工作人员应当为在工作中知悉的个人信用信息保密。《暂行办法》所称个人信用信息包括个人基本信息、个人信贷交易信息以及反映个人信用状况的其他信息。

个人基本信息是指自然人身份识别信息、职业和居住地址等信息；个人信贷交易信息是指商业银行提供的自然人在个人贷款、贷记卡、准贷记卡、担保等信用活动中形成的交易记录；反映个人信用状况的其他信息是指除信贷交易信息之外的反映个人信用状况的相关信息。目前，个人信用信息基础数据库收集的个人信息主要包括三类，一是身份识别信息，包括姓名、身份证号码、家庭住址、工作单位等；二是贷款信息，包括贷款发放银行、贷款额、贷款期限、还款方式、实际还款记录等；三是信用卡信息，包括发卡银行、授信额度、还款记录等。

本法第二章主要是明确了个人信用信息报送和整理过程中，商业银行和人民银行的主要职责。

1. 商业银行的职责

（1）商业银行应当遵守中国人民银行发布的个人信用数据库标准及其有关要求，准确、完整、及时地向个人信用数据库报送个人信用信息。

（2）商业银行不得向未经信贷征信主管部门批准建立或变相建立的个人信用数据库提供个人信用信息。

（3）对中国人民银行征信服务中心认为报送的可疑信息在收到复核通知之日起5个工作日内给予答复。

（4）发现其所报送的个人信用信息不准确时，应当及时报告人民银行征信服务中心。

2. 中国人民银行征信服务中心的职责

（1）征信服务中心应当建立完善的规章制度和采取先进的技术手段确保个人信用信息安全。

（2）征信服务中心根据生成信用报告的需要，对商业银行报送的个人信用信息进行客观整理、保存，不得擅自更改原始数据。

（3）征信服务中心认为有关商业银行报送的信息可疑时，应当按有关规定的程序及时向该商业银行发出复核通知，征信服务中心收到纠错报告应当立即进行更正。

本法第三章查询主要是规范商业银行查询使用个人信用数据库的范围及程序。其中特别规定第十四条，根据《暂行办法》规定，"对已发放的个人信贷进行贷后风险管理的之外"，商业银行查询个人信用报告时无需取得被查询人的书面授权，如此一来，可能会发生"非法查询"现象。为此，商业银行必须制定专门的管理制度，明确查询使用程序，特别是做好查询书面纪录。此外，根据第十五条，征信服务中心应当制定相应的处理程序，核实申请人身份。

本法第五章安全管理主要强调了为保证个人信用数据库运行而需采取的安全管理方面的要求。根据第二十六条的规定，首先，商业银行应当建立用户管理制度，明确管理员用户、数据上报用户和信息查询用户的职责及操作规程。

（1）商业银行管理员用户、数据上报用户和查询用户不得互相兼职。商业银行应当制定管理员用户和查询用户的口令控制制度，并定期检查口令控制执行情况。

（2）商业银行管理员用户应当根据操作规程，为得到相关授权的人员创建相应用户。管理员用户不得直接查询个人信用信息。

（3）商业银行管理员用户、数据上报用户和查询用户须报中国人民银行征信管理部门和征信服务中心备案。用户工作人员发生变动，商业银行应当在2个工作日内向中国人民银行征信管理部门和征信服务中心变更备案。

其次，商业银行应当建立保证个人信用信息安全的管理制度，确保只有得到内部授权的人员才能接触个人信用报告，不得将个人信用报告用于暂行办法第十二条规定以外的其他用途。商业银行应当经常对个人信用数据库的查询情况进行检查，确保所有查询符合本办法的规定，并定期向中国人民银行及征信服务中心报告查询检查结果。

而中国人民银行征信服务中心方面，应当制定信用信息采集、整理、保存、查询、异议处理、用户管理、安全管理等方面的管理制度和操作规程，明确岗位职责，完善内控制度，保障个人信用数据库的正常运行和个人信用信息的安全。

本法也在第六章对商业银行及中国人民银行工作人员违反《暂行办法》有关行为如何处罚作了规定。第三十八条的规定针对的是内控制度建设方面，主要指信用信息报送、查询、使用、异议处理、安全管理等方面的内部管理制度和操作规程。商业银行不仅要制定完善、科学的制度，并且要切记向人民银行备案。第三十九条的规定则是针对业务操作方面：

1. 违反暂行办法规定，未准确、完整、及时报送个人信用信息的：主要责任在于法人金融机构的总行（部），地方性法人金融机构要特别注意这一点。

2. 违反暂行办法第七条规定的：即向未经信贷征信主管部门批准建立或变相建立的个人信用数据库提供个人信用信息；

3. 越权查询个人信用数据库的；目前在实际操作中普遍存在，一是部分非合法查询用户利用他人用户名擅自查询使用个人信用数据库，原因：

（1）合法查询用户不知用户名及口令被盗用。

（2）上级行授予查询用户太少，不能满足工作需要，合法查询用户擅自允许他人以其用户名及口令登录。

（3）一是用户工作人员发生变动后，管理员未及时终止其查询权，加之原用户工作人员安全意识较差，导致新上岗人员用原用户名及口令登录。二是用户工作人员发生变动后，管理员未及时终止其查询权，导致其仍然可用原用户名及口令登录。三是管理员用户擅自直接查询个人信用信息。四是未取得贷款申请人及其他相关人员书面授权，而查询其信用报告。

4. 将查询结果用于暂行办法规定之外的其他目的的。如前所述，商业银行只能将查询结果用于合法目的，并且要准确选择查询目的，贷前审查与贷后管理要分清，特别是贷后管理，只能查询在本行有账户的客户信用信息，否则就视为"非法查询"。为了明确责任，关键是建立并登记好查询使用情况登记簿，做到登记簿内容与系统自动保存查询记录结果一致。

5. 违反异议处理规定的：关键是要及时按照要求对相关信息进行核查，并及时反馈给征信服务中心，特别是地方性法人金融机构要特别注意这一点，因为全国性银行由其总行直接对中国人民银行征信服务中心负责，各级分支机构不直接与中国人民银行征信服务中心发生业务联系，而地方性法人金融机构需直接接受中国人民银行征信服务中心的核查通知，地方性法人金融机构一定要明确专门部门、专门人员负责此事，人员调整后要及时备案。

6. 违反暂行办法安全管理要求的。

二、国际个人信用信息征信体系运行实况简介

个人信用信息征信体系在不同的国家或地区有不同的结构和运作方式，但大致而言，其基本规则是一致的，即由专门的个人信用信息征信机构从金融、贸易、公用事业等单位收集有关个人的信用记录，而在符合特定目的的情况下，允许有关单位查询个人的过往个人信用记录。具体程序为：

1. 个人信用信息的收集。个人信用信息的收集是由专门的个人征信机构负责的。在德国，该业务是由唯一的一家机构，"夏华征信公司"负担的。而在美国，该业务主要由三大征信公司，即 Equifax（艾奎法克斯），Trans Union（环联），Experian（益百利）分享。我国目前各商业银行联网使用的"个人信用信息基础数据库"是由中国人民银行征信中心负责的。

　　个人信用信息征信机构一般通过和个人信用信息资料提供单位签订合作协议，从而获得稳定、持续的个人信用记录。个人信用信息征信机构获得个人的全部的各种各样的信用交易的历史记录，是不可能。因为个人的有些信用交易是无法跟踪或监控的，其交易信息也是无法获知的。通常，个人信用信息征信机构主要是获取当事人与那些大型的、垄断的金融、贸易、服务、公用事业等单位信用交易的历史记录。如在德国，个人征信机构夏华公司的资料提供单位包括：分期付款业者、邮局银行信用部、各银行、租赁公司、催收公司、邮购公司、信用卡公司、零售百货业者。我国"个人信用信息基础数据库"是由全国各商业银行将其与个人信贷交易的信息定期提供给该数据库而形成的，根据计划，今后，水、电、通信等公用事业单位与个人交易的信用信息也将定期提供给该数据库。个人征信机构一般会和这些资料提供单位签订合作协议，后者将定期地、不间断地将其与个人的信用交易的信息，诸如交易金额、融资期限、是否拖欠等，通报给个人征信机构。

　　个人信用信息征信机构对于其所收集的个人信用信息应当采取适当的方式确保其准确性。个人的以往信用记录直接关系到其今后在社会上获得授信的能力，因此，个人征信机构必须采取适当的途径确保个人信用信息的准确性。所谓准确性，是指"应该努力确保所收集、持有的个人资料是准确、相关、适时、完整的。不应持有、使用过时的资料，应该使用反映最新情况的资料。"例如，英国数据保护法保护原则之三、之四分别规定，"个人数据应具充分性、相关性，并不超越其作处理之目的"，"个人数据应是准确的，并且必要时保持更新。"再如，我国《个人信用信息基础数据库管理暂行办法》第六条规定，"商业银行应当遵守中国人民银行发布的个人信用数据库标准及其有关要求，准确、完整、及时地向个人信用数据库报送个人信用信息。"

　　当然，个人信用信息征信机构还应当采取适当的措施，维护个人信用信息的保密性，防止其被不法破坏、窜改、窃取、泄漏等。

　　2. 个人信用信息的查询。对于个人信用信息征信机构所收集的个人信用信息，有哪些机构可以查询或了解呢？对于此，在国际上有两种不同的作法。一种是所谓的"封闭性系统"，即只有向个人信用信息征信机构提供当事人信用信息的有关机构或单位才可以查询，如德国个人征信机构夏华公司。我国目前的"个人信用信息数据库"也是采用的这种作法。根据《个人信用信息基础数据库管理暂行办法》第十二条，只有为该数据库提供信息的各商业银行方才可以使用该数据库。还有一种是"开放性系统"，社会上所有符合特定条件的机构或单位都可以查询，如美国的各大个人征信机构，均是如此。

　　各国关于查询个人信用信息的法定条件并不相同，但总体而言，查询个人信用信息一般必须是为了满足预测或评估与当事人有关的信用交易的风险的需要，即是为了维护与当事人有关的经济活动的安全的需要。总结各国立法例，一般而言，有关单位或机构查询个人信用信息的理由只能限于以下几种：①为了进行某些法定的信用交易，如银行信贷、保险、分期付款交易、信用卡业务等；②出于某些法定的公务需要；③出于账款催收的需要；④出于劳动就业的需要；⑤颁发某些资格证书的需要。除了以上几种情形外，如果是为了进行某种信用交易，在征得当事人同意的情况下，交易对方也可以查询个人信用信息。需要特别强调的是，各国一般均明确规定，查询个人信用信息的理由，只限于法律所明确规定的几种情形，决不得超越其范围查询个人信用信息。正如美国学者所言，"关于个人信用报告的使用，没有非法使用的例外情形，只有受到限制的合法使用，除此之外的，都是非法的使用。"此举显然是为了保护个人信用信息的隐秘性，防止个人隐私的泄露。

在我国，根据《个人信用信息基础数据库管理暂行办法》第十二条规定，各商业银行查询个人信用信息数据库的事由仅限于下列几项：①审核个人贷款申请的；②审核个人贷记卡、准贷记卡申请的；③审核个人作为担保人的；④对已发放的个人信贷进行贷后风险管理的；⑤受理法人或其他组织的贷款申请或其作为担保人，需要查询其法定代表人及出资人信用状况的。

3. 个人信用信息征信体系中相关机构的责任。

个人信用信息征信体系中，如果相关机构错误地记载或传播当事人的信用信息，甚至于是故意地制造或散布当事人的虚假信用信息，造成当事人损失的，自然应当承担赔偿责任。对此，许多国家立法均有明确的规定，如《美国公平信用报告法》第616条和第617条、《德国联邦个人资料保护法》第8条、《奥地利资料保护法》第28条等。而我国《个人信用信息基础数据库管理暂行办法》对此还缺少明确规定，但是，无论是从法理，还是从社会公正的角度，相关机构因为自身过错形成当事人错误的个人信用信息，或不正确使用个人信用信息，给当事人造成损害的，自然应当承担赔偿责任，即便《个人信用信息基础数据库管理暂行办法》没有相关规定，依据民法的基本原理，也应当做出如上的判断。因此，在今后司法实践中，如果相关机构因为不当使用个人信用信息造成当事人损害的，当事人自然应当承担赔偿责任。

既然相关机构因为不当使用个人信用信息造成当事人损害的，应当承担赔偿责任，那么，又应当如何来判断相关机构的责任呢？依照前述个人信用信息征信体系的介绍，我们可以发现，如果仅仅是个人信用信息提供单位提供了错误的信用信息，甚至于个人征信机构也记载了错误的个人信息，但只要没有向有关查询人提供该项错误信息，则该项错误信用信息并不会给当事人造成损害，自然，相关机构也就谈不上赔偿责任。当然，相关机构对于错误的信用信息还是负有更正责任的。但是，值得研究的是，是否只要相关机构提供、记载、传播了当事人的错误信用信息，并因此给当事人造成损失，则必然地就应当向当事人承担损害赔偿责任呢？总结各国立法例，其实也未必。

个人征信体系中的相关机构每天要面对难以计数的、大量的个人信用信息，而且，这些信息大多辗转数个机关，方才最终汇总到个人征信机构手中，所以，某种程度上讲，要确保每个人的每一条个人信用信息都是准确的，是不可能的。因此，如果每发生个人信用信息不准确的情况，即认为相关机构未尽到应有的职责，从而追究其责任，则显然是不恰当的。纵观各国立法例，其实，各国都贯彻了相关机构的"合理程序原则"，即，只要各机构在提供、收集、处理个人信用信息过程中贯彻了"合理程序原则"，尽到了适当的注意义务，那么，其即无需承担个人信用信息不准确的责任，否则，其就应当为其所提供、收集、处理的个人信用信息不准确并因此而给当事人造成的损失承担责任。

例如，在美国，"美国法院判断个人信用报告是否符合准确性的要求，主要看个人信用报告机构是否采取了合理的程序以确保信用信息的真实性，如果信用报告机构已经尽到了这样的注意义务，则即便存在信用报告不准确的情况，也不会被追究责任。"当然，所谓的"合理程序原则"较为严格。比如说，对于个人征信机构的雇员是否进行了合理的培训，使其掌握收集、更新、发布正确的个人信用报告的技能等等，都是判断个人征信机构是否尽到"合理程序原则"的依据。

在德国，《德国联邦个人资料保护法》第8条规定，"非公务机关依本法或其他资料保护法，因错误或未经同意处理当事人个人资料，当事人得请求损害赔偿。"据此，当事人在相关机构因自身错误造成当事人损失的时候，是可以要求予以赔偿的。但是，该法第9条规定，"处理或受托处理个人资料之公务及非公务机关，应采取必要之技术及组织措施，以符合本法规定，以及本法附则所列要求。但要求为必要措施之耗费，应仅限于其保护目的所要求之程度，有合理之相当性。"依此条款，相关机构对于确保个人信用信息的准确性所负担的责任也不是无限制的，其只要尽到了"必要之技术及组织措施"即可，换言之，若相关机构在尽到了上述"合理"注意义务之后仍造成当事人损失的，当可以以此免除责任。

在奥地利，《奥地利资料保护法》第28条第2款规定，"违法本法或及依据本法订定之施行规则规定，处理、利用及传递资料，当事人除请求损害赔偿外，得依本法及依据本法订定之施行规则规定，请求停止及排除违法行为。"据此，在相关机构提供、记载错误信息，造成当事人损害时，当事人自然可以要求损害赔偿。但是，该法第10条第1款规定，"资料管理人或受托处理人所属利用资料单位，应有适当措施以维护资料之安全。并依使用资料之类别，考量技术可行性与经济合理性采取必要措施，保障资料合法利用，防止资料被非法滥用。"依此规则，如果相关机构已经尽到了"技术可行性与经济合理性采取必要措施"，则即便记载传播了当事人的错误信用信息，也可以免于承担赔偿责任。

此外，需要强调的是，如果相关机构构成了对当事人的损害赔偿，那么相关机构不仅仅要赔偿当事人的经济损失，如丧失信用交易的机会而产生的损失，还要赔偿当事人因此而遭受的精神损失。如在美国，根据《公平信用报告法》"赔偿消费者的损失，包括财产损失，也包括精神损失（如精神上的痛苦、羞辱等）"。而在中国台湾地区，依据"电脑处理个人资料保护法"第二十七、二十八条规定，"被害人虽非财产上之损害，亦得请求赔偿相当之金额；其名誉被侵害者，并得请求为恢复名誉之适当处分"。

三、《个人信用信息基础数据库异议处理规程》及解读

此外，为规范异议处理工作，根据《个人信用信息基础数据库管理暂行办法》中第四章异议处理的有关规定，制定了《个人信用信息基础数据库异议处理规程》。规程内容如下：

个人信用信息基础数据库异议处理规程

第一章　异议的申请与受理

第一条　个人可以或委托他人向所在地的中国人民银行分行、营业管理部、省会（首府）城市中心支行、地市中心支行征信管理部门，或直接向中国人民银行征信服务中心（以下简称征信服务中心）提出书面异议申请。

个人可以直接向异议信息涉及的商业银行经办机构提出质询。经办机构的异议处理人员可以接受个人的委托向所在地征信管理部门或征信服务中心提出异议申请。经办机构应当同时启动核查、更正程序。

第二条　个人提出异议申请时，应当填写《个人信用报告异议申请表》（见表3-1，以下简称"异议申请表"），同时提供有效身份证件供查验，并留身份证件的复印件备查。

委托代理人申请的，代理人应当提供委托人和代理人的有效身份证件、授权委托书、授权委托公证证明或委托人的信用报告供查验，并留授权委托书、授权委托公证证明或委托人的信用报告，以及身份证件的复印件备查。

第三条　异议申请人或其代理人无法提供有效身份证件、相关申请材料不全或异议申请表中的异议信息描述不清楚的，征信管理部门或征信服务中心不予受理。

征信管理部门或征信服务中心在受理异议申请后，应当向异议申请人或其代理人说明异议处理程序、时限，以及对处理结果有争议时可以采取的救济手段。

第四条　征信管理部门接收异议申请后，应当立即在《个人信用报告异议申请登记表》（见表3-2，以下简称"异议登记表"）中登记，并在下班前将当日填写的异议登记表通过个人信用信息基础数据库异议处理专用邮箱（以下简称"专用邮箱"）发送至征信服务中心。

第五条　征信服务中心接到异议申请后，应提取该异议申请人的信用报告，对异议信息进行确认。

信用报告没有错误或错误已更正的，征信服务中心应当通过征信管理部门或直接回复异议申请人。

异议信息存在的，征信服务中心应当在异议申请人的信用报告中对异议信息予以标注，并立即启动内部核查程序。

第二章　异议的内部核查

第六条　征信服务中心应当在2个工作日内完成内部核查。

第七条　征信服务中心内部核查发现异议信息是由于个人信用信息基础数据库的数据处理过程造成的，征信服务中心应当对异议信息予以更正。

内部核查未发现问题的，征信服务中心异议处理人员应当立即填写《个人信用报告异议信息协查函》（见表3-3，以下简称"外部协查函"），并通过专用邮箱发送至报送异议信息的商业银行进行外部协查。

第三章　异议的外部协查

第八条　商业银行应当在接到外部协查函的10个工作日内完成对异议信息的核

查，并将核查结果以《个人信用报告异议信息协查回复函》（见表3－4，以下简称"外部协查回复函"）通过专用邮箱发送至征信服务中心。

第九条　异议信息经核查确实有误的，商业银行应当在答复外部协查结果的同时，向征信服务中心报送更正信息。

商业银行不能在接到外部协查函的10个工作日内报送更正信息的，应当在外部协查回复函中说明不能及时更正的原因。

异议信息经核查没有发现错误的，商业银行应当在答复外部协查结果的同时，向征信服务中心提供能够证明核查结果的相关材料。

第四章　异议信息的更正和反馈

第十条　征信服务中心收到商业银行报送的更正信息后，应当在2个工作日内对异议信息进行更正。

异议信息确实有误，但因技术原因商业银行无法及时报送更正信息或征信服务中心暂时无法更正的，征信服务中心应当对该异议信息做出有别于其他异议信息的特殊标注。

第十一条　征信服务中心应当在接受异议申请后的15个工作日内，填写《个人信用报告异议回复函》（见表3－5，以下简称"异议回复函"），通过专用邮箱将异议回复函发送至提交异议申请的征信管理部门或直接通知异议申请人领取。

异议信息已得到更正的，征信服务中心应当在发出异议回复函的同时提供一份更正后的信用报告。

异议信息确实有误但因技术原因暂时无法更正的，征信服务中心应当在异议回复函中予以说明。待异议信息更正后，再提供更正后的信用报告。

第十二条　接收异议申请的征信管理部门应当在接到异议回复函的2个工作日内，通知异议申请人领取异议回复函（包括更正后的信用报告）。

第十三条　征信服务中心经过核查，无法确认异议信息存在错误的，要在异议回复函中对核查结果进行说明，并附商业银行提供的相关证明材料，但不得按照异议申请人要求更改相关个人信用信息。

第五章　个人声明

第十四条　对于无法核实的异议，异议申请人可以到当地征信管理部门或征信服务中心领取《个人声明表》（见表3－6）。

第十五条　提出个人声明的异议申请人应当将内容完整的个人声明表、异议回复函、身份证件复印件邮寄或送达至征信服务中心。

第十六条　个人声明不得包含与异议信息无关的内容，异议申请人应当对个人声明内容的真实性负责。

第十七条　征信服务中心应当将材料齐全以及与异议信息相关的个人声明加入个人信用报告；对材料不齐或与异议信息无关的个人声明不予加入个人信用报告，并通知异议申请人。

第六章　档案管理

第十八条　征信管理部门和征信服务中心应当指定专人负责异议处理相关档案资料的整理、归档以及保管。

第十九条　接收异议申请的征信管理部门负责保管异议申请人（包括代理人）身份证件复印件、授权委托书、授权委托公证证明（或异议申请人信用报告）、异议申请表以及异议回复函等档案资料。

征信服务中心负责保管直接接收的异议申请人（包括代理人）异议申请表身份证件复印件、授权委托书、授权委托公证证明（或异议申请人信用报告）、异议申请表，异议回复函以及个人声明表等档案资料。

第二十条　征信管理部门和征信服务中心要安排专门的档案柜存放异议处理相关档案，并做好对档案存放地的防火、防潮、防虫、防鼠等"八防"安全措施。

第二十一条　对异议处理档案资料的借阅应当严格限定范围，无征信管理部门或征信服务中心异议处理部门主管的审批，任何人不得擅自查询、借阅和复制档案资料。

第二十二条　异议处理相关档案资料保管期限为三年，到期可对档案资料进行销毁。对档案资料的销毁要遵照《中国人民银行档案管理规定》中的有关规定执行。

第七章　附则

第二十三条　本规程由中国人民银行负责解释。

第二十四条　本规程自发布之日起实施。（2005 年 12 月 23 日）

【解读】

本法规出台的目的主要是在个人认为本人信用报告中的信用信息存在错误时，可以向中国人民银行征信中心（简称"征信中心"）或征信分中心提出异议申请。本法规第一章中的第二条填写《个人信用报告异议申请表》时应该注意：

1. 除了接收机构填写的内容以外，异议申请人必须按要求填写表格中各必填项。

2. "异议描述"项必须包括以下内容：

（1）明确描述异议所涉及的业务，以便于征信中心准确定位异议信息。例如，信用卡信息发生异议时应描述发卡机构名称、卡类型、开户日期和信用额度；贷款信息发生异议时应描述贷款机构名称、贷款种类、贷款发放日期和贷款合同金额。

（2）明确客户认为存在错误的数据项。

3. 准确填写异议申请人电话号码或手机号码，以确保征信中心异议处理人员必要时取得联系。

第五章个人声明共四条规定主要是对于无法核实的异议信息，中国人民银行征信中心允许异议申请人对有关异议信息附注 100 字以内的个人声明。个人声明不得包括与异议信息无关的内容，异议申请人应当对个人声明的真实性负责。

表 3 - 1

个人信用报告异议申请表

异议申请表编号：（4 位异议申请地清算代码 + 8 位异议申请年月日 + 3 位流水号）

存在本异议的信用报告编号：			
申请人姓名		申请人证件类型	
申请人证件号码		申请人电话号码	
申请人手机号码		申请人电子邮箱	
申请人通信地址		申请人通信地址邮编	
代理人姓名		代理人证件类型	
代理人证件号码		代理人电话号码	
代理人手机号码		代理人电子邮箱	
代理人通信地址		代理人通信地址邮编	
异议描述：			
接收机构		接收机构联系人	
接收机构联系电话		接收机构电子邮箱	
接收机构通信地址		接收机构邮编	
申请人（签字）：		申请日期： 年 月 日	
接收人（签字）：		接收日期： 年 月 日	

注：异议申请表一式两份，分别由异议申请人和接收机构保存。

表 3-2

个人信用报告异议申请登记表

接收机构：

接收日期：　　　年　月　日

接收机构联系人、电话：

异议申请表编号	异议申请人姓名	异议申请人证件类型	异议申请人证件号码	异议申请人电话号码	异议申请人手机号码	异议申请人电子邮箱	异议申请人通信地址	异议申请人通信地址邮编	异议描述

注：请在每天下班前将当日接收的异议申请登记到本表中，并通过个人信用信息基础数据库异议处理专用邮箱发送至征信服务中心。

表 3 - 3

个人信用报告异议信息协查函

协查银行		异议申请表编号	
异议申请人姓名		异议申请人证件类型	
异议申请人证件号码		异议信息所在报文名称	
异议信息发生机构		异议信息所属账户	
异议描述：			
征信服务中心联系人		联系电话	
通信地址		邮政编码	

中国人民银行征信服务中心
年 月 日

表 3 - 4

个人信用报告异议信息协查回复函

异议申请表编号			
异议申请人姓名		异议申请人证件类型	
异议申请人证件号码		异议信息所在报文名称	
异议信息发生机构		异议信息所属账户	
协查回复结果：			
协查银行联系人		联系电话	
通信地址		邮政编码	

协查银行

年　月　日

注：协查银行无法在规定时间内报送更正信息的，应当在协查回复结果中说明无法对异议信息及时更正的原因。

表 3 - 5

个人信用报告异议回复函

异议回复函编号：		异议申请表编号：	
异议申请人姓名		异议申请人证件类型	
异议申请人证件号码		异议申请日期	
异议描述：			
处理结果：			
领取人（签字）：		领取日期： 年 月 日	

中国人民银行征信服务中心

年 月 日

注：

1. 异议回复函一式两份，分别由异议申请人（或代理人）和接收机构保存。

2. 异议无法核实的，异议申请人可到当地征信管理部门或征信服务中心提出个人声明。

表 3-6

个人声明表

姓名		证件类型	
证件号码		联系电话	
异议申请表编号			
异议回复函编号			

声明内容（100 字以内）

本人保证以上声明内容不违反国家的法律规定以及公民的基本道德行为准则，并对上述声明内容的真实性负责。

申请人签名：	申请日期： 年 月 日

第四章　我国地方性信用法规简述

本章要点

通过本章学习，应该了解和掌握如下要点：

· 地方信用较为完善和发达的上海和深圳地区的个人和企业征信相关法规；

· 重庆地区的征信规范。

第一节　上海市相关信用法规

早在 1999 年 7 月，经中国人民银行核准，上海就已经成立了国内首家开展个人信用联合征信的专业资信机构，由上海资信有限公司承担全市个人信用档案信息数据中心的建设和管理。根据上海市政府文件，上海计划"建立面向个人和企业，覆盖社会经济生活各个方面的社会诚信体系，营造诚实守信的社会经济环境。"

一、《上海市个人信用征信管理试行办法》及解读

我国的个人信用制度建设虽然起步晚，但短短几年已取得了明显进展。中国人民银行于 1999 年 3 月颁布了《关于开展个人消费信贷指导意见》，明确提出了"逐步建立个人消费贷款信用中介制度"，"信用制度是个人消费信贷业务发展的重要条件"等建议。中共十五届五中全会通过的《中共中央关于国民经济和社会发展"九五"计划和 2010 年远景目标的建议》确定了"建立法人对支付个人收入的申报制、个人收入申报制和储蓄存款实名制"等个人收入管理制度。值得一提的是，中国人民银行上海分行和上海市信息办于 2000 年 2 月联合印发了《上海市个人信用联合征信试点办法》（现已废止），这是国内第一部联合征信的政策性管理办法，为联合征信拟定了初步的法律框架。这一系列文件规定的颁布对促进我国个人信用制度的建设和发展起到了重要作用。

在 2003 年 12 月 28 日上海市人民政府发布了《上海市个人信用征信管理试行办法》，这一制度建设毕竟刚刚起步，还没有形成相对完善的体系，从总体上推进我国个人信用制度建设，仍有许多问题有待解决。

上海市个人信用征信管理试行办法

第一章　总则

第一条（立法目的）

为了规范个人信用征信，保障个人信用征信机构客观、公正地提供个人信用征信服务，保证个人信用信息的准确、安全以及正当使用，根据本市实际，制定本办法。

第二条（定义）

本办法所称的个人信用征信，是指依法设立的个人信用征信机构（以下简称征信机构）对个人信用信息进行采集、加工，并根据用户要求提供个人信用信息查询和评估服务的活动。

第三条（适用范围）

本市范围内个人信用征信及其相关的监督管理活动，适用本办法。

第四条（管理部门）

上海市征信管理办公室（以下简称市征信办）负责对个人信用征信进行监督管理。

中国人民银行上海分行按照国家有关规定，负责对涉及银行相关业务的个人信用征信进行监督管理。

第五条（征信原则）

征信机构开展个人信用征信，应当遵循独立、客观、公正的原则，尊重个人隐私，维护被征信个人的合法权益和社会公共利益。

第二章　个人信用信息的采集

第六条（个人信用信息的范围）

个人信用信息包括下列内容：

（一）据以识别个人身份以及反映个人家庭、职业等情况的个人基本信息；

（二）个人与金融机构或者住房公积金管理中心等机构发生信贷关系而形成的个人信贷信息；

（三）个人与商业机构、公用事业服务机构发生赊购关系而形成的个人赊购、缴费信息；

（四）行政机关、行政事务执行机构、司法机关在行使职权过程中形成的与个人信用相关的公共记录信息；

（五）其他与个人信用有关的信息。

第七条（无须同意即可采集的个人信用信息范围）

征信机构采集个人信用信息，应当征得被征信个人的同意，但下列情形除外：

（一）在信贷、赊购、缴费等活动中形成的不良信用信息；

（二）鉴证、评估、经纪、咨询、代理等中介服务行业的执业人员，因违反诚实信用原则受到行业组织惩戒的记录；

（三）行政机关、行政事务执行机构、司法机关在行使职权过程中形成的可供公众查阅的公共记录信息；

（四）已经公开的个人信用信息。

前款第（一）项所称的不良信用信息，是指恶意拖欠数额较大款项的信息。具体拖欠数额，由市征信办会同有关部门确定并予公布。

第八条（采集内容的禁止）

征信机构不得采集下列个人信息：

（一）与个人信用无关的信息；

（二）民族、种族、家庭出身、宗教信仰、政治信仰以及身体形态、基因、血型、疾病和病史等可能使被征信个人受到歧视的信息；

（三）法律、法规规定应当保密或者禁止采集的其他个人信息。

前款第（三）项规定应当保密的信息中，涉及储蓄存款、纳税数额等与个人资产有关的内容，被征信人自愿提供的，征信机构可以采集。

第九条（采集方式的禁止）

征信机构不得以骗取、窃取、贿赂、利诱、胁迫、利用计算机网络侵入或者其他不正当手段采集个人信用信息。

第三章 个人信用信息的加工

第十条（信息录入）

征信机构应当将采集的个人信用信息及时、准确地录入个人信用信息数据库，不得虚构或者篡改，并保证信息的及时更新。

本办法第八条规定不得采集的个人信息，禁止录入个人信用信息数据库。

第十一条（信息匹配）

征信机构应当制定信息匹配规则，采用有效的个人身份识别标志匹配所采集的个人信用信息，确保信息录入的准确性。

第十二条（制作个人信用报告和个人信用评估的要求）

征信机构可以将个人信用信息加工制作成个人信用报告和个人信用评估。

征信机构制作个人信用报告，应当客观反映个人信用信息，不得进行推断和评估。

征信机构制作个人信用评估，应当以科学、合理的评估指标体系和标准为依据，保证评估结果的公正。

第十三条（系统安全）

征信机构应当建立严格的管理制度，采取必要的技术措施，保证个人信用信息系统的运行安全。

征信机构应当对个人信用信息数据库进行备份，防止信息丢失。

征信机构应当设置个人信用信息数据库访问权限，防止个人信用信息数据库被越权访问或者擅自处理。

第四章 个人信用信息的提供

第十四条（征信服务的提供）

除下列情形外，征信机构不得向任何单位或者个人提供个人信用报告、个人信用评估或者披露个人信用信息：

（一）被征信个人本人要求提供；

（二）具有向被征信个人提供信贷、赊销、租赁、就业、保险、担保等意向或者其他正当理由，并经被征信个人授权；

（三）具有对被征信个人进行商账催收等业务意向，且提供相关证明材料；

（四）法律、法规、规章规定的其他情形。

第十五条（禁止披露的信息）

未经被征信个人同意，征信机构不得在个人信用报告或者个人信用评估中直接披露本办法第八条第二款规定的应当保密但被征信个人自愿提供的个人信息。

征信机构不得在个人信用报告或者个人信用评估中披露或者使用超过规定期限的债务拖欠信息、行业惩戒或者行政处罚纪录以及除犯罪记录以外的其他不良信息。

前款所指的禁止披露或者使用的个人不良信用信息的范围及具体期限，由市征信办会同有关部门、行业组织制定。期限最长不得超过 7 年。

第十六条（征信服务提供的约定）

征信机构应当就个人信用报告和个人信用评估的使用与用户进行约定，明确不得向用户以外的单位或者个人披露个人信用报告、个人信用评估或者其中反映的个人信用信息。

第十七条（个人信用报告和个人信用评估的效力）

征信机构提供的个人信用报告和个人信用评估，仅作为用户判断被征信个人信用状况的参考依据。

第十八条（对被征信个人的查询服务）

征信机构应当根据被征信个人要求，为其提供下列信息的查询服务：

（一）本人的个人信用信息；

（二）本人个人信用信息的来源；

（三）获取本人个人信用报告或者个人信用评估的用户。

第十九条（收费规定）

个人信用征信实行有偿服务。

征信机构提供个人信用报告和个人信用评估的收费标准，由市价格行政主管部门会同市征信办确定。

第五章　异议信息的处理

第二十条（被征信个人提出异议）

被征信个人认为征信机构披露的个人信用信息不准确、不完整、不相关或者已经过时的，可以向征信机构提出异议，要求予以更正。

异议信息被更正的，征信机构可以根据被征信个人的要求，提供一份个人信用报告。被征信个人每年可以无偿获得一份异议信息更正后的个人信用报告。

第二十一条（对被征信个人提出异议的处理）

被征信个人对其个人基本信息提出异议的，征信机构可以根据被征信个人提供的相关材料，及时对其个人基本信息予以更正。

被征信个人对其个人基本信息以外的个人信用信息提出异议，征信机构应当按照下列规定处理：

（一）异议信息经核实确有必要更正的，征信机构应当及时予以更正；

（二）异议信息经核实无须更正而被征信个人仍持有异议的，征信机构可以对异议信息不做修改，但应当标明被征信个人的异议和相应理由；

（三）异议信息无法核实的，征信机构可以根据被征信个人的要求对异议信息进行更正。

第二十二条（对用户提出异议的处理）

用户对披露的个人信用信息有异议的，可以向征信机构提出。征信机构应当按照下列规定处理：

（一）异议信息经核实确有必要更正的，征信机构应当及时予以更正，并告知被征信个人；

（二）异议信息经核实无须更正或者无法核实的，征信机构可以对异议信息不做修改。

第二十三条（异议的处理期限）

征信机构应当自受理之日起 30 日内对异议信息予以处理，并书面告知异议人。

第六章　监督管理

第二十四条（备案事项）

征信机构应当将下列事项报市征信办备案：

（一）征信机构就个人信用信息的采集、加工、提供制定的操作规则、企业标准；

（二）保证个人信用信息系统安全运行的规章制度；

（三）市征信办认为需要备案的其他事项。

第二十五条（公开事项）

征信机构应当通过营业场所公示等方式向社会公开下列事项，并接受社会监督：

（一）个人信用信息的采集规范和披露时限；

（二）获得个人信用报告和个人信用评估服务的方式；

（三）个人信用报告和个人信用评估服务的收费标准；

（四）异议处理程序；

（五）市征信办认为其他需要公开的事项。

第二十六条（年度情况报告）

征信机构应当于每年第一季度向市征信办报告上一年度的下列情况：

（一）个人信用信息系统运行和相关规章制度执行的情况；

（二）个人信用信息查询和评估服务的提供情况；

（三）异议处理情况。

涉及银行相关业务的，还应当向中国人民银行上海分行报告。

第二十七条（重大事项报告）

征信机构发生个人信用信息系统重大运行故障、个人信用信息严重泄露等情况的，应当及时作出处理并向市征信办报告。

第二十八条（投诉和举报）

任何单位和个人认为征信机构的征信活动侵犯其合法权益，或者存在其他违法行为的，可以向市征信办投诉或者举报。

市征信办应当自受理投诉或者举报之日起 30 日内作出处理和答复。

第七章 法律责任

第二十九条（一般违法行为的处罚）

征信机构有下列行为之一的，由市征信办予以警告或者处以 1 000 元以上 1 万元以下罚款：

（一）违反本办法第七条规定，采集规定情形以外的信息而未征得被征信个人同意的；

（二）违反本办法第八条规定，采集禁止采集的个人信息的；

（三）违反本办法第十条规定，未及时、准确录入个人信用信息，或者虚构、篡改个人信用信息，或者擅自录入禁止录入信息的；

（四）未按本办法第十六条规定，与用户就个人信用报告和个人信用评估的使用进行约定的；

（五）未按本办法第十八条规定，向被征信个人提供查询服务的；

（六）未按本办法第二十一条、第二十二条、第二十三条规定，处理异议信息的；

（七）未按本办法第二十四条、第二十六条、第二十七条规定，报送备案或者报告的；

（八）未按本办法第二十五条规定，公开有关事项的。

第三十条（严重违法行为的处罚）

征信机构有下列行为之一的，由市征信办责令改正，并可以根据情节轻重处以 5 000 元以上 3 万元以下罚款：

（一）违反本办法第九条规定，以骗取、窃取、贿赂、利诱、胁迫、利用计算机网络侵入或者其他不正当手段采集个人信用信息的；

（二）违反本办法第十四条规定，向规定以外的单位或者个人提供个人信用报告、个人信用评估或者披露个人信用信息的；

（三）违反本办法第十五条第一款和第二款规定，披露或者使用有关信息的。

第三十一条（对未经批准从事征信业务的处理）

未经批准，擅自从事个人信用征信的，由工商行政管理部门依法处理。

第三十二条（民事、刑事责任）

征信机构因过错侵犯被征信个人或者他人的民事权利，造成被征信个人或者他人损害的，依照《中华人民共和国民法通则》以及其他有关法律、法规的规定承担民事责任。

征信机构工作人员的行为构成犯罪的，依法追究刑事责任。

第八章 附则

第三十三条（施行日期）

本办法自 2004 年 2 月 1 日起施行。

【解读】

根据该办法，设在上海市信息化委员会的上海市征信管理办公室负责对个人信用征信进行监督管理；中国人民银行上海分行按照国家有关规定，负责对涉及银行相关业务的个人信用征信进行监督管理。

这个办法明确指出，征信机构开展个人信用征信要"尊重个人隐私"，不得采集下列个人信息：与个人信用无关的信息；民族、种族、家庭出身、宗教信仰、政治信仰以及身体形态、基因、血型、疾病和病史等可能使被征信个人受到歧视的信息；法律、法规应当保密或者禁止采集的其他个人信息。同时规定，征信机构不得以骗取、窃取、贿赂、利诱、胁迫、利用计算机网络侵入或者其他不正当手段采集个人信用信息。

办法规定，征信机构在采集个人信用信息时，应当征得被征信个人的同意。但是，"在信贷、赊购、缴费等活动中形成的不良信用信息"；"鉴证、评估、经纪、咨询、代理等中介服务行业的执业人员，因违反诚实信用原则受到行业组织惩戒的记录"；"行政机关、行政事务执行机构、司法机关在行使职权过程中形成的可供公众查阅的公共记录信息"以及"已经公开的个人信用信息"，无须经征信个人同意即可采集。其中，对社会公众关心的所谓"不良信用信息"，这个办法特别解释为"恶意拖欠数额较大款项的信息"，具体拖欠数额，"由市征信办会同有关部门确定并予以公布"。

二、《上海市企业信用征信管理试行办法》及解读

企业信用好不好，已经不再是道德范畴的问题了，信用良好与否，将直接影响到企业的经济效益。目前，包括上海杨浦区在内的一些区县开始要求企业提供征信报告，并且将企业信用与招投标、通关、纳税等经济行为实现了挂钩，信用好的企业能够得到一定的优惠。上海市人民政府在 2005 年 3 月 17 日发布了《上海市企业信用征信管理试行办法》（以下简称《管理办法》）。然而，目前我国尚无企业信用征信全国性法律，因此这部试行办法也是国内省、市级地方政府首次为企业信用征信行为立下"规矩"。

上海市企业信用征信管理试行办法

第一条（立法目的）

为了规范与促进企业信用征信，保障公平、公正地开展企业信用征信，建立企业信用制度和营造社会信用环境，制定本办法。

第二条（定义）

本办法所称的企业信用征信，是指受公民、法人或者其他组织委托，通过采集、加工企业信用信息，提供关于企业信用状况的调查、评估或者评级报告等征信产品的经营性活动。

本办法所称的征信机构，是指依法设立的、专门从事企业信用征信的机构。

本办法所称的企业信用信息，是指在企业经济活动和社会活动中形成的，能用以分析、判断企业信用状况的信息。

第三条（适用范围）

本办法适用于本市范围内开展的企业信用征信及其相关监督管理。

第四条（原则）

本市企业信用征信实行市场运作、政府监管和行业自律。

开展企业信用征信应当独立、客观、公正和审慎，确保征信产品的准确性。企业信用征信不得损害企业合法权益，不得妨碍社会公共利益和安全。

第五条（管理部门）

上海市征信管理办公室（以下简称市征信办）负责对企业信用征信的行业推进、指导和监管。

相关行政管理部门按照各自职责，协同进行企业信用征信的业务指导和监管。

第六条（备案与公开）

征信机构应当自取得工商营业执照之日起30日内，向市征信办备案。备案应当提供下列材料：

（一）工商营业执照（复印件）；

（二）股权结构、组织结构说明；

（三）高级管理人员的信用状况证明和相关业务专业人员的基本情况介绍；

（四）开展企业信用征信的业务范围、信息处理程序和信息安全防范措施。

前款备案内容发生重大变更时，应当自变更之日起30日内，将变更内容报市征信办备案。

市征信办应当依法向社会公开有关备案信息。

第七条（年度报告及业务情况调查）

征信机构应当在当年第一季度，将上一年度企业信用征信业务开展情况和本年度企业信用征信业务调整情况，向市征信办报告。

市征信办可以组织建立征信产品使用情况反馈机制，了解市场对征信机构有关征信业务的客观评价情况。

第八条（信息的采集）

征信机构应当通过合法途径采集企业信用信息，不得以骗取、窃取、胁迫或者其他不正当手段采集企业信用信息。

第九条（异议信息的处理）

被征信企业对征信机构采集的企业信用信息有异议，并提供相关依据的，征信机构应当进行核实，发现采集的信息确有错误的，应当立即纠正；查证后确实无误的，应当告知被征信企业；难以查证的，应当根据客观原则进行审慎处理。

第十条（征信产品的制作）

征信机构应当依据信息提供方所提供的原始信息，并按照备案的信息处理程序规范地制作征信产品，不得编造、篡改企业信用信息。

第十一条（征信产品的效用）

征信机构所提供的征信产品仅供使用人作为判断企业信用状况的参考。

第十二条（商业秘密的保护）

征信机构对涉及商业秘密的企业信用信息负有保密义务，不得向任何单位或者个人提供，但法律、法规另有规定或者被征信企业同意提供的除外。

第十三条（回避）

征信机构与被征信企业存在资产关联或者其他利害关系，可能影响征信活动公正性的，征信机构不得提供有关该企业信用状况的征信产品。

第十四条（商务活动中征信产品使用的推进）

提倡企业和其他组织在项目合作开发、商业投资、商务采购、经营决策等商务活动中使用征信产品，查验对方的信用状况。

第十五条（公共管理中征信产品的使用）

本市各级行政机关、行政事务执行机构以及其他承担公共管理职能的组织在经济调节、市场监管、社会管理和公共服务活动中，涉及向社会委托、发包政府公共服务项目，政府采购与招投标等事务的，应当根据需要使用征信产品。

第十六条（有关政府信息的公开）

征信机构开展企业信用征信，需要采集有关政府信息的，按照《上海市政府信息公开规定》执行。

第十七条（行业自律）

鼓励信用服务行业组织制定并推行行业规范，为会员提供业务指导和服务，发挥行业自律作用。

第十八条（投诉）

任何组织和个人认为征信机构有违法征信行为，侵犯其合法权益的，可以向市征信办投诉。

第十九条（行政处罚）

征信机构违反本办法第六条规定未进行备案或者违反第七条规定未进行年度报告的，由市征信办责令限期改正；逾期不改正的，处1万元以下罚款。

第二十条（施行日期）

本办法自2005年5月1日起施行。

【解读】

根据新出台的《管理办法》，关于企业征信的主要目标就是建立起一个"独立、客观、公正"原则，规定征信机构应当通过合法途径采集企业信用信息，不得以骗取、窃取、胁迫或者其他不正当手段采集企业信用信息。征信产品的制作也必须规范，征信机构不得编造、篡改企业信用信息。

《管理办法》还规定，征信机构应当向上海市征信办备案，提供相关的备案材料；还应向征信办报告上一年度企业征信业务开展情况和本年度的业务调整情况。征信办将依法向社会公开有关备案材料，还可以组织建立征信产品使用情况反馈机制，了解市场对征信业务的客观评价情况。对违反规定不进行备案或者年度报告的行为，由上海市征信办责令限期改正；逾期不改正的，处1万元以下罚款。这也是《管理办法》19项条文中的最高处罚金额。目前，企业征信在上海还是一个正在起步的行业，不能制定过于严厉的法规把这个市场扼杀。

第二节 深圳地区的相关信用法规

一、《深圳市个人信用征信及信用评级管理办法》及解读

近年来人们关于建立信用制度的呼声越来越高，不仅企业信用制度的建立在探索之中，而且个人信用制度的建立也已越来越受到各界关注。为此，深圳市率先制定并公布了有关规章——《深圳市个人信用征信及信用评级管理办法》（以下简称《办法》），并设立了专门机构——鹏元资信评估有限公司，进行个人信用征信和评级活动。目前该公司的个人征信系统已覆盖 260 多万人的个人信用信息，个人信用制度在深圳初步建立。然而，《办法》是一项政府规章，个人信用征信和评级这样一个重要的法律行为，不是由人大制定条例，而是以政府规章的形式出现，这本身已说明了其只是探索性的立法行为。

深圳市个人信用征信及信用评级管理办法

第一条 为了建立深圳市（以下简称"本市"）个人信用制度，规范个人信用征信及评级活动，防范信用风险，保障当事人的合法权益，根据有关法律、法规的规定，结合实际，制定本办法。

第二条 在本市范围内征集和利用个人信用信息适用本办法。

本办法所指的个人，是指具有完全民事行为能力的自然人。

第三条 本办法下列用语的含义是：

（一）征信机构，是指依照本办法批准成立，征集个人信用信息，向商业银行及其他个人信用信息使用人提供个人信用信息咨询及评级服务的法人单位；

（二）个人信用征信，是指征信机构经过与商业银行及其他提供信息单位的约定，把分散在各商业银行和社会有关方面的个人信用信息，进行采集、储存，形成个人信用信息数据库的活动；

（三）个人信用评级，是指征信机构对征集到的个人信用信息依据征信机构的信用评级标准进行个人信用等级评定的活动；

（四）个人信用信息，是指个人的商业信用记录及对判断个人信用状况可能有影响的其他信息。

第四条 征信机构、提供信息单位和个人信用信息使用单位及其工作人员对征集、利用个人信用信息过程中获得的个人信息应当保密，不得向第三人泄露，不得超越本办法规定的使用范围及工作职责范围利用所获得的个人信用信息。

第五条 任何单位从事个人信用征信及评级业务，须经深圳市人民政府和中国人民银行深圳市中心支行批准，并依法办理工商登记手续。

个人不得从事个人信用征信及评级业务。

第六条 本市成立个人信用征信及评级监督委员会，负责对个人信用征信及评级

业务的监督管理。

个人信用征信及评级监督委员会的组成、职责和议事规则由市人民政府另行规定。

第七条　征信机构征集个人信用信息应当征得本人的同意，但依法公开的个人信用信息除外。

第八条　征信机构征集的个人信用信息限于可能影响个人信用状况的下列信息：

（一）个人身份情况：姓名、性别、出生日期、身份证号、户籍所在地住址、居所、婚姻状况、家庭成员状况、收入状况、工作单位、职业、学历等；

（二）商业信用记录：在各商业银行的个人贷款及偿还记录，个人信用卡使用等有关记录，在商业银行发生的其他信用行为记录，以及个人与其他商业机构发生的信用交易记录；

（三）社会公共信息记录：个人纳税、参加社会保险以及个人财产状况及变动等记录；

（四）特别记录：有可能影响个人信用状况的涉及民事、刑事、行政诉讼和行政处罚的记录。

第九条　征信机构征得本人同意后征集个人信用信息，应当通过与提供信息单位约定的方式向提供信息单位征集个人信用信息。

征信机构与提供信息单位的约定应当报市个人信用征信及评级监督委员会备案。

提供信息单位应当按照约定为征信机构提供个人信用信息。

提供信息单位对其所提供信息的真实性负责。

第十条　征信机构征集个人信用信息应当按照客观、公正的原则进行，保持提供信息单位所提供信息的原始完整性，不得有选择性地征集个人信用信息。

第十一条　个人信用评级报告应当按照征信机构的信用评级标准客观、公正地作出。

征信机构的信用评级标准应当报经深圳市个人信用征信及评级监督委员会同意。

第十二条　征信机构可以向下列对象提供个人信用咨询服务：

（一）正在受理本人金融业务申请的金融机构或与本人发生信用交易的商业机构；

（二）本人授权的其他自然人或法人；

（三）依职权进行调查的司法机关和税务机关；

（四）法律、法规规定的其他机关。

第十三条　征信机构按有偿使用原则提供个人信用咨询服务，但有下列情形之一的不得收费：

（一）依职权调查的司法机关和税务机关；

（二）法律、法规规定不得收费的其他使用人。

征信机构提供服务的收费标准应当报市物价部门核定。

第十四条　本办法第十二条第（一）、第（二）项规定的使用人使用个人信用信息仅以了解个人的信用状况为限。

禁止使用人利用所获取的个人信息从事了解个人信用状况以外的活动。

第十五条　征信机构应当向个人提供本人信用信息查询。

个人凭居民身份证向征信机构查询本人的个人信用信息。

第十六条　个人认为本人信用信息有错误的，可以向征信机构提出更正申请。

征信机构接到个人要求更正的申请后，应当进行核对，经核对与提供信息单位提供的原信息不一致的，应当即时更正；与提供信息单位提供的原信息一致的，应当告知本人向提供信息单位申请更正。

个人应当自征信机构告知之日起的 5 个工作日内向提供信息单位提交信息更正书面申请，提供信息单位应当自接到个人信息更正申请之日起的 10 个工作日内做出书面答复。

第十七条　对个人向提供信息单位申请更正的信用信息，征信机构按提供信息单位的书面答复处理；提供信息单位逾期不答复的，个人仍认为信息有错误的，可以向征信机构提交书面异议报告，征信机构应当将异议报告列入个人信用信息。

征信机构在个人申请更正信息期间，不得对外发布本人的信息报告；个人逾期未向提供信息提供单位提交信息更正要求的，视为本人对信息无异议，征信机构可以对外公布该信息。

第十八条　征信机构可长期保存个人信用信息。但个人信用信息中的特别记录，保存期限最长不得超过七年，法律、法规另有规定的除外。

个人信用信息的保存期限，自该信息被征集之日起计算。

第十九条　征信机构应当对个人信用信息被使用的情况进行记录，并列入个人信用信息数据库。

个人信用信息的使用记录应当包括个人信用信息被使用的时间、对象等情况的完整记录。

个人信用信息使用记录应当自该记录生成之日起保存二年。

第二十条　征信机构应当负责对个人信用信息数据库系统和资料进行维护和管理，根据征集的个人信用信息及时更新个人信用信息数据库。

第二十一条　征信机构征集、传输个人信用信息应当通过专用网络传输，不得利用公众互联网进行。

征信机构通过专用网络接受、传输个人信用信息时，发现有错误的，应当及时告知提供信息单位予以纠正。

第二十二条　有下列行为之一的，有关责任单位或个人应当依法承担民事责任：

（一）征信机构及其工作人员违反保密义务，向当事人以外的第三人泄露个人信用信息的；

（二）个人信用信息使用人或其工作人员，泄露个人信息或超越使用范围使用个人信用信息的；

（三）征信机构擅自对提供信息单位提供的个人信用信息进行修改，改变个人信用等级的。

第二十三条　征信机构征集、传输、整理个人信用信息、开展个人信用评级或对外提供信用信息服务，有违反本办法规定行为的，由深圳市人民政府会同中国人民银行深圳市中心支行予以通报批评，并责令限期改正。

提供信息单位有违反本办法第四条、第九条规定行为的，由深圳市人民政府或中国人民银行深圳市中心支行按照职权范围予以通报批评，并责令限期改正。

对上述违法行为的直接责任人依法给予行政处分；构成犯罪的，依法追究刑事责任。

第二十四条　本办法由深圳市人民政府负责解释。

第二十五条　本办法自 2002 年 1 月 1 日起实施。

【解读】

本办法仅 25 条，简明扼要地规定了个人信用征信、评级以及信用报告的使用等有关内容，确定了个人信用制度的基本框架，包括征信机构的设立及其监督、个人信用信息的范围、个人信用信息的征集与评级、信用报告的使用范围等。

1. 征信机构的设立及其监督。①征信机构的设立实行审批制，从事个人信用征信及评级业务必须经深圳市人民政府和中国人民银行深圳市中心支行批准；②征信机构为企业，必须依法办理工商登记手续，个人不得从事个人信用征信及评级业务；③征信机构为盈利性机构，按有偿使用原则提供个人信用咨询服务；④成立个人信用征信及评级监督委员会，负责对个人信用征信及评级业务的监督管理。

2. 个人信用信息的范围。个人信用信息限于可能影响个人信用状况的信息，包括四个方面：一是个人身份情况，包括姓名、性别、出生日期、身份证号、户籍所在地、住址、居所、婚姻状况、家庭成员状况、收入状况、工作单位、职业、学历等。二是商业信用记录，包括在各商业银行的个人贷款及偿还记录，个人信用卡使用等有关记录，在商业银行发生的其他信用行为记录，以及个人与其他商业机构发生的信用交易记录。三是社会公共信息记录，包括个人纳税、参加社会保险以及个人财产状况及变动等记录。四是特别记录，主要是有可能影响个人信用状况的涉及民事、刑事、行政诉讼和行政处罚的记录。

3. 个人信用信息的征集与评级。①个人信用征集实行自愿原则，除依法公开的个人信用信息外，征信机构征集个人信用信息应当征得本人的同意。②以固定的渠道征集个人信用信息。征信机构应当通过与提供信息单位约定的方式向提供信息单位征集个人信用信息。征信机构与提供信息单位的约定应当报市个人信用征信及评级监督委员会备案。③确保个人信用信息的真实性、完整性。提供信息单位对其所提供信息的真实性负责；征信机构征集个人信用信息应当按照客观、公正的原则进行，保持提供信息单位所提供信息的原始完整性，不得有造反性地征集个人信用信息的行为。④信用评级报告的公正性。个人信用评级报告应当按照征信机构的信用评级标准客观、公正地做出。征信机构的信用评级标准应当报经深圳市个人信用征信及评级监督委员会同意。⑤征信机构征集、传输个人信用信息应当通过专用网络传输，不得利用公众互联网进行。⑥个人的知情权、申请更正权。征信机构应当向个人提供本人信用信息查询。个人认为本人信用信息有错误的，可以向征信机构提出更正申请；征信机构经与原信息核对不一致的应即时更正，一致的应告知本人向提供信息单位申请更正；提供信息单位应自接到个人要求更正的申请之日起 10 个工作日内做出书面答复，征信机构按该答复处理；提供信息单位逾期不答复的，个人仍认为信息有错误的，可以向征信机构提交书面异议报告，征信机构应当将异议报告列入个人信用信息。征信机构在个人申请更正信息期间，不得对外发布本人的信息报告。此外，征信机构通过专用网络接受、传输、个人信用信息时，发现有错误的，应当及时告知提供信息单位予以纠正。

4. 个人信用信息及评级报告的使用范围与隐私权的保护。①个人信用信息提供的对象仅限于：正在受理本人金融业务申请的金融机构或与本人发生信用交易的商业机构；本人授权的其他自然人或法人；依职权进行调查的司法机关和税务机构；法律、法规规定的其他机关。②个人信用信息使用方式的限制：商业机构和本人授权的其他自然人或法人使用个人信用信息仅以了解该个人的信用状况为限，禁止利用所获取的个人信息从事了解个人信用状况以外的活动。③个人信用信息的使用期限。征信机构可长期保存个人信用信息，但个人信用信息中的特别信息，除法律法规另有规定外，保存期限最长不得超过七年。④征信机构、提供信息单位和个人信用信息使用单位及其工作人员对征集、利用个人信用信息过程中获得的个人信息应当保密，不得向第三人泄露，不得超越规定的使用范围及工作职责范围利用所获得的个人信用信息，否则应当依法承担民事责任。

二、《深圳市企业信用征信和评估管理办法》及解读

企业信用体系的建立是否会泄露企业的商业机密，为此《深圳市企业信用征信和评估管理办法》（以下简称《办法》）原则上通过一项规定：政府不得随意披露商业机密。

深圳市企业信用征信和评估管理办法

第一章　总则

第一条　为建立深圳市的企业信用制度，增强企业信用意识和风险防范意识，规范企业信用征信和评估活动，保障当事人的合法权益，根据有关法律、法规的规定，结合实际，制定本办法。

第二条　在本市范围内征集、利用企业信用信息，开展企业信用评估、咨询服务等活动适用本办法。本办法所指的企业，是指经工商行政管理部门依法注册登记的法人或非法人营利性经济组织。

第三条　本市建立以政府设立的企业信用信息中心和市场化的评估机构为主体的征信机构体系，征集企业信用信息，对社会开展企业信用信息查询，并由评估机构开展企业信用评估等服务活动。

第四条　征集和披露企业信用信息应当维护国家和社会的利益，不得征集和披露妨碍公共安全和社会秩序的信息。征集和披露企业信用信息应当维护企业的合法权利，不得损害企业的商业秘密、竞争地位和其他合法利益。

第五条　企业信用征信和信息披露活动应当遵循客观、公正的原则，征信机构不得征集或者披露虚假信息，提供信息单位不得提供虚假信息。企业信用评估活动应当

遵循市场经济的规律，按照独立、公正和审慎的原则开展活动。

第六条　征信机构、提供信息单位和企业信用信息使用人及其工作人员对征集、利用企业信用信息过程中获得的企业信息，除依法可以公开的信息外，应当保密，不得超越本办法规定的使用范围及工作职责范围利用所获得的企业信用信息。

第七条　政府鼓励企业建立企业内部信用管理制度，加强企业内部信用管理，防范企业自身风险，预防客户信用风险。

第八条　市政府有关部门会同征信机构、企业组成企业信用征信及评估监督委员会，负责对企业信用征信及评估业务的监督管理。企业信用征信及评估监督委员会的组成、职责和议事规则由市政府另行规定。政府鼓励评估机构建立行业组织，进行自律监管。

第二章　征信机构

第九条　市政府设立深圳市企业信用信息中心（以下简称信用中心），依照本办法规定征集企业信用信息，并对社会提供查询服务。

第十条　设立评估机构应当采取有限责任公司或者股份有限责任公司的形式，并经工商行政管理部门依法核准登记。

设立评估机构应当具备下列条件：

（一）符合公司法人的一般条件；

（二）有与信用评估业务相适应的具有档案管理、数据处理、数量分析能力的专业人员；

（三）有严格的信息档案管理制度、保密措施和安全防范措施。

第十一条　依法成立的评估机构可以从事下列业务：

（一）主动或者接受委托开展企业信用征信活动；

（二）依据所征集的企业信用信息为企业提供信用评估服务；

（三）提供所征集的企业信用信息的查询服务；

（四）为企业提供信用管理咨询服务；

（五）其他企业信用评估咨询服务。

第十二条　信用中心按有偿原则为社会提供有关信用信息服务，但对通过互联网查询公开披露的信用信息的，不得收费。信用中心的具体收费范围由市政府另行规定，其收费标准按规定报价格主管部门核定。评估机构的收费由其按照市场原则自行定价。

第三章　信息征集

第十三条　信用中心征集本市企业的下列信用信息：

（一）本市政府机关、司法机关及具有行政管理职能的事业单位掌握的企业信用信息；

（二）本市金融机构在金融活动中获得的企业信用信息；

（三）本市行业组织、公用事业单位及中介组织在开展服务活动中获得的企业信用信息；

（四）市政府授权征集的其他企业信用信息。

第十四条　评估机构可以通过下列方式征集企业信用信息：

（一）向信用中心征集企业信用信息；

（二）直接向被征信企业或被征信企业的交易对象征集企业信用信息；

（三）从公开媒体的有关报道征集企业信用信息；

（四）法律、法规允许的其他方式。

评估机构征集未依法公开的企业信用信息应当征得被征信企业的同意。

第十五条　政府机关、司法机关有义务向信用中心提供本办法规定的企业信用信息，但涉及国家秘密的信息除外，具体信息目录由市政府另行规定。金融机构可以向信用中心提供企业信用信息，但涉及企业逃废银行债务的信息必须提供。任何单位或者个人在自身经营活动中获得的其他单位或者个人的信息，未经当事人同意，不得向任何第三方提供，法律、法规和本办法另有规定的除外。

第十六条　征信机构在征信活动中应当保持提供信息单位所提供信息内容的原始完整性。

提供信息单位对其向信用中心提供的信息的真实性负责；提供信息单位为政府机关的，其所提供的信息直接来源于企业的，信息的真实性由企业负责；评估机构对其自行征集的信息的真实性负责。

第十七条　信用中心向政府机关、金融机构征集、传输企业信用信息应当通过政府专用网络传输，经网络安全主管部门批准，也可以利用公众互联网传输数据。

第十八条　征信机构应当负责对企业信用信息数据库系统和资料进行维护和管理，根据征集的企业信用信息及时更新企业信用信息数据库。信用中心接受、传输企业信用信息时，发现有错误的，应当及时告知提供信息单位予以纠正。

第十九条　征信机构应当向被征信企业提供本单位信用信息查询，被征信企业凭本企业的工商执照向征信机构查询。

第二十条　被征信企业认为本企业信用信息有错误的，可以向征信机构提出更正申请。

征信机构接到企业要求更正的申请后，应当进行核对，经核对与提供信息单位提供的原信息不一致的，应当即时更正；与提供信息单位提供的原信息一致的，应当告知企业向提供信息单位申请更正。企业应当自征信机构告知之日起的 5 个工作日内向提供信息单位提交信息更正书面申请，提供信息单位应当自接到企业信息更正申请之日起的 10 个工作日内做出书面答复。

第二十一条　对企业向提供信息单位申请更正的信用信息，征信机构按提供信息单位的书面答复处理；提供信息单位逾期不答复的，企业仍认为信息有错误的，可以向征信机构提交书面异议报告，征信机构应当将异议报告列入企业信用信息。

征信机构在企业申请更正信息期间，不得对外发布该异议信息；企业逾期未向提供信息单位提交信息更正要求的，视为无异议。

第二十二条　征信机构应当对企业信用信息被使用的情况进行记录，并自该记录生成之日起保存 2 年。企业信用信息的使用记录应当包括企业信用信息被使用的时间、对象等情况的完整记录。

第四章　信息披露

第二十三条　信用中心征集的下列企业信用信息可以通过互联网或其他途径向社会公开披露：

（一）企业基本情况：名称、住所、法定代表人、类型、经营范围、注册资本等；

（二）企业报请政府审批、核准、登记、认证、年检的结果；

（三）对企业发生法律效力的民事、刑事、行政诉讼判决或裁定和商事仲裁裁决记录；

（四）对企业发生法律效力的责令停产停业、吊销许可证或执照、较大数额罚款、没收等重大行政处罚的记录。

信用中心披露被征信企业因偷税漏税、走私骗汇、逃废银行债务、经济诈骗等违法活动而受到刑事、行政处罚的信息应当包括被处罚企业的名称、法定代表人、主要责任人、违法事项、处罚日期和具体处罚。

第二十四条　信用中心征集的下列企业信用信息应当依照本办法的规定向本市有关政府机关披露：

（一）企业的经营财务状况；

（二）企业用工情况；

（三）企业的纳税和社会保险费缴纳情况；

（四）企业报请政府机关审批、核准、登记、认证时提交的有关资料；

（五）企业法定代表人及董事、高级管理人员的工作经历、学习经历等基本情况。

信用中心向其他单位或者个人披露前款规定的企业信用信息，应当征得被征信企业的同意。

第二十五条　信用中心披露企业信用信息应当将每个企业的信用记录单独披露，不得将不同企业的同类信息集中披露。信用中心披露企业信用信息时，应当平等披露，对所有企业信息的公开披露应当按照统一的标准披露。

第二十六条　政府机关向信用中心查询本办法第二十四条规定的企业信用信息，应当出于以下情形之一，并经所在机关主要负责人批准：

（一）依法对企业进行有关审批、核准、登记、认证等活动；

（二）依法查处企业违法行为；

（三）依法对企业经营活动进行监管必需查询的其他情况。

第二十七条　政府机关通过互联网、新闻媒体或其他途径自行披露依法可以公开披露的企业信用信息，应当依照本办法第二十五条的规定进行，但同一政府机关的同一次行政行为涉及多个企业的情况除外。未经批准，政府机关工作人员不得将本机关掌握或通过信用中心获得的企业信用信息公开披露或者提供给其他单位或者个人。

第二十八条　评估机构可以向被征信企业的交易对象或拟交易对象披露被征信企业的信息，但被征信企业要求保密的信息除外。评估机构披露被征信企业要求保密的信息，应当征得被征信企业的同意。被征信企业对评估机构的征信委托，视为前款所指被征信企业的同意。

第二十九条　企业可以自行决定本企业信用信息的披露范围和方式，法律、法规及本办法另有规定的除外。股份有限公司应当按照《中华人民共和国公司法》的规定进行披露,上市股份有限公司还应当按照证券监督管理机构的有关规定进行披露。行业组织可以行业公约的形式约定行业组织成员企业信用信息披露的范围和方式。

第三十条　企业信用信息披露的最长期限依照下述规定执行:

(一)企业被注销、吊销营业执照的记录为 5 年;

(二)企业破产记录为 10 年;

(三)企业逃废债记录为 10 年;

(四)企业法定代表人、董事、主要股东或其他高级管理人员被处禁止从事某行业的处罚记录,为禁入期限届满后 2 年;

(五)行政、刑事处罚记录为 3 年,法律、法规、规章另有规定的除外。企业信用信息的披露期限,除前款另有规定之外,自该信息被首次披露之日起计算。

第五章　信用评估

第三十一条　评估机构可自主或根据企业或者其他人的委托,对企业的信用状况进行评估或者评级。评估机构应当按照本机构的评估标准客观、公正地作出企业的信用评估报告。

信用中心不得对企业的信用状况进行评级或作出其他主观性评价。

第三十二条　评估机构的评估标准应当按照科学、公正的原则确定,制定评估办法并向被评估企业解释或说明。评估机构的评估办法应当包括评估程序、评估标准的说明和信用等级的评级、复议、跟踪制度等内容。

第三十三条　评估机构做出的信用评估报告应当包括下列内容:

(一)被评估企业的基本情况;

(二)被评估企业信用状况的评价或者以数字或字母形式表示的企业信用等级;

(三)评估所依据的评估办法;

(四)评估所依据的主要信息;

(五)评估机构信用评估标准要求的其他内容;

(六)委托评估企业要求的其他内容。

第三十四条　评估机构可以接受个人或企业的委托对企业进行信用评估。

评估机构受委托对企业进行信用评估,未经被评估企业的同意不得使用被评估企业未公开的信息进行信用评估,但被评估企业为委托企业的除外。

第三十五条　评估机构可以根据市场需求,自行对某类市场主体、某一行业、某一地区或某企业的信用状况,根据本机构的评估标准进行信用评级或作出相应的信用状况宏观分析报告,但必须依据已经合法公开的信息。

第三十六条　评估机构受委托作出的信用评估报告的披露,按照评估机构和委托方的委托协议规定进行披露。评估机构依据本办法第三十五条作出的信用评估报告可以自行决定有偿或无偿发布,但对被评估主体、行业、地区或企业应当无偿提供相关报告;有偿使用报告的企业或者个人不得将信用评估报告提供给其他企业或者个人使用。

第三十七条　评估机构作出的信用评估报告仅供报告使用人参考。

第六章　法律责任

第三十八条　信用中心及其工作人员有下列行为之一的，由市工商行政管理部门责令改正，并由市监察部门依法追究有关责任人的行政责任：

（一）违反本办法规定，征集和披露企业信用信息的；

（二）擅自对企业信用信息进行修改的；

（三）拒绝被征信企业查询本企业信息的。

信用中心及其工作人员的上述行为造成企业损失的，应当依法承担民事责任。

第三十九条　评估机构违反本办法规定，有下列行为之一的，由工商行政管理部门责令改正，并依法予以处罚；给当事人造成损失的，应当依法承担民事责任：

（一）未经工商行政管理部门核准登记擅自从事企业信用评估业务的；

（二）未经企业同意征集企业非法定公开信用信息的；

（三）擅自对提供信息单位提供的企业信用信息内容进行修改的；

（四）未经企业同意披露企业非法定公开信用信息或信用评估报告的；

（五）披露未经证实或虚假的企业信用信息的；

（六）违反评估办法，改变企业信用等级的；

（七）拒绝被征信企业查询本企业信用信息或拒绝向被评估企业提供评估报告的。

第四十条　企业及其工作人员，违反本办法规定泄露或提供企业信用信息的，应当对受损害的企业或征信机构依法承担民事责任。

企业信用信息使用人或其工作人员，违反本办法规定，泄露企业信用信息或超越使用范围使用企业信用信息的，应当对受损害的企业或征信机构依法承担民事责任。

第四十一条　行政机关及其工作人员，违反本办法规定使用企业信用信息或者提供虚假信息的，由监察部门会同有关主管部门予以通报，并依法追究直接责任人的行政责任。

第四十二条　征信机构违反本办法规定有下列行为之一的，由市政府计算机安全管理主管部门责令限期改正，并依法进行处罚：

（一）未经批准利用公众互联网传输所征集企业信用信息的；

（二）未制定并执行信息数据库安全管理措施的。

第七章　附则

第四十三条　本办法下列用语的含义为：

（一）征信，是指依照本办法采集、传输、存储、加工、整理企业信用信息的活动；

（二）征信机构，是指依照本办法设立的信用中心和评估机构；

（三）评估机构，是指依照本办法设立并开展企业信用征信，为企业或者个人提供企业信用管理、咨询和评估等服务的法人中介组织；

（四）企业信用信息，是指企业的基本登记信息、商业信用记录及对判断企业信用状况可能有影响的其他信息。

第四十四条　个体工商户、民办非企业单位及其他中介机构的信用信息征集和信用评估参照本办法执行。企业法定代表人、董事、高级管理人员个人信用信息的征集、评估和披露依照《深圳市个人信用征信和信用评级管理办法》的规定执行，本办法另有规定的除外。

第四十五条　本办法自 2003 年 1 月 1 日起施行。

【解读】

为防止信用体系在披露企业信用信息的同时泄露商业机密，《办法》明确，将对不同性质的企业信用信息采取不同的征集和披露方式。第一类是由新闻媒体公开报道所涉及的企业信息，属完全公开，可自行征集和披露。第二类是政府机关、司法机关掌握的企业信息。这类信息分 3 种：一是完全公开的信息，如行政机关公开发布的有关处罚、认证等信息；二是公开状态信息，如法院的判决，行政机关的处罚决定、行政审批的决定等；三是完全不公开信息，如企业为审批、核准、登记、认证等提供的信息，由政府部门掌握，不对外公开。

《办法》规定，第二类第一种信息可自由征集和披露；第二种信息由信用中心征集并通过互联网向社会公开披露，对于第三种信息，考虑到可能涉及企业的商业秘密，披露这些信息需征得企业的同意，但对政府其他部门披露，无需企业同意。对于已征集的信用信息，企业享有知悉权，企业可以向征信机构查询本企业的信用信息；企业认为本企业信用信息有误，可以向征信机构提出更正申请。此外，企业也有要求征信机构对其信息保密的权利，有关单位在征集、利用企业信用信息过程中应当对企业信息保密，不得擅自向第三人泄露，不得超范围使用企业信用信息。

参考文献

［1］艾洪德，蔡志刚．个人信用制度：借鉴与完善［J］．金融研究，2001（3）.

［2］耿立新，张辉．我国企业信用的现状、成因及治理对策［J］．商业研究，2000（11）.

［3］胡建飞．从金融危机看企业信用管理制度［J］．现代经济信息，2009（11）.

［4］胡冯珠．加快征信业发展中几个问题的探讨［J］．当代经济，2010（7）.

［5］纪瑞朴，高旸．应收账款质押贷款面临的风险与防范对策［J］．金融会计，2008（10）.

［6］李楠．中国企业征信业发展问题探讨［J］．北京工商大学学报：社会科学版，2006（4）.

［7］李建华．公共征信机构及其运行模式研究［J］．征信，2009（4）.

［8］鱼文萍．对征信管理条例立法的思考——以案例为视角［J］．征信，2010（5）.

［9］朱全宝．完善我国个人信用征信的立法思考［J］．征信，2010（4）.

［10］王雨本．论中国市场信用立法的模式选择［J］．首都师范大学学报，2009（6）.

［11］张琰．全球金融危机下我国商业银行信用风险管理研究［J］．金融经济，2009（20）.

［12］单颖辉，梁鑫，刘胜军．谈我国商账追收业的法律规范思路［DB/OL］．中国论文下载中心，2009，9（5）.

［13］中国市场学会信用工作委员会．世界各国信用相关法律译丛（北美卷）［M］．北京：中国方正出版社，2006.

［14］吴晶妹．信用管理概论［M］上海：上海财经大学出版社，2011.

［15］玛格里特·米勒．征信体系与国际经济［M］．北京：中国金融出版社，2004.

［16］吴晶妹．现代信用学［M］．北京：中国金融出版社，2002.

［17］赵晓菊，柳永明．金融机构信用管理［M］．北京：中国方正出版社，2004.

［18］法律出版社法规中心．中华人民共和国公司法［M］．北京：法律出版社，2009.

［19］国务院法制办公室．新编中华人民共和国常用法律法规全书（2012年版）［M］．中国法制出版社，2013.

［20］王胜明．中华人民共和国法律释义丛书：中华人民共和国民事诉讼法释义

（最新修正版）［M］. 北京：法律出版社，2012.

［21］国务院法制办公室. 公司法律法规规章司法解释大全［M］. 北京：中国法制出版社，2011.

［22］张术麟，董占军. 经济法［M］. 2 版. 北京：中国政法大学出版社，2012.

［23］国务院法制办公室. 中华人民共和国担保法［M］. 北京：中国法制出版社，2011.

［24］国务院法制办公室. 中华人民共和国专利法［M］. 北京：中国法制出版社，2012.

［25］国务院法制办公室. 中华人民共和国消费者权益保护法［M］. 北京：中国法制出版社，2011.

［26］最高人民法院中国应用法学研究所. 人民法院案例选［M］. 北京：中国法制出版社，2009（8）.

［27］上海市人民政府. 上海市个人信用征信管理试行办法［Z］. 2003 - 12 - 28.

［28］上海市人民政府. 上海市企业信用征信管理试行办法［Z］. 2005 - 03 - 17.

［29］深圳市人民政府. 深圳市个人信用征信及信用评级管理办法［Z］. 2002 - 01 - 01.

［30］重庆银行. 重庆银行机构客户信用等级评定管理暂行办法［Z］. 2011.

［31］中国银监会. 商业银行小企业授信工作尽职指引（试行）［Z］. 2006.

［32］中国银行业监督管理委员会. 商业银行信息披露办法［Z］. 2006 - 12 - 08.

［33］中国人民银行. 商业银行实施统一授信制度指引（试行）［Z］. 1999 - 01 - 20.

［34］中国人民银行. 商业银行授权、授信管理暂行办法［Z］. 1996 - 11 - 11.

［35］中国人民银行. 个人信用信息基础数据库管理暂行办法［Z］. 2005 - 08 - 18.